本成果受河北大学燕赵文化高等研究院
学科建设经费资助

河北大学燕赵文化高等研究院
INSTITUTE FOR ADVANCED STUDY OF YANZHAO CULTURE HEBEI UNIVERSITY
——成果文库——

中小微企业
融资扶持政策的
运作机理和效果评估

张玉梅　王子柱　著

人民出版社

策划编辑:郑海燕

封面设计:汪　阳

责任校对:周晓东

图书在版编目(CIP)数据

中小微企业融资扶持政策的运作机理和效果评估/张玉梅,玉子柱 著. —北京:
人民出版社,2022.9
ISBN 978－7－01－024881－3

Ⅰ.①中…　Ⅱ.①张…②王…　Ⅲ.①中小企业-企业融资-财政政策-研究-
中国　Ⅳ.①F279.243②F812.0

中国版本图书馆 CIP 数据核字(2022)第 121418 号

中小微企业融资扶持政策的运作机理和效果评估
ZHONGXIAOWEI QIYE RONGZI FUCHI ZHENGCE DE
YUNZUO JILI HE XIAOGUO PINGGU

张玉梅　玉子柱　著

人民出版社 出版发行
(100706　北京市东城区隆福寺街 99 号)

中煤(北京)印务有限公司印刷　新华书店经销

2022 年 9 月第 1 版　2022 年 9 月北京第 1 次印刷
开本:710 毫米×1000 毫米 1/16　印张:21
字数:235 千字

ISBN 978－7－01－024881－3　定价:108.00 元

邮购地址 100706　北京市东城区隆福寺街 99 号
人民东方图书销售中心　电话 (010)65250042　65289539

目　录

绪　　论

第一节　研究背景和意义

一、研究背景

在 2018 年 8 月 21 日举行的中小企业发展工作领导小组第一次会议上,刘鹤副总理用"五六七八九"来描述中小微企业在国民经济中的作用,即中小微企业贡献了 50% 以上的税收、60% 以上的 GDP、70% 以上的技术创新、80% 以上的城镇劳动就业、90% 以上的企业数量。尽管在国民经济中具有举足轻重的地位,但中小微企业融资难却是一个世界各国普遍存在的问题。特别是 2018 年春,时任美国总统特朗普贸然挑起贸易摩擦,大幅增加中国对美国出口产品关税,导致很多出口型中小微企业生存艰难,加之资管新规出台等各种负向冲击,自 2008 年 3 月 A 股开始持续下跌,直到 2018 年 11 月初才止跌。股市大跌使很多股票质押被强制平仓,中小上市公司融资困难。2020 年年初新冠肺炎疫情暴发以来,很多中小微企业经营活动短期停滞,营收下降,流动性风险增大,信用违约风险加大,中小微企业融资难、融资贵问题更加凸显。

我国党和政府历来高度重视中小微企业融资问题。早在2014年,《国务院办公厅关于多措并举　着力缓解企业融资成本高问题的指导意见》从遏制变相高息揽储、缩短企业融资链条、清理整顿不合理收费、优化商业银行小微企业贷款管理、积极稳妥发展特色中小金融机构等多角度明确部署了降低企业融资成本的具体政策措施。2018年6月,中国人民银行、银保监会等五部门联合印发了《关于进一步深化小微企业金融服务的意见》,从货币政策、监管考核、内部管理、财税激励、优化环境等方面提出23条具体措施,以督促和引导金融机构加大对小微企业的金融支持力度,缓解小微企业融资难、融资贵问题。2019年4月,中共中央办公厅、国务院办公厅联合发布了《关于促进中小企业健康发展的指导意见》,是迄今为止最高级别的扶持中小微企业的政策文件,从利用结构性货币政策完善中小微企业融资政策、积极拓宽融资渠道、支持利用资本市场直接融资、切实减轻中小微企业融资负担、建立分类监管考核机制五方面指明了破解融资难、融资贵的方向。其中在结构性货币政策中,明确提出进一步落实普惠金融定向降准政策,加大再贴现和再贷款对小微企业支持力度,将小微企业贷款纳入中期借贷便利的合格担保品范围。在分类监管考核机制中,推出放宽小微企业贷款享受风险资本优惠权重的单户额度限制,细化小微企业贷款不良容忍度管理等多项力度更大、创新性更强的政策措施。各结构性货币政策的运作机理是什么?结构性货币政策是否能够缓解中小微企业融资困境?资本充足率和资产质量监管政策是如何发展演变的?其是否有助于帮助中小微企业融资?为了更好地落实结构性货币政策和分类监管考核机制,银行采取了哪些内部激励机制,其效果如何? 本书希望对上述问题作出明确回答,以期为缓解中小微企业融资困境提供理论支持和经验借鉴。

二、研究意义

结构性货币政策弥补了传统货币政策更多着眼于总量难以进行结构调整的局限性,本书将定向降准、支小再贷款、新型货币政策工具等多种结构性货币政策的作用目标聚焦于中小微企业,系统总结和梳理了自 2013 年以来的结构性货币政策、厘清各个政策的运作机理及相互关系,并用计量经济模型对政策效果进行实证分析。此外,本书还对资本充足率监管、资产质量监管等政策进行运作机理分析和量化研究,将银行监管政策与中小企业融资有机结合,丰富了银行监管理论及效果的研究。在对政策效果评价上,本书综合使用了面板模型、工具变量、结构向量自回归、双重差分法 DID、倾向匹配得分法等多种方法,研究方法的多样性、研究对象的全面性,共同丰富和深化了中小微企业融资理论。

本书通过对中小微企业融资扶持政策特别是结构性货币政策和分类监管考核机制等进行系统评价,得到各项政策的影响方向和力度。通过及时巩固行之有效的政策,优化政策执行的流程和环节,补充完善政策的不足之处,以助力实现 2021 年 12 月中央经济工作会议提出的"引导金融机构加大对实体经济特别是小微企业的支持,促进中小微企业融资增量、扩面、降价"的政策目标,使中小微企业专注主营业务,充分发挥其在吸纳就业、改善民生、稳定增长、促进创新等方面的重要作用,进而为经济高质量发展奠定微观基础。

第二节　文献综述

一、中小微企业融资难

（一）中小微企业融资难的成因

中小微企业对我国经济发展意义重大,但其融资难问题一直未得到解决,主要原因有:(1)中小微企业自身特点。沈坤荣等(2019)认为,中小微企业由于自身公司治理不完善、信用水平较差、抵押担保能力不足等原因,使银行不愿意向此类企业提供信贷支持。(2)信息不对称。斯蒂格利茨和威斯(Stiglitz 和 Weiss,1981)、森尼(Cenni,2015)认为,银行若想贷款给中小微企业,就会要求较高的利率,导致融资成本过高。科派克和万胡斯(Kopecky 和 VanHoose,2006)分析了银行与借款人也就是中小微企业之间的信息不对称,并指出这种行为提高了银行的监督成本,从而银行就不愿把钱贷放出去。(3)以大银行主导的金融供给结构。张一林等(2019)研究表明,我国资本市场发展尚不完善,中小微企业外部融资主要依赖银行信贷,但我国金融体系以国有大银行为主,这一金融体系限制了中小微企业融资规模。(4)其他原因。朱太辉(2019)认为,导致中小微企业融资困境的原因是多方面的,既有经济发展的周期性因素,又有体制机制因素、银企微观因素、配套政策和基础设施因素。

（二）破解中小微企业融资难的对策建议

关于破解中小微企业融资难的对策,已有文献大多从以下几个角度展开:(1)企业增加抵押物。抵押物能够降低企业的道德风险,防范中小微企业获取贷款后的主动违约,以及作为被动违约的补救手段(邢乐成等,2014)。(2)增加银企间信任程度。班纳吉(Banerjee,1994)认为,可以通过中小金融机构与中小微企业之间进行合作,从而使信息不对称问题迎刃而解。对于"硬信息"不够充足,抵押物匮乏的中小微企业来说,加强银企合作是增加贷款可得性的重要方式(翁舟杰,2018)。(3)大力发展中小金融机构。大型金融机构对中小微企业提供金融服务的成本偏高、效率偏低,造成中小微企业天然的融资困难。因此解决中小微企业融资难题的关键在于大力发展和完善中小金融机构(林毅夫和李永军,2001),构建合理的银行业竞争格局。(4)发挥政府的作用。吕劲松(2015)通过研究美、日、德、印四国的中小微企业融资经验,强调政府在其中发挥着举足轻重的作用。(5)运用金融科技。孙文娜和苏跃辉(2019)提到,借助大数据和人工智能的快速发展,不断降低金融机构获取中小微企业信息的成本。周达勇和吴瑶(2020)详细分析区块链技术如何应用到供应链金融中,用以缓解科技型企业融资约束问题。

二、结构性货币政策及其对中小微企业融资的影响

当前中国经济已步入"新常态",为了适应经济增长需求,货币政策逐渐从总量型向结构型转变。张远(2016)认为,结构性货币政策定向传导的特点可引导资金流向目标领域,有效解决经济发展不平衡问题,缓解中小微企业融资难、融资贵的问题。但甘犁(2019)指出,当今结构性货币政策发挥有效调控尚存在很多制约因素。首先,当前的金融监管体系难以保证定向资金流向目标行

业和企业;其次,银行与小微企业存在较大的信息壁垒;最后,地方政府迫于债务偿还压力很有可能会挪用定向调控的资金。

(一)定向降准

各界学者对定向降准的政策效果存在争议。部分学者对定向降准的政策效果予以肯定:(1)定向降准的"普惠效应"。陈书涵等(2019)研究认为,实施定向降准能够增强相关企业的信贷可得性并且提高其经营业绩,体现了普惠效应。银行竞争在一定程度上促进了定向降准的"普惠效应"(郭晔和徐菲,2019)。(2)定向降准的异质性。刘琦和董斌(2019)根据中国 A 股市场的表现进一步探讨了定向降准的异质性效应,认为相较于国有企业,定向降准的实施对非国有企业的效果更显著。马理等(2017)分析了定向降准对农业、服务业和工业的影响,认为该政策在一定程度上确实提高了农业的产出、价格和固定资产投资水平,但也对其他产业产生了不利的溢出效应。陈书涵等(2019)从商业银行信贷角度研究了定向降准政策的实施效果,认为该政策对引导银行资金流向有一定作用,且政策强度越强对"弱势领域"贷款投放刺激作用越强,但相对于小微企业贷款,农业贷款效果作用更好。(3)定向降准与其他政策的协调配合。魏晓云和韩立岩(2018)从大、中、小企业共生的角度,探讨了定向降准对企业产出和信贷的激励机制,认为该政策与法定存款准备金相互协调实施,才能成为"调结构"和"稳增长"的根本保证。

另外,不少学者对定向降准的政策效果提出质疑。定向降准的实施虽然提高了商业银行的流动性,但并不能完全流向目标行业(黎齐,2017;冯明和伍戈,2018)。以农业贷款为例,银行资金流向取决于农业贷款的利率上限,因此定向降准并非解决农业和中小微企业融资难、融资贵的根本性策略(马理等,2015)。王曦等(2017)以汽车金融类定向降准为研究对象,评估了定向降准的有效性,研究结果表明,政策实施加大了汽车行业供给,但未能有效刺激需求,背离了缓解产能过剩的初衷。

(二)支小再贷款

自2014年春创设以来,人民银行各分支行积极推动支小再贷款,但各地落实情况却有所不同:(1)支小再贷款利用率较低。2016年和2017年,人民银行秦皇岛市中心支行共发放2笔支小再贷款,且借款主体均为秦皇岛银行,申贷主体只占全市地方法人金融机构的10%,"申贷率"偏低(曹丽萍,2018)。截至2019年9月末,黑龙江省共有84家地方法人金融机构符合支小再贷款发放对象要求,但上述84家机构只有2家向央行申请借用支小再贷款(张杰和吴海涛,2019)。(2)支小再贷款利用率较高。与黑龙江省和秦皇岛市形成鲜明对比的是,上海市将支小再贷款聚焦于科技创新、先进制造业等重点领域的小微企业和民营企业,截至2018年11月底,上海农商银行已累计向央行上海总部借用支小再贷款113亿元(王淑娟,2019)。(3)支小再贷款发挥政策撬动作用。石永忠(2016)对内蒙古自治区西部的支小再贷款调研时发现:截至2015年年末,包商银行、鄂尔多斯农商行、巴彦淖尔河套农商行3家地方法人金融机构使用支小再贷款为包头市、巴彦淖尔市、鄂尔多斯市3市共发放小微企业贷款9.92亿元。支小再贷款利率在6.34%—7.60%的区间内,以规定的上限为主。3家机构小微企业贷款金额分别是支小再贷款额度的8.3倍、2.14倍和 1.46 倍,实现了支小再贷款的政策撬动作用。

一些学者对支小再贷款的政策效果进行了量化研究。陈磊等（2020）利用向量自回归模型（Vector Autoregression Model, VAR）对 2018 年 5 月至 2019 年 10 月的江西省九江市支小再贷款进行分析,研究发现施加支小再贷款一个正向的冲击,在政策刚实施时会引发小微企业贷款明显增加,但随后影响效果迅速下降。杨冰洁（2020）利用 2015 年 6 月至 2019 年 5 月的福建省月度面板数据,利用可行广义最小二乘法（Feasible Generalized Least Squares, FGLS）实证研究发现,支小再贷款并没有能够促进小微企业贷款量的增加,也未能降低小微企业贷款利率。

在支小再贷款实施初期,部分地区的支小再贷款政策未能起到有效调控贷款结构的作用,主要表现在未能充分使用支小再贷款额度、对政策导向领域的作用不明显、小微企业贷款同比增长率下降等（姚丰,2018）。究其原因有以下几个方面:（1）再贷款政策方面。全国统一的利率加点约束使一些机构支小再贷款的收益难以覆盖其成本、难以在 2 个月的政策要求期限内将再贷款资金放贷完毕（刘芳薇,2020;马晓媛,2020）、央行抵押品要求与四类金融机构债权结构不匹配（殷祥等,2020;高峰等,2016）。（2）金融机构方面。实际贷款利率超过央行规定的上限、再贷款资金和自有资金混同、挪用再贷款资金用于其他业务、不能有效监控贷款后的资金流向（周师慷,2018）。（3）小微企业方面。小微企业信用信息不完善、抵押担保不足、经营和抗风险能力较弱（曹丽萍,2018）。（4）外部环境方面。表现为融资担保体系不健全、地方政府的风险补偿基金不到位、不良贷款难以清收（刘芳薇,2020）。

(三)新设货币政策工具

在资金逐利性的驱使下,中国人民银行(以下简称央行)释放的流动性通常更容易进入盈利能力强、风险较低的行业或领域,导致实体经济流动性短缺。同时,随着中小微企业在国民经济中的作用越来越大,缓解其融资难、融资贵问题也引起了新一轮的关注。央行在此背景下,创设常备借贷便利、中期借贷便利等新设货币政策支持工具,意在引导利率走势、降低融资成本,扩大银行体系信贷规模,进而缓解中小微企业融资困境。

学术界关于新设货币政策支持工具对缓解中小微企业融资困境的研究主要从以下几个方面进行:(1)新设货币政策支持工具的内涵及其传导机制。楚尔鸣、曹策、李逸飞(2019)基于我国货币政策传导的经验事实,深入研究货币政策支持工具的传导机制,提出信号与预期、银行信贷与定向支持、利率与成本收益影响、风险缓释与承担四个传导机制。(2)货币政策支持工具的国际比较。刘蔚(2016)将国际主要央行推行的货币政策支持工具同我国的新设货币政策工具进行比较,发现我国与欧美国家对货币政策支持工具的认知定位和操作实践存在一定的差异,在内涵、目标等方面具有不同的设计安排。(3)新设货币政策支持工具的实施效果。潘敏和刘珊(2018)运用指数广义自回归异方差模型(Exponential Generalized Autoregressive Conditional Heteroskedasticity, EGARCH)对各借贷便利类工具对货币市场利率的影响进行实证研究。结果表明,短期流动性调节工具对降低货币市场利率波动并无积极作用;中期借贷便利有助于减小市场利率的波动,并且不同期限的中期借贷便利对货币市场利率及其波动率的影响也存在明显差异;效果最好的是常备借贷便利,不仅能够引导利率走势,而且能够平抑利率波动,对于构建利率走廊具有重要作用。胡育蓉和范从来(2017)指出,新设货币政策支持工具利用其对利率的影响,调节不同期限的资金供给分配状况,同时降低融资成本。

(四)合格担保品

为了保障新型货币政策工具的顺利推出,央行不断扩大合格担保品范围,除了国债、央行票据、金融债券等高等级的担保品外,央行也将中小微企业贷款纳入合格担保品范围。为了防范中小微企业贷款等合格担保品的过高风险,央行根据质押品风险管理要求,对企业的资信状况进行综合评级,将评级结果符合要求的企业信贷资产纳入人民银行合格质押品范围。学者对央行评级的看法并不一致:(1)央行评级数据更全面,评级效用更广泛。黄绍进等(2016)基于企业战略分析法(Strengths Weaknesses Opportunities Threats,SWOT)认为央行评级有着很多优势。从评级数据来看,央行作为宏观调控的主体,不仅可以运用银行机构、征信系统等数据,还可以与财政、统计、税务等部门协商共享信用信息,获取全面权威的信息数据,因此评级数据更加全面。从评级效用来看,央行可有效识别合格担保品带来的风险,通过合理的抵押率等措施来积极引导资金流向,促进相关企业的转型升级,因此评级效用更加广泛。(2)央行评级仍然面临诸多问题。颜蕾(2016)认为,由于存在管辖权限等诸多限制,央行获取信息的难度较大,因此现阶段实施内部评级难度较大。邓晓(2018)认为,央行评级还存在企业信息分类和提取的口径不一致、企业财务报表有待完善、评级频率有待提高等诸多问题。

颜蕾(2016)认为,央行面临的风险主要有因交易对手违约引发的信用风险,抵押品估值变化和变现价格变化引起的市场风险、抵押品本身的流动性对本国货币清算体系造成的流动性风险。央行通过合格抵押品防范风险的手段多样:(1)折扣率。折扣率是抵押品折价的比率。我国央行和大多数外国央行做法相似,都是根据合格担保品的种类、期限、信用等级等不同对其市场价值或者面值进行折价(陈涛、郭彩艳,2017)。颜蕾(2016)认为,折扣率不仅可以降低央行因交易对手违约而带来的风险,而且也考虑到抵押品在流动性紧张情况下最可能的价值。(2)追加保证金机制。追加保证金机制则是对抵押品设置一个估值,当实时估值低于这一数值时则追加保证金。(3)托管机构冻结管理。为了防范信用风险、市场风险和流动性风险,央行除了采取抵扣率法和抵押品价值调整机制外,还要增强抵押品的可控制,即实施预先备案的抵押资产由托管机构冻结管理(曾山,2014)。(4)扩大合格担保品范围的同时,央行所面临的风险也不断加大。

合格担保品涉及多方面的法律问题:(1)重复抵押。孟金梅(1997)认为,重复抵押由于有多个债权人,因此要遵循优先受偿和顺序受偿原则,但在操作中当事人之间可能存在分歧。(2)最高额抵押。最高额抵押实施优先清偿原则,其规定最高额抵押所担保的债权为将来不确定的债权,并且最高额抵押必须预定最高限额。抵押权的实现主要通过折价、拍卖、变卖等方式。债权清偿完毕后剩余部分应退还给抵押人,使用最高额抵押后仍然未能清偿的债权只能转换为普通债权。(3)担保品处置。张世杰(2008)认为,违约后的担保品处置无法满足时效。《物权法》第二百一十六条规定,"质权人有权要求出质人提供相应的担保,出质人不提供的,质权人可以拍卖、变卖质押财产,并与出质人通过协议将拍卖、变卖所得的价款提前清偿债务或者提存"。此条规定使担保权人的利益在时效上无法得到保障,处置过程较长,很有可能引发流动性风险和系统性风险。(4)其他法律问题。孔萍、林孟浩(2018)认为,在合格担保品法律方面存在诸多问题,如"可转让担保品"界定不清晰、"质权人权利"保护不足、缺乏"让与担保"的法律规定、担保品再利用缺乏法律依据等。

三、银行内部激励机制和差异化监管对中小微企业融资的影响

国务院、央行和银保监会等出台的一系列中小微企业融资扶持政策,归根结底还需要银行落实完成,因此银行内部激励机制对于政策落地至关重要。银行内部激励机制涉及资金转移定价、授信尽职免责、完善考核制度等。由于资料受限,本书只就授信尽职免责进行文献综述。此外,差异化的资本资产质量监管直接决定银行的可贷资金和风险偏好,进而对中小微企业融资造成影响。因此,按照授信尽职免责、资本监管政策、资产质量监管政策展开,梳理其对中小微企业融资的影响。

(一)授信尽职免责机制

关于小微企业授信尽职免责,学者分别从含义、现状、问题、原因和建议等方面展开研究:(1)尽职免责的含义。小微企业授信尽职免责是指商业银行在小微企业授信发生风险后,经过有关工作流程,有充分证据表明,授信人员确实是按照法律法规及信贷管

理制度勤勉尽职地履行了自身职责,按照规定应免除其全部和部分责任,包括内部考核扣减分、行政处分和经济处罚等责任(吴素纺,2020)。商业银行尽职免责主要包含以下三层含义:负责需明责,尽职方免责,未尽职方必追责(陈雪红和程子圻,2019)。(2)尽职免责的现状。2017年年初至2020年4月,河南省信阳市共对辖区内264户小微企业的6.25亿元授信进行责任认定,涉及信贷人员577人,最终认定符合尽职免责的人次为96人,免责人次占比为16.64%(陈玉煌等,2020)。(3)尽职免责存在的问题。农商行尽职免责落实难主要表现在"三多三少","三多"指问责多、基层员工被追责多、被牵连追责多,"三少"指免责少、中后台风控和管理人员被追责少、按因果关系追责少(刘仁军,2019)。湖北农信社尽职免责上的差距主要体现在:免责条件过粗、未能分清主客观风险和各岗位员工之间的责任、员工不能适应业务创新步伐、原有的追责免责机制不能匹配信贷创新机制、科技手段在追责免责上的运用不足、未能形成追责免责的合力(胡俊明,2020)。(4)尽职免责实施难的原因。传统文化中的无限追责观念导致有限追责难、"部门墙"和"隔热层"造成责任不清、顺周期特点和市场化选择促使银行必须追责(陈雪红、程子圻,2019)、免责制度没有量化、尽职要求笼统化(刘仁军,2019)。(5)完善尽职免责的建议。为了进一步推动落实尽职免责制度,应构建合规与风险并重的追责免责体系、制定免责"正面清单"和问责"负面清单"、改变举证规则和加强履职全过程管理、充分运用智能风控手段防范道德风险、按照不同信贷业务分类追责免责、探索建立仲裁制度推动免责机制加快落地(胡俊明,2020;邹亮等,2019)。

（二）资本监管政策

资本监管政策既包括对银行资本充足率的要求，还包括资本充足率计算方法的调整，因此小微企业贷款优惠风险权重也属于资本监管政策。资本充足率监管政策首先会影响商业银行的信贷配给，从而间接影响中小微企业的贷款，针对两者的关系，不同学者得出了不同的结论。有人认为，严格的资本充足率监管能促进中小微企业贷款规模增加，比瑞派德和艾志（Berrospide 和 Edge，2010）发现，资本充足率越高的银行，其贷款发放量越大。江曙霞和刘忠璐（2016）通过研究 141 家商业银行得出结论，核心资本充足率与贷款总额正相关，并且发现这种效果在金融危机时期增强。

然而大部分学者则认为，资本充足率监管会约束国内外商业银行的贷款行为：（1）针对国外银行的研究。艾雅尔·谢卡尔（Aiyar Shekhar，2015）研究发现，在英国无论是大型银行还是小型银行，在严格的资本充足率监管要求下均降低了信贷供给。纳坎（Nachane，2000）发现，在引入资本监管制度后，印度国有商业银行资产组合会发生改变，同时也会降低其贷款增速。瓦斯特（Wagster，1999）发现，银行更倾向于减少风险信贷规模来降低资产水平，从而达到资本监管要求。伯格（Berger，2010）指出，当银行受到监管约束时，会减少对中小微企业贷款。（2）针对国内银行的研究。戴金平等（2008）的研究发现，商业银行的信贷行为直接受到监管当局规定的资本充足率的影响。黄宪和吴克保（2009）发现，在 2004 年资本充足率约束政策出台后，商业银行对中小微企业的贷款明显减少，且相比于股份制银行，国有银行受到的影响更大。彭继增和吴玮（2014）研究 143 家银行 6 年的数据，发现在资本监管趋严下,资本水平低的银行会减少信用贷款发放,转而增加个人贷款。刘晓锋等(2016)实证研究了资本约束对贷款规模、结构、价格及担保条件的影响,结果显示资本约束显著降低银行的总体贷款增速。

在优惠贷款风险权重是否能够促进银行小微企业贷款上,研究文献较少,但结论却有所不同:(1)对所有样本均有促进作用。刘忠璐(2018)利用双重差分模型实证研究发现,小微企业贷款风险权重优惠政策显著促进了银行发放小微企业贷款,特别是对小银行和资本水平更高的银行,政策效果更好。(2)仅对部分样本有促进作用。刘斌斌和黄耀谷(2018)以15家大中型商业银行2009—2016年数据为样本,运用单变量因素分析和多变量因素检验进行实证研究,结果表明,小微企业贷款优惠风险权重政策实施后,商业银行小微企业贷款比例并未明显上升。但当商业银行不良贷款率和资本回报率越低时,该政策则能促进小微贷款比例增加。

(三)资产质量监管政策

2008年国际金融危机爆发后,由于传统的微观审慎无法有效监管潜在的系统性风险,促使宏观审慎监管受到重视。2016年,中国人民银行将"差别准备金动态调整和合意贷款管理机制"进行升级,提出"宏观审慎评估体系"(Macro Prudential Assessment,MPA)。2018年的《中国小微企业金融服务报告》提出发挥宏观审慎评估的结构优化作用,鼓励金融机构进一步加大对小微企业与民营企业的信贷支持力度。由此可见,宏观审慎评估体系会影响中小微企业的融资水平。宏观审慎评估体系的指标体系分为7个维度,其中与中小微企业融资关系较为密切的为资产质量维度,该维度包括不良贷款率和拨备覆盖率两个二级指标项。

目前对宏观审慎评估体系政策效果的研究主要包括系统性风险管理能力和相关政策实施有效性两个方面。博里奥(Borio,2003)通过描述系统性风险在时间维度和空间维度的形成过程,提出了基于这两个维度实施宏观审慎监管的具体措施。王春丽(2019)的实证结果表明,宏观审慎评估体系的实施,对银行信贷增速和风险资产比率均有滞后一期或二期的负向作用,其中主要解释变量对被解释变量发挥作用的显著性水平并不完全明显,宏观审慎评估体系并没有充分发挥抑制金融风险的作用。而相关政策实施有效性的研究主要是考察宏观审慎政策和货币政策的配合情况,如叶思晖和樊明太(2019)研究表明,在正向利率冲击下,货币政策与宏观审慎政策结合使用与仅使用货币政策相比,前者更能减少经济波动。

从现有资料看,鲜有文献对宏观审慎具体维度进行研究,因此没有文章分析银行资产质量监管政策的实施效果。然而,虽然该政策的提出源自宏观审慎评估体系,但其具体指标工具早已存在。其中,对于不良贷款率,国内外学者主要探讨了其影响因素,具体包括:(1)宏观外部环境。阿穆阿夸-门萨等学者(Amuakwa-Mensah 等,2017)和郭晓蓓等(2020)研究发现,中国银行业不良贷款受到行业和宏观经济变量的显著影响。(2)银行自身因素。阿米特(Amit,2015)发现资本化程度越高、流动性风险越大和规模越大的银行一般不良贷款率也更高。而关于拨备覆盖率的研究主要包括两方面:(1)探讨动态拨备制度的实施效果。刘淼和许珍慧(2018)认为,虽然中国银行业基本达到了动态拨备的监管标准,但该制度的实施并没有发挥出显著的逆周期作用。(2)将拨备覆盖率作为宏观审慎的代表变量,分析监管有效性。俞洁芳和夏超棪(2020)对宏观审慎相关工具分别进行检验,研究发现拨备覆盖率、逆周期资本缓冲调控效果显著。

四、文献评述

学者在定向降准、支小再贷款、新设货币政策支持工具、扩大合格担保品、尽职免责、资本充足率监管、资产质量监管等诸多方面进行了广泛而深入的研究,非常值得学习和借鉴,但上述研究也有一些值得拓展的地方,主要表现在以下几个方面:(1)有些研究的落脚点并未放在中小微企业上,例如资本充足率的研究落脚到银行贷款上,定向降准的研究落脚到农业贷款、汽车行业上,资产质量监管的研究落脚到监管有效性上。上述研究均未将重点放在政策对中小微企业贷款的影响上。(2)研究政策对中小微企业贷款的影响时,以定性研究居多。例如支小再贷款的文献主要以定性研究为主,实证研究较少。(3)以单独分析某一政策对中小微企业融资的影响为主,未能将多种政策有机地结合起来。(4)未能将实证模型研究与银行中小微企业融资服务的实践有机结合起来。(5)宏观经济环境总在变化,特别是2020年新冠肺炎疫情的肆虐,更加凸显了中小微企业融资扶持政策落地的迫切性。因此,本书将结合近年来中小微企业金融政策和服务的最新变化,力求在以上方面进行补充和拓展:

一是较为系统全面地研究结构性货币政策、银行内部激励政策、差异化监管政策等对中小微企业融资的影响;既有单一政策的影响,又有政策组合的影响;既有实证研究,又有银行实践经验总结,尽力做到理论与实践相结合。点面结合,更能反映融资扶持政策的实践及其效果。

二是将研究时间段拓展到 2020 年新冠肺炎疫情这一特殊时期。2020 年新冠肺炎疫情暴发以来,中小微企业融资扶持政策的手段更多、力度更大。无论在实证研究中还是在经验总结中,都涵盖了该时期,银行的各种创新拓展了中小微企业融资扶持政策的空间,减化了抵押担保要求和审批流程,提升了服务中小企业的效果,因此将传统的政策手段进一步延伸拓展到 2020 年新冠肺炎疫情及之后的创新政策,能使结论更具稳健性,建议更具可操作性。

第三节　研究内容、研究方法和主要创新点

一、研究内容

本书主要围绕结构性货币政策、银行内部激励机制、差异性金融监管政策的运作机理和效果评估展开。

绪论:介绍了本书的研究背景和意义、文献综述、研究内容、研究方法和主要创新点。

第一章:定向降准的运作机理和效果评估。第一,介绍定向降准出台的背景,引出定向降准的概念,比较定向降准与差异化存款准备金制度的异同。第二,回顾 2014 年以来的历次定向降准政策,运用货币乘数理论测算定向降准释放的流动性。第三,探讨定向降准影响中小企业融资的机理并提出研究假说。第四,根据上市公司数据,运用双重差分模型实证检验定向降准的政策效果,通过区分规模、投资机会、经营性现金流能力、财务杠杆等进行异质

性分析,验证银行竞争对定向降准政策效果的调节作用。第五,使用安慰剂检验、分年度评估政策效应等进行稳健性检验。第六,提出结论和政策建议。

第二章:支小再贷款政策的运作机理和效果评估。第一,介绍支小再贷款的发放要求、发放模式和管理要求。第二,阐述海口农商行、汉口银行、上海农商行等地方法人金融机构使用支小再贷款资金的主要措施。第三,回顾设立初期、2018 年和 2019 年、2020年新冠肺炎疫情及其后的支小再贷款发放情况。第四,探讨支小再贷款的运作机理并提出研究假设。第五,运用结构向量自回归模型(Structural Vector Autoregression,SVAR)实证检验支小再贷款的政策效果,涉及平稳性检验、滞后阶数选择与稳定性检验、脉冲响应分析和方差分解等。第六,提出政策建议。

第三章:新设货币政策工具的运作机理和效果评估。第一,介绍常备借贷便利、短期流动性调节工具、中期借贷便利、定向中期借贷便利、抵押补充贷款、央行票据互换工具 CBS 等新设货币政策工具并对各工具之间的异同进行比较。第二,回顾各新设货币政策工具的操作情况。第三,探讨新设货币政策工具的运作机理并提出研究假设。第四,运用结构向量自回归模型实证检验货币政策工具对银行小微企业贷款的影响,在平稳性检验、滞后阶数选择与稳定性检验后,利用脉冲响应分析常备借贷便利和中期借贷便利等冲击如何影响利率、流动性和小微企业贷款。提出政策建议。

第四章:扩大合格抵押品的运作机理和效果评估。第一,介绍合格抵押品的定义、分类、特征、管理方式、与普通抵押品的区别。第二,阐述外部和内部评级机制,说明其风险防范机制。第三,分析扩大合格抵押品的背景。第四,从提升货币政策传导机制效率、改善金融机构信贷结构、盘活信贷资产和改善金融机构流动性等方面探讨扩大合格担保品的机理。第五,测算历次抵押品资格调整对小微企业贷款的影响。第六,提出政策建议。

第五章:授信尽职免责制度的运作机理和效果评估。银行通过制定授信尽职免责等内部激励政策激发信贷人员的积极性,才能真正将结构性货币政策落到实处。第一,介绍尽职免责制度出台的背景。第二,引用原银监会的定义,以及山东郓城农村商业银行和济宁农村商业银行对尽职免责的具体规定,对尽职免责进行详细界定。第三,介绍了尽职免责的实施现状。第四,指出存在的问题并提出政策建议。

第六章:银行资本监管政策的运作机理和效果评估。第一,介绍巴塞尔协议和国内资本监管政策的演变,特别提到对小微企业贷款适用优惠的风险资本权重等监管要求。第二,描述我国银行资本充足率和小微企业贷款的现状。第三,分析资本充足率、优惠风险资本权重对银行小微企业信贷规模影响的机理并提出研究假说。研究假说涉及资本约束假说、银行异质性假说、资产配置倾斜效应假说。第四,利用静态面板实证分析资本充足率、优惠风险权重等单个政策以及二者的结合对银行小微企业贷款的影响,并进行了稳健性检验。第五,根据实证结果提出相应政策建议。

第七章:银行资产质量监管政策的运作机理和效果评估。第一,介绍银行资产质量监管政策出台的背景、不良贷款率和拨备覆盖率的概念。第二,按照2015年之前、2015—2019年、2020年及之后回顾资产质量监管政策的变化。第三,从风险传导机制、贷款意愿影响机制、成本收益传导机制、市场信号与预期传导机制等方面探讨银行资产质量监管政策影响中小微企业融资的机理,并提出相应的研究假说。第四,利用面板模型实证检验不良贷款率和拨备覆盖率对银行小微企业贷款的影响,根据规模、上市与否、外资持股比例等对银行分类后进行异质性检验,此外还进行了稳健性检验。第五,根据实证结果提出政策建议。

第八章:银行中小微企业融资服务的实践和经验。从健全普惠金融组织体系、加强金融服务团队建设、优化信贷资源配置、完善激励考核机制、改进信贷管理,创新信贷产品、强化金融科技运用,加强与第三方合作等总结了银行中小微企业金融服务的实践和经验。

需要说明的是,由于研究需要和数据限制,本书涉及中小微企业融资数据的口径并不完全一致:第一章是符合中小企业划型标准的中小板和创业板上市公司的融资数据,属于公司微观层面的数据;第二章和第三章是银行业小微企业(普惠型小微企业)贷款数据,以及不同类型银行的小微企业贷款数据,属于银行行业层面的数据;第六章和第七章是各家银行的小微企业贷款数据,属于银行微观层面的数据。整体来看,融资数据以银行层面和单个银行的小微企业贷款数据为主,辅之以中小微企业贷款数据、普惠型小微企业贷款数据和上市公司融资数据。为了使格式更加统一,本书在一级和二级标题上均体现为中小微企业融资,而在更细的子标题上,则体现出具体的内容。

二、研究方法

(一)统计与计量经济模型

在资本监管、资产质量监管的效果研究中,以银行作为研究对象,采用面板模型研究政策对不同类型银行中小微企业贷款的影响。在定向降准政策的效果评估中,由于各银行适用定向降准的时点不同,故采用双重差分模型进行研究。由于因遗漏变量、测量误差和逆向因果等原因可能产生的内生性问题,本书还引入工具变量来缓解内生性问题。此外,在评估支小再贷款、新型货币政策工具的政策效果时,使用结构向量自回归(Strucural Vectop Autoeglession,SVAR)模型。

(二)案例研究

在中小微企业融资扶持政策出台后,各地积极响应党中央号召,创造性地采取各种措施破解中小微企业融资困境,积累了丰富的经验。本书将对这些案例进行深入分析,例如一些银行在尽职免责方面的创新性做法,一些金融机构应对新冠肺炎疫情推出的新产品、科技与金融的有机结合等。

(三)比较研究法

由于中小微企业融资难是一个长期存在的问题,在本书研究中,注重比较不同阶段政策的变化、注意将2019年以来的中小微企业融资扶持政策与以前的政策相比较。

三、主要创新点

(一)全面研究了新型货币政策工具、银行内部激励机制、差异性监管政策等对中小微企业融资的影响

已有文献主要研究单一政策的效果,且落脚点不一定是中小

微企业融资。而本书则涵盖了定向降准、再贷款再贴现、新型货币政策工具、扩大合格抵押品范围、资本充足率、资产质量监管等多项政策。本书计量方法既有面板模型、工具变量，又有时间序列模型，通过不同计量经济学模型检验政策效果，增强了研究方法的严谨性和结论的稳健性。

（二）深入研究支小再贷款、货币政策支持工具的传导机制

利用结构向量自回归模型研究上述政策工具的效果，弥补了支小再贷款缺乏实证研究的不足，拓展了货币政策支持工具的传导机制和异质性分析，使实证结论更有针对性，政策建议更具可行性。

第一章　定向降准的运作机理和效果评估

第一节　定向降准政策的实践及其运作机理

2008 年国际金融危机爆发后,西方发达国家纷纷降低利率来刺激经济,但却造成超低利率的局面,这种超低利率环境使常规货币政策的操作空间不断缩小,因此催生了量化宽松等一系列非常规货币政策,但却造成资金并不能有效流入实体经济、资产泡沫扩大、贫富差距加大等诸多负面影响。为此,各国中央银行纷纷采取不同于统一货币政策的有差异化的货币政策即结构性货币政策,定向支持经济中的薄弱环节、弱势群体和重点领域。结构性货币政策包括定向降准、支小贷款、常备借贷便利和中期借贷便利等多种方式,具有低成本、高精准和副作用小的特点。

一、定向降准概述

(一)定向降准的政策意图

2013 年以来,我国宏观经济面临经济结构失衡、GDP 增速放缓、经济环境恶化等问题。同时,还存在一些制约经济发展的因素,诸如:中小微企业、涉农产业融资难、融资贵,经济发展不平衡、不充分等。党的十八届三中全会强调经济结构宏观调控要发挥"前瞻性、针对性和协同性"的作用,这就要求我国经济步入新常态后,数量型货币政策要向结构型货币政策进行转变,对经济发展的重点和薄弱领域进行"定向调控"和"精准发力",这既是结构性货币政策的显著特征,也是当下实现我国经济更高质量发展的必由之路。

1. 缓解中小微企业、"三农"等薄弱环节的资金困境

我国长期存在不均衡的二元经济社会结构,导致市场经济体系和金融体系存在明显的二元特征。经济体系分化出了以大型国有企业为代表的国有经济体系和以中小微企业为代表的私人经济体系,金融体系则形成了正规金融和民间金融的二元市场。这种双重"二元"特征,导致金融资源分配不均衡,直接形成了对中小微企业等弱势群体的金融排斥。此外,小微企业规模较小且抵押能力、担保能力和偿债能力不足,存在较大的信用风险,因此商业银行会提高融资准入的门槛,致使中小微企业融资难、融资贵的问题进一步凸显。

"三农"问题是关系国计民生的根本问题,但涉农企业一般规模较小、管理不完善、抗风险能力低,再加上对资金需求有较高的时效性,导致涉农企业融资难。另外,农村金融机构覆盖率较低,金融服务效率低,服务成本较高。上述双重因素使涉农企业融资难。因此,解决中小微企业、"三农"等薄弱部门融资难的问题,政府需要通过定向调控重点扶持。

2. 降低企业部门的高杠杆率

我国企业部门杠杆率较高,政府试图通过市场化、法制化"债

转股"降低企业部门的杠杆率,提高企业综合实力,以防范潜在的重大风险,为了保障"债转股"的资金来源,实施定向降准政策不但可以提供长期低成本资金,还能缓解去杠杆对优质企业的冲击,为去杠杆提供良好的金融环境。

3. 控总量,调结构

我国经济步入"新常态"后,为避免"大水漫灌",因此不能再依靠扩张信贷总量来优化经济结构。若政府全面降低法定存款准备金率,则会加快信贷扩张速度,增加债务违约风险,最终或将引发系统性金融风险。而实施定向降准政策既能使银行等金融机构用好增量和盘活存量,还能确保资金流向"三农"和小微企业等薄弱领域。

(二)定向降准政策概念

法定存款准备金率是指法定准备金占存款总额的比率。商业银行等存款类金融机构在吸收存款后,必须按照规定的比率提取准备金并缴存中央银行,以满足储户的临时取款要求、防止挤兑和维护银行体系稳定。在不同宏观经济背景下,货币当局通过调整法定存款准备金率来控制存款类金融机构的货币派生能力,从而影响货币供应总量,以达到调控信用总量的目的。我国自 1984 年我国开始实施法定存款准备金率政策,至今已经近 40 年。

定向降准政策是央行在法定存款准备金率的基础上,对满足审慎经营要求且"三农"、小微企业贷款达到一定规模的金融机构所实施的一种低成本、高精准的结构性货币政策,使金融机构释放出的流动性更有针对性地投向"三农"和小微企业等薄弱领域。

（三）定向降准与差别存款准备金率的比较

2003 年伊始，我国逐渐走出亚洲金融危机的阴影，经济明显复苏，金融机构贷款规模迅速扩张，但也导致部分商业银行资本充足率下降。为了抑制金融机构的盲目扩张，自 2004 年起我国央行开始实施差别存款准备金制度。差别存款准备金率制度是指金融机构所适用的法定存款准备金率与其资产质量、资本充足率等指标相联系，即金融机构不良贷款率越高且资本充足率越低，则相应的法定存款准备金率越高；反之亦然。具体实施情况如下：资本充足率低于 8% 的金融机构执行 8% 的存款准备金率、农村信用社执行 6% 的存款准备金率，而其他商业银行执行 7.5% 的存款准备金率。这样既能引导货币信贷适度增长又能提高金融资源的配置效率。

2008 年，为了防止美国次贷危机对中国经济的不利影响，我国货币政策方向由"紧缩"转变为"相对宽松"，且为了落实"区别对待、有保有压和结构优化"的原则，开始对大型和中小型金融机构执行不同的存款准备金率，以保持银行体系适度的流动性。2010 年我国通货膨胀迅速增加，央行为抑制经济过热，将货币政策"相对宽松"的总基调调整为"稳健"。但为了鼓励县域法人机构将新增存款的较大比例用于当地贷款，对满足要求的县域农村金融机构在执行较低法定存款准备金率的基础上，再降 1 个百分点。

2013 年，我国经济下行压力持续增大且发生"钱荒事件"，所谓的"钱荒"并不是中国没有钱，而是资金供求的期限错配现象严重。在此背景下，央行为了提高调控的精准性，2014 年开始实施"定向降准"政策，对"三农"、小微企业等发展薄弱领域进行精准帮扶。

综上所述，定向降准与差别化存款准备金制度都有加强金融对"三农"的支持、优化金融资源配置和调节经济结构的功能,在一定程度上两者是一脉相承的,但也存在诸多不同:(1)控规模和调结构的侧重点不同。2004年年初实施的差别存款准备金率制度旨在制约贷款规模的迅速扩张,2008年和2010年实施的差别存款准备金率则是针对中小银行和县域金融机构。因此,最初的差别存款准备金率制度就是为了控制贷款规模的,后来才引入了一些调结构的功能。尽管定向降准增加了可贷资金,但该增量可贷资金主要支持"三农"和小微企业的发展,因此定向降准重在调整信贷结构。(2)对实施对象的考核标准不同。是否实施差别化存款准备金率主要取决于商业银行的资本充足率高低和不良贷款率情况,而定向降准则重点关注银行在小微企业、"三农"和普惠金融等领域的执行情况。例如,2017年9月央行首次出台普惠金融定向降准政策,政策分为两档:对上一年小微企业贷款、个体工商户和小微企业主经营性贷款,以及农户生产经营、创业担保、建档立卡贫困人口、助学等贷款余额或增量占比达到1.5%以上和10%以上的商业银行,在存款准备金率基准档基础上分别下调0.5个百分点和1个百分点。(3)扶持的对象不完全相同。差别化存款准备金率主要是为了助力"三农"发展。而定向降准政策除了扶持"三农"外,则针对性地加强了对小微企业的支持力度。

二、定向降准政策回顾

(一)正式推出定向降准,引导资金流向小微和"三农"(2014年)

我国是在2014年正式推出定向降准政策的。2014年共实施了两次定向降准,第一次是 2014 年 4 月,定向降准的对象是所有县域农村商业银行和所有县域农村合作社,这两类机构的存款准备金率分别下调 2 个和 0.5 个百分点。第二次是 2014 年 6 月,实施的对象包括商业银行、财务公司、金融租赁公司和汽车金融公司,上述机构的存款准备金率均调降了 0.5 个百分点。但只有满足小微和"三农"贷款达到一定比例的商业银行才能获批定向降准,具体要求如下:上年年末新增涉农贷款(或小微贷款)占全部新增贷款的比例超过 50%,且上年年末涉农贷款(或小微贷款)占全部贷款余额的比例超过 30%。可见,央行通过将定向降准与"三农"贷款(或小微贷款)的余额占比、增量占比相挂钩,意在建立正向激励机制,引导商业银行用好增量和盘活存量,使"三农"和小微等薄弱领域获得更多信贷支持。

(二)加大定向降准力度,支持面进一步扩大(2015—2017 年)

2015 年 2 月、4 月、6 月、9 月和 10 月,中国人民银行共实施了 5 次定向降准。2015 年的定向降准有以下特点:(1)继续支持"三农"和小微企业。延续 2014 年的做法,通过对农信社、村镇银行、农村合作银行等农村金融机构,以及城市商业银行、非县域农村商业银行、国有大型商业银行、股份制商业银行、外资银行等实施定向降准,确保资金对"三农"和小微等薄弱领域的支持。(2)支持重大水利工程和基础设施建设。通过定向降准,2015 年中国农业发展银行的存款准备金率下降了 6.5 个百分点,释放出来的资金主要用于重大水利工程和基础设施建设。(3)支持企业扩大效益和支持汽车消费。2015 年 6 月下调财务公司存款准备金率 3 个百分点,以使企业内部可贷资金增多,降低企业内部资金成本,支持企业扩大效益。2015年9月,下调金融租赁公司、汽车金融公司的存款准备金率各3个百分点,释放出来的资金主要用于汽车消费贷款,间接促进汽车产业发展。2016年只在2月对"三农"或小微企业贷款达到要求的商业银行实施了一次0.5个百分点的定向降准,2017年未实施定向降准。

(三)实施金融普惠定向降准,将形成"三档两优"的基本框架(2018—2019年)

2018年1月,央行将原有定向降准政策拓展和优化为统一对普惠金融领域贷款达到一定标准的金融机构执行较低的存款准备金率,即正式实施普惠金融定向降准,当月释放资金约4500亿元。2018年4月和10月,两次下调大型商业银行、股份制商业银行、城商行、非县域农商行和外资银行的存款准备金率各1个百分点,并置换部分中期借贷便利,净释放资金约1.15万亿元。2018年7月下调上述金融机构存款准备金率0.5个百分点,用于支持市场化债转股和小微企业发展。

2019年5月、6月和7月,对县域农村商业银行各下调存款准备金率1个百分点,最终将县域农村商业银行的存款准备金率调降至8%,与农信社持平。2019年10月和11月分两次下调仅在本省经营的城商行存款准备金率1个百分点。2019年5月,央行宣布将"三档两优"的存款准备金框架已经基本形成。"三档"指将金融机构存款准备金率的基准档次大体分为大型商业银行、中小型商业银行和县域农村金融机构三个档次,准备金率从高到低。"两优"是指两项优惠,一个是当大型、中小型商业银行满足普惠金融定向降准考核要求的,存款准备金率可在基准档次的基础上调降 0.5—1.5 个百分点,另一个是县域农村金融机构能将新增存款的一定比例用于发放当地贷款,则可享受 1 个百分点的存款准备金率优惠。

(四)落实"三档两优"框架,引导资金投向普惠金融领域(2020 年至今)

为了落实"三档两优"的存款准备金制度框架,2020 年 3 月,央行对 2019 年商业银行在普惠金融领域的实施情况进行考核,根据新增小微贷款或"三农"贷款占全部贷款的比例等将银行划分为不达标、达标和高标准达标三类,对达标银行和高标准达标银行分别调降 0.5 个和 1.5 个百分点的存款准备金率。除此之外,对此次获批调降 0.5 个百分点存款准备金率的股份制商业银行再额外降准 1 个百分点,以引导金融机构加大对普惠金融领域的信贷投放。2020 年 4 月宣布下调农村商业银行、农村合作银行、农村信用社、村镇银行和仅在本省级行政区域内经营的城市商业银行存款准备金率 1 个百分点。2014 年 4 月—2021 年 11 月定向降准政策具体实施情况,见表 1-1。

表 1-1　2014 年 4 月—2021 年 11 月定向降准政策实施情况

实施时间	实施载体	下调幅度(%)	目标领域
2014 年 4 月	县域农村商业银行	2	"三农"
	县域农村合作银行	0.5	
2014 年 6 月	"三农"或小微企业贷款达到一定比例的商业银行	0.5	"三农"、小微企业
	财务公司、金融租赁公司和汽车金融公司	0.5	

续表

实施时间	实施载体	下调幅度（%）	目标领域
2015 年 2 月	城市商业银行、非县域农村商业银行	0.5	"三农"、小微企业和重大水利工程
	中国农业发展银行	4	
2015 年 4 月	农信社、村镇银行等农村金融机构	1	"三农"、小微企业和重大水利工程
	农村合作银行	下调至农信社水平 11.5%	
	中国农业发展银行	2	
2015 年 6 月	城市商业银行、非县域农村商业银行	0.5	"三农"、小微企业
	国有大型商业银行、股份制商业银行和外资银行	0.5	
	财务公司	3	
2015 年 9 月	县域农村合作银行、农村商业银行、信用社和村镇银行等农村金融机构	0.5	"三农"、小微企业
	金融租赁公司、汽车金融公司	3	
2015 年 10 月	"三农"或小微企业贷款达到要求的金融机构	0.5	"三农"、小微企业
2016 年 2 月	"三农"或小微企业贷款达到要求的商业银行	0.5	"三农"、小微企业
2018 年 1 月	大中型商业银行，近 80% 的城市银行和 90% 的非县域农商行	0.5	"三农"、小微企业
2018 年 4 月	大型商业银行、股份制商业银行、城商行、非县域农商行和外资银行	1	"三农"、小微企业
2018 年 7 月	大型商业银行、股份制商业银行、城商行、非县域农商行和外资银行	0.5	支持"债转股"、小微企业
2018 年 10 月	大型商业银行、股份制商业银行、城商行、非县域农商行和外资银行	1	偿还到期的 MLF、小微企业
2019 年 5 月	县域农村商业银行	1	民营、小微企业
2019 年 6 月	县域农村商业银行	1	民营、小微企业
2019 年 7 月	县域农村商业银行	下调至农信社水平 8%	民营、小微企业
2019 年 10 月	省域城市商业银行	0.5	民营、小微企业
2019 年 11 月	省域城市商业银行	0.5	民营、小微企业

实施时间	实施载体	下调幅度（%）	目标领域
2020 年 3 月	2019 年度普惠金融领域贷款达标的股份制商业银行	1.5	民营、小微企业
	2019 年度普惠金融领域贷款达标的非股份制商业银行	0.5 或 1.5	民营、小微企业
2020 年 4 月和 5 月	农村商业银行、农村合作银行、农村信用社、村镇银行和仅在本省级行政区域内经营的城市商业银行	1	民营、小微企业
2020 年 6 月—2021 年 11 月	—	—	—

注：2020 年 6 月至 2021 年 11 月央行只进行过一次全面降准，没有实施定向降准。
资料来源：根据各季度央行货币政策执行报告整理。

三、定向降准释放流动性测算——货币乘数角度

获批定向降准后，意味着商业银行吸收存款后向央行缴存的存款准备金减少，可用于贷款的资金量增加。其中商业银行向央行少缴存的存款准备金量，就是定向降准所释放的流动性。例如，2015 年 2 月货币当局对城市商业银行和非县域农村商业银行实施定向降准，下调存款准备金率 0.5 个百分点。根据中国人民银行发布的金融机构信贷收支统计数据可知，2014 年 12 月末，金融机构存款余额总计 113.86 万亿元，由于城市商业银行和农村商业银行的存款规模较小，约占总存款余额的 10.6%，约 11 万亿元，故本次定向降准约释放流动性 550 亿元（定向降准释放流动性＝金融机构存款规模×准备金下调比率）。考虑到货币乘数效应，会派生出更多的资金量，增加经济体系的流动性。为准确测算每次定向降准派生的货币量，我们有必要厘清货币乘数效应的运行机制，下面通过对货币乘数表达式的理论推导和具体举例，来阐明货币乘数是如何发挥作用的。

货币乘数也称为货币扩张倍数或货币扩张系数，是指央行提

供的基础货币与货币供应量扩张关系的数量表现,即央行投放或收回一单位基础货币,通过商业银行的存款创造机制,使货币供应量增加或减少的倍数,其基本计算表达式为:

$$m = M/B \qquad (1-1)$$

$$M = C + D \qquad (1-2)$$

$$B = C + R \qquad (1-3)$$

其中,m、M 和 B 分别表示表示货币乘数、货币供应量和基础货币量;C、D 和 R 分别表示流通中的现金、活期存款和银行准备金总额,包括法定存款准备金和超额准备金(E)。

假定活期存款(D)的准备金率为 r_d,定期存款(T)的准备金率为 r_t,则:

$$R = D + T r_t + E \qquad (1-4)$$

假定流通中的现金(C)、定期存款(T)和超额准备金(E)都与活期存款(D)保持较稳定的比例关系,分别用 k、t 和 e 表示,则:

$$C = kD \qquad (1-5)$$

$$T = tD \qquad (1-6)$$

$$E = eD \qquad (1-7)$$

联立上面七个式子,可得:

$$m = \frac{k + 1}{k + r_d + t \times r_t + e} \qquad (1-8)$$

因此,由上述对货币乘数的推导可知,货币乘数大小取决于现金比率(k)、超额准备金率(e)和法定存款准备金率 $r_d + t \times r_t$。具体而言,随着现金比率(k)的增加,日常流通的资金量增加,参与放贷的资金量减少,因此会制约存款货币的派生能力,货币乘数减小。同样,超额准备金率(e)和法定存款准备金率 $r_d + t \times r_t$ 也与货币乘数呈反向变动关系,可用具体数字来说明存款准备金率是如何影响货币乘数效应的。例如,假设 A 银行有 100 万元存款,存款准备金率为 20%,即 A 银行的可贷资金量为 80 万元,A 银行给甲企业贷款 80 万元,甲企业用该 80 万元向乙企业支付货款,乙企业将 80 万元存到 B 银行,在缴存 20% 的存款准备金率后 B 银行将 64 万元贷给 C 企业,C 企业将该 64 万元存到丙银行,丙银行用该 64 万元偿付 D 企业的货款……由此不断循环形成货币乘数效应。如果央行实施定向降准,下调符合条件的商业银行存款准备金率 0.5 个百分点,这就意味着这些银行吸收存款后用于放贷的资金量增加,也就是上述甲企业获得了更多的贷款,然后甲企业向乙企业完成支付后,乙企业在 B 银行的存款也随之增加,由此会派生更多的存款且货币乘数效应变大,最终表现为经济体系流动性增加。

根据上述推导,可知央行每次实施定向降准政策都会释放流动性,即基础货币增加,且在货币乘数作用下进一步放大基础货币的扩张效果。按此逻辑就能计算出每次定向降准后多派生的资金量(ΔM),考虑到大型和中小型存款类金融机构实施不同的存款准备金率,因此我们在测算定向降准多派生的货币量时需区分大型和中小型金融机构,即表示为:

$$\Delta M = \Delta M_1 + \Delta M_2 \tag{1-9}$$

$$\Delta M_i = \Delta B_i \times m_i \tag{1-10}$$

其中,ΔM_1、ΔM_2 表示大、中小型存款类金融机构多派生的货币量,ΔB_1、ΔB_2 表示大、中小型金融机构多释放的流动性,m_1、m_2 表示大、中小型金融机构的货币乘数。

按照大型和中小型存款类金融机构的存款规模占各类金融机

构存款总额的比例（ω_i）来计算每次定向降准两类金融机构分别释放的流动性，则：

$$\Delta B_i = \Delta B \times \omega_i \qquad (1-11)$$

其中，$\omega_i = \dfrac{DB_i}{DB}$，$DB$ 表示各类金融机构的存款总额，DB_i 表示大、中小型金融机构的存款规模。假定不考虑现金比率（k），则货币乘数表达式为：

$$m = \frac{1}{r_d + t \times r_t + e} \qquad (1-12)$$

故大、中小型存款类金融机构的货币乘数可表示为：

$$m_i = \frac{1}{r_{di} + t \times r_{ti} + e} \qquad (1-13)$$

四、定向降准对中小微企业融资的影响机理分析

作为普遍降低存款准备金率政策的延伸，定向降准与普遍降准的传导机理具有相似性，二者都是通过银行信贷渠道传导，发挥间接调控作用，遵循央行—金融机构—企业的传导模式。主要区别在于定向降准只对特定金融机构实施优惠存款准备金率，最终目标是为了扶持中小微企业等实体经济发展薄弱领域，其具体传导路径如图 1-1 所示。基于定向降准政策间接传导的特点，我们将定向降准对中小微企业融资的影响机理分为以下两个阶段：货币当局调控特定金融机构信贷规模阶段和金融机构信贷供给影响中小微企业融资水平阶段。

（一）定向降准政策影响银行信贷规模和信贷结构

首先，定向降准政策影响小微或"三农"贷款达到规定比例的

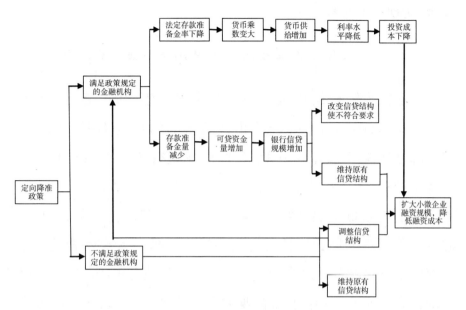

图 1-1 定向降准政策传导路径

银行的信贷规模。获批定向降准后,商业银行上缴到央行的存款准备金减少,因此商业银行可贷资金量增加,信用创造能力增强,信贷规模扩大。

其次,定向降准政策的实施一定程度上影响这类银行的信贷结构。银行是否选择将定向降准释放的流动性用于中小微企业和"三农"贷款?作为理性经济人,银行会在新增中小微企业贷款的成本和收益之间进行权衡。若中小微企业贷款的收益能够弥补资金成本、放贷费用和不良贷款损失,则银行就会增加对中小微企业的信贷投放,使信贷结构能够持续满足定向降准的考核要求;反之,则是不理性的选择。除此之外,货币当局针对中小微企业实施多次定向降准,具有一定的信号引导效应,商业银行和社会公众增强对中小微企业良性发展的预期,因此也会促进商业银行响应政策号召调整信贷结构,使更多信贷资源投向实体经济发展的薄弱领域,实现精准帮扶。

(二)银行信贷规模和结构影响中小微企业融资水平

企业作为银行信贷供给的直接作用对象,基于货币政策信贷传导渠道,中小微企业受货币政策影响的程度不可言喻。若定向降准实施效果如我们所期,即商业银行等金融机构积极调整信贷结构,扩大中小微企业信贷比例,则中小微企业从商业银行获得的贷款量增加,融资约束降低,在一定程度上缓解了中小微企业融资难的局面。并且定向降准会降低特定金融机构的法定存款准备金率,导致货币乘数上升,促使货币供应量增加,进而降低利率水平,使中小微企业的融资成本下降,缓解融资贵的问题。

综上所述,定向降准政策若能有效落实,其释放的流动性就能通过商业银行信贷渠道传导给实体经济的薄弱环节,提高中小微企业的信贷可得性。

第二节　定向降准对中小微企业融资的效果评估

一、研究假说

央行累计实施了多次定向降准,因此我们有必要通过理论和实证分析,来评估定向降准的政策效果。本节主要从中小微企业信贷融资规模和企业创新两个角度来评估定向降准的政策效应。通过上节定向降准影响中小微企业融资的机理分析,我们可清楚地看到定向降准政策通过改变商业银行的信贷规模和信贷结构,进而缓解中小微企业融资约束,降低其融资成本,扩大其融资规模。为使分析更加深入细致,我们也考虑了中小微企业信贷融资比例的增加,主要源于长期借款还是短期借款?从企业角度来讲,长期借款可使中小微企业扩大投资规模,有利于抓住发展的好时机,且企业自有资金往往无法满足投资需要。因此,中小微企业可能更倾向于向银行申请长期借款。但银行作为一个理性经济人,为约束中小微企业的非理性投资行为,避免投资带来的风险,可能更愿意提供短期贷款。因此,企业从银行获得贷款的期限结构还有待实证检验。

另外,随着中小微企业从银行获得的贷款额增加,企业资金变得充裕,而资金充裕情况又会影响企业研发创新活动,因此定向降准可能会提高企业创新能力。但企业创新需要大量、持久的资金投入且风险极高,在短期利润最大化的驱动下,商业银行会减少对中小微企业研发创新的信贷支持。因此,中小微企业是否能够加大研发投入、有效提高创新能力,取决于银行承担风险的能力。基于上述理论分析,提出假设1-1。

假设1-1:定向降准政策会影响中小微企业信贷融资规模、融资期限和研发创新能力,但影响的方向和力度还有待实证检验。

进一步对定向降准政策效果的异质性进行分析。由于中小微企业信息披露不规范,银企之间存在较为严重的信息不对称。规模大小通常被认为企业实力的外在表现,规模越大的企业面临的融资约束较低,其还款能力较强,由此推断商业银行可能更倾向于给规模较大的中小微企业提供贷款,这样银行既能因信贷结构符合考核要求而继续享受定向降准优惠政策,还能最大限度地降低坏账损失风险。因此,提出假设1-2。

假设 1-2：定向降准政策对中小微企业中规模较大的企业作用更显著。

托宾 Q 是企业市场价值与企业的重置成本的比率。对于上市公司而言，企业市场价值就是该公司股票在二级市场上的总市值，企业重置成本就是重新创造这个公司的现有状态，按照市场价格所支付的资金总额。若托宾 $Q>1$，说明企业市场价值高于企业的重置成本，企业就会通过发行较少的股票而买到较多的投资品，或者企业向银行借款来购买投资品，因此企业投资支出增加。反之，若托宾 $Q<1$，表明企业市场价值低于企业的重置成本，企业将倾向于通过收购其他公司股权实现扩张，而不是购买新的投资品，因此投资支出便降低。因此，托宾 Q 越大的企业更愿意向银行申请贷款进行实物投资。当资金需求量不变，高股价就会降低股权质押率，增强银行资金的安全性，所以银行愿意向该类企业发放贷款。因此，基于以上分析提出假设 1-3：

假设 1-3：定向降准政策对高托宾 Q 企业的作用更显著。

企业三大财务报表中的现金流量从经营、投资和筹资三个方面列示了各项现金流出和现金流入。其中，经营活动现金净流量是经营活动现金流入减去经营活动现金流出后的净值，反映了企业从经营活动获取现金的能力，是评价企业获取现金流量能力、偿债能力和支付能力的重要财务指标，能够较真实地反映出企业的生产经营状况。若企业经营活动现金净流量不足，加之筹资困难则可能引发企业财务危机，甚至导致企业破产。当商业银行在发放贷款时，为了确保信贷资金的安全，就会分析企业的经营活动现金净流量指标。如果企业的经营活动现金净流量连续几年都呈稳定或上升态势，则银行大致可判定该企业的经营状况较好，偿付能

力较强。因此,更倾向对此类公司提供贷款。基于以上分析,提出假设1-4:

假设1-4:定向降准政策对经营活动现金净流量充足的企业作用更显著。

众所周知,企业只要有负债,就有还本付息的义务。当企业负债和财务杠杆增大,加之内外部环境因素的不确定性,企业拥有的现金流不足以偿付贷款本息,可能会使银行遭受损失。因此,银行会明确要求企业资产负债率不能过高,银行更愿意对财务杠杆低的企业发放贷款,即财务杠杆低的企业更容易获得银行的信贷支持,其所面临的融资约束会较低。基于上述分析,提出假设1-5:

假设1-5:定向降准政策对财务杠杆低的企业作用更显著。

二、样本数据与研究设计

(一)双重差分法

自2014年第二季度,央行开始实施定向降准政策,且每次降准的时间、力度等都具有随机性,对中小微企业而言是完全外生的。因此,可将定向降准政策看作随机事件。由于该政策只针对中小微企业,其他企业个体并不受政策的直接影响。因此,我们可以把受政策影响的中小微企业当作"实验组",不受政策直接干预的其他企业当作"控制组",用双重差分法通过比较"实验组"和"控制组"的差异,来评价政策效果。

运用双重差分模型的前提是要满足平行趋势假设,即在没有受到政策影响时,实验组个体变化模式与控制组个体变化模式是一样的。因此,本书参照林朝颖等(2016)、郭晔等(2019)等的研究方法,用倾向匹配得分法筛选出与实验组相对应的控制组,再通过控制时间和个体效应,合理选取控制变量的方法来确保该假设成立,并通过平行趋势假设检验和安慰剂检验等进行稳健性检验。

(二)数据来源及样本选择

1. 数据来源

本书使用的创业板、中小板及上市银行的财务数据均来自Wind 数据库,宏观经济数据源于货币政策执行季度报告,采用2012 年第一季度至 2020 年第四季度的季度数据,并对所有连续变量在 1%分位上进行 Winsorize 缩尾处理。

2. 样本选择

选取中小板和创业板企业为研究对象,依照 2011 年工信部发布的《关于印发中小企业划型标准规定的通知》,根据资产总额和营业收入两个指标将企业划分成中小微企业和大型企业。同时剔除金融类、房地产类、农业类和 ST 类企业,且考虑到一些企业可能通过内部融资就可以筹集到资金,或者企业在刚上市一至两年内不需要借款,因此删除信贷融资指标一直为 0 或在 2012 年之后刚上市的企业以及数据严重缺失的企业,最终筛选出 43 家中小微企业。

为保证在政策实施之前控制组样本最大程度上与实验组样本相似,本书参照林朝颖等(2016)和陈书涵等(2019)的做法,运用倾向匹配得分法,选取企业规模($Size$)、总资产报酬率(Roa)、抵押担保能力($Fixed$)、经营性现金流量(Cfo)、营业收入增长率

（ Growth ）和财务杠杆（ Lev ）作为匹配变量,使用 2013 年第四季度的数据对 43 家中小微企业进行一对一最近邻匹配,筛选出 43 家大型企业作为控制组。

（三）模型设计及变量定义

1. 定向降准政策对企业信贷融资和创新水平的影响

运用双重差分法,从横向和纵向两个维度分析定向降准的政策效果。将定向降准政策定向扶持的中小微企业列为实验组,大型企业作为控制组,在此基础上构建组别虚拟变量 $Treat_{it}$, $Treat_{it} = 1$ 代表实验组, $Treat_{it} = 0$ 代表控制组;同时,构建政策实施时间虚拟变量 $Time_{it}$,为探究持续实施定向降准的政策效果,参考黎齐（2019）的研究,定向降准实施之前 $Time_{it} = 0$,自 2014 年第二季度开始,若当季度实施了新的定向降准政策,则其后续的季度变量在原来的基础上加 1,而不只是单纯地将政策实施之后的时间虚拟变量设为 1。建立以下所示的基准回归模型:

$$Y_{it} = \alpha_0 + \beta_1 Treat_{it} + \beta_2 Time_{it} + \beta_3 Treat_{it} \times Time_{it}$$
$$+ \beta_4 Control_{it-1} + \delta_i + u_t + \varepsilon_{it} \tag{1-14}$$

在上述基准模型中,被解释变量为企业信贷融资水平（ $Loan_{it}$ ）、企业创新水平（ $Innovate_{it}$ ）以及定向降准后长期借款水平（ $Lloan_{it}$ ）和短期借款水平（ $Sloan_{it}$ ）,被解释变量统一都用 Y_{it} 表示。交乘项 $Treat_{it} Time_{it}$ 代表政策效应,其系数 β_3 衡量了政策实施效果,是我们所重点关注的双重差分估计量。$Control_{it-1}$ 代表对被解释变量可能有影响的所有控制变量,参照王曦等（2017）和林朝颖等（2016）的研究,选取企业规模（ Size ）、总资产报酬率（ Roa ）、抵押担保能力（ Fixed ）、经营性现金流量（ Cfo ）、营业收入增长率（ *Growth* ）、财务杠杆（ *Lev* ）、代理成本（ *Agency* ）、托宾 *Q* 和货币政策变量作为控制变量（具体变量定义见表 1-2），且为控制内生性问题，所有控制变量均选择滞后一期。δ_i 和 μ_t 分别表示个体固定效应和时间固定效应。

表 1-2　变量定义及说明

变量类型	变量名称	变量定义
被解释变量	信贷融资比例（ *Loan* ）	（短期借款+长期借款）/总资产
	短期融资比例（ *Sloan* ）	短期借款/总资产
	长期融资比例（ *Lloan* ）	长期借款/总资产
	企业创新水平（ *Innovate* ）	企业新增专利数
解释变量	政策变量（ *Treat* × *Time* ）	中小微企业虚拟变量×定向降准时间虚拟变量
控制变量	企业规模（ *Size* ）	ln（总资产）
	总资产报酬率（ *Roa* ）	净利润/总资产
	营业收入增长率（ *Growth* ）	（本期营业收入-上期营业收入）/上期营业收入
	抵押担保能力（ *Fixed* ）	固定资产/总资产
	经营性现金流（ *Cfo* ）	经营活动现金净流量/总资产
	财务杠杆（ *Lev* ）	总负债/总资产
	托宾 Q（ *Q* ）	企业市场价值与企业的重置成本的比率
	代理成本（ *Agency* ）	管理费用/营业收入
	GDP 同比增长率（ *GDP* ）	（本年 GDP 值-去年同期 GDP 值）/去年同期 GDP
	M_2 同比增长率（ M_2 ）	（本年 M_2-去年同期 M_2）/去年同期 M_2
调节变量	时间维度银行竞争（ *H* ）	根据 *PR* 模型计算
	区域维度银行竞争（ *M* ）	金融市场竞争指数值①

---

① 区域维度的银行竞争变量 *M* 采用樊纲等编制的中国各地区市场化指数中的金融业市场竞争指数（2009）来定义。

2. 银行竞争对定向降准政策效果的调节作用

为进一步考察银行竞争程度对定向降准政策效果的调节效应,参考郭晔等(2019)研究,引入银行竞争程度变量 B ,并构造以下的面板回归模型:

$$Y_{it} = \alpha_0 + \beta_1 Treat_{it} + \beta_2 Time_{it} + \beta_3 Treat_{it} \times Time_{it} + \beta_4 \times B + \beta_5 \times B \times Treat_{it} + \beta_6 \times B \times Time_{it} + \beta_7 \times B \times Treat_{it} \times Time_{it} + \beta_8 Control_{it-1} + \delta_i + u_t + \varepsilon_{it}$$ (1-15)

其中, Y_{it} 包括企业信贷融资水平($Loan_{it}$)和企业创新水平($Innovate_{it}$),银行竞争程度变量 B 既包括时间维度的银行竞争程度 H ,也包括区域维度银行竞争程度 H (具体计算见表 1-2 变量定义),交乘项 $B \times Treat_{it} \times Time_{it}$ 代表银行竞争的调节效应,即 β_7 是我们所关注的重点系数。为保持一致性,控制变量与基准模型相同,都采用滞后一期。

(四)平行趋势假设检验

本书基于双重差分模型得到回归结果,为保证研究结果的稳健性,有必要在实证分析前进行平行趋势假设检验。利用定向降准政策实施前的数据,构造政策效应虚拟变量 $Before_3$ 、 $Before_2$ 、 $Before_1$,因为定向降准自 2014 年第二季度开始实施,为有效估计政策效果,我们将 2015 年作为实验基期,如 $Before_1$ 代表政策实施的前一年($Time_{2014} = 1$)与标的企业($Treat_{it} = 1$)的交乘项,依次类推其他虚拟变量的意义。重复基准模型(1-14)的回归,得到如表 1-3 所示的估计结果。

表1-3　平行趋势假设检验

变量	(1) Loan	(2) Loan	(3) Loan
$Before_3$	−0.0021	—	—
	(−0.2102)	—	—
$Before_2$	—	−0.0093	—
	—	(−1.3632)	—
$Before_1$	—	—	−0.0061
	—	—	(−0.9404)
控制变量	控制	控制	控制
N	2848	2848	2848
R^2	0.3661	0.3672	0.3673

注:括号内为 t 值。

由表1-3结果可知,在定向降准政策实施前均没有显著的政策效应,即定向降准政策对中小微企业信贷融资水平的影响是在政策实施之后产生的。

(五)描述性统计与相关系数

主要变量的描述性统计列示于表1-4,从统计结果可看出,企业信贷融资水平 $Loan$ 的均值和标准差分别为 0.1341 和 0.1152;托宾 Q 的均值为 2.6442,表明企业的市场价值是其资产重置成本的 2.6442 倍,即企业市值高于其重置成本,因此更多企业倾向于进行投资。另外,托宾 Q、企业规模 $Size$ 的标准差分别为 2.0699 和 0.9751,表明不同企业的投资机会和规模存在很大差异,故有必要进行分样本回归。除此之外,我们还对自变量之间的相关系数进行分析,结果表明各自变量之间并不存在明显的多重共线性。

表1-4　主要变量描述性统计

变量	均值	方差	25分位	50分位数	75分位
Loan	0.1341	0.1152	0.0324	0.1113	0.2164
Treat	0.5063	0.5000	0	1	1
Time	4.2582	3.7762	0	5	6
Agency	0.1951	0.1742	0.0819	0.1492	0.2483
Lev	0.3841	0.1920	0.2272	0.3733	0.5251
Size	21.8121	0.9751	21.0722	21.7632	22.3932
Cfo	0.0321	0.0609	−0.0062	0.0293	0.0661
Q	2.6442	2.0699	1.2942	1.9921	3.2283
Fixed	0.1623	0.1248	0.0644	0.1332	0.2373
Roa	0.0362	0.0421	0.0103	0.0269	0.0541
Growth	0.2691	0.5832	−0.0238	0.1573	0.4042

三、实证结果

(一)基准实证结果

用双向固定效应法对基准回归模型(1-14)进行全样本回归,检验定向降准政策的实施对企业信贷融资水平、借款期限结构和创新水平的影响,具体结果如表1-5所示:

表1-5　定向降准对中小微企业融资影响的基准模型回归结果

变量	(1)	(2)	(3)	(4)
	Loan	*Sloan*	*Lloan*	*Innovate*
Time	−0.0052	−0.0051	−0.0011	−0.0313
	(−0.1713)	(−0.2014)	(−0.0409)	(−0.1221)
Treat	0.0612 ***	0.0601 ***	−0.0001	−0.0344
	4.2205	(6.3422)	(−0.0611)	(−0.6413)

续表

变量	（1）	（2）	（3）	（4）
	Loan	*Sloan*	*Lloan*	*Innovate*
Treat × Time	0.0015 **	−0.0005	0.0020 ***	0.0082
	2.4103	（−0.9914）	（4.2002）	（1.5711）
L.Lev	0.3412 ***	0.2373 ***	0.1021 ***	0.0615
	（20.4912）	（17.4111）	（9.4835）	（0.7924）
L.Agency	0.0203	−0.0115	0.0313 ***	0.0043
	（1.8418）	（−1.3098）	（3.5005）	（0.0902）
L.Size	0.0064	−0.0021	0.0085 ***	−0.0033
	（1.8216）	（−0.7133）	（4.2909）	（−0.1318）
L.Roa	−0.0254	−0.1132 **	0.0821 *	1.0952 ***
	（−0.5723）	（−2.7616）	（2.5715）	（3.0289）
L.Q	0.0017	0.0007	0.0008	0.0342 ***
	（1.8513）	（1.0216）	（1.2902）	（3.6133）
L.Growth	−0.0016	−0.0080 ***	0.0064 ***	−0.0131
	（−0.6831）	（−4.0231）	（3.9903）	（−0.7719）
L.Fixed	0.2463 **	0.0937 ***	0.1433 ***	−0.2821 ***
	（10.1522）	（4.6915）	（7.0836）	（−4.5231）
L.Cfo	−0.0651 **	−0.0488 *	−0.0234	−0.0706
	（−2.5801）	（−2.3005）	（−1.3488）	（−0.3926）
L.Gdp	−1.7431	−0.5221	−1.5181	−18.5221
	（−0.1003）	（−0.0412）	（−0.1008）	（−0.1134）
L.M₂	−0.0916	−0.3571	0.1481	−0.4773
	（−0.1207）	（−0.5641）	（0.2311）	（−0.0618）
个体效应	是	是	是	是
时间效应	是	是	是	是
_cons	−0.0895	0.1041	−0.1504	1.5072
	（−0.0617）	（0.0821）	（−0.1204）	（0.1125）

变量	（1）	（2）	（3）	（4）
	Loan	*Sloan*	*Lloan*	*Innovate*
N	2848	2848	2848	2848
R^2	0.7831	0.7619	0.5568	0.5973

注:括号内为 t 值, ***、** 和 * 分别代表在 1%、5% 和 10% 的水平下显著。

由表1-5列（1）的回归结果可知,交乘项系数 β_3 在5%的水平上显著为正,说明定向降准政策能够促使商业银行加大对中小微企业的信贷支持,该实证结果进一步证明了前面提出的假设。2020年全国"两会"上李克强总理明确指出,大型商业银行普惠型小微企业贷款增速目标要高于40%,并鼓励银行大幅度增加小微企业信用贷、首贷和无还本续贷。因此,在政府的积极倡导下,银行对中小微企业未来发展前景持乐观态度,故愿意将信贷资源向中小微企业倾斜。

实施定向降准显著促进了中小微企业的信贷融资水平,但中小微企业信贷占比上升主要源于短期借款还是长期借款? 由表1-5列（2）、列（3）交乘项 $Treat \times Time$ 的系数可知,尽管定向降准政策对企业短期借款占比没有显著影响,但在1%的水平上显著提高了长期借款占比,表明定向降准更有利于企业从银行获取长期信贷支持。且由主要变量的描述性统计可知,托宾 Q 的均值大于1,说明平均而言中小微企业更愿意直接购买资本品并将其装入上市公司,以获得资本市场高溢价,故定向降准政策显著提高了定向企业的长期借款比例。

我们除了用企业信贷融资水平衡量定向降准的政策效果外,还从企业创新角度评估定向降准的政策效果。由表1-5列（4）交乘项系数可知,虽然定向降准在一定程度上对企业创新水平有促进作用,但并不显著。可能因为企业研发创新资金投入不足,或者由于创新投入具有时间久、风险高等特点,企业不愿意进行创新投资。

综上分析可知,对于中小微企业,定向降准从统计上显著地促进了银行中小微企业贷款总量的增加,主要是由于中小微企业长期贷款增加所致。定向降准虽然对中小微企业短期贷款、中小微企业创新也有一定的促进作用,但并不显著性。且无论是统计显著还是统计不显著,系数都较低,表明经济显著性较差。这可能是由于获批定向降准后,商业银行并未将全部新增信贷资源都用于中小微企业,可能基于安全性和收益性的考量将部分增量信贷资金流入了大型和高利润企业。

(二)区分规模的实证结果

为进一步分析定向降准政策效应的异质性,首先将样本按规模分为小企业和大企业,若公司规模大于全部企业规模的均值,则列为大型企业,否则为小型企业,再按基准模型进行回归,具体回归结果见表1-6。

表1-6 区分规模的实证结果

变量	(1) 大企业	(2) 小企业	(3) 大企业	(4) 小企业
	Loan	*Loan*	*Innovate*	*Innovate*
Time	0.0059	−0.0437	−0.0355	−0.0171
	(0.2208)	(−0.8015)	(−0.1023)	(−0.5433)

续表

变量	（1）大企业 Loan	（2）小企业 Loan	（3）大企业 Innovate	（4）小企业 Innovate
Treat	0.0724***	0.0095	−0.3172***	0.0154
	(2.8817)	(0.6813)	(−2.7806)	(0.2401)
Treat × Time	0.0024**	−0.0005	0.0421***	−0.0032*
	(2.4413)	(−0.4534)	(3.5911)	(−1.7621)
控制变量	控制	控制	控制	控制
个体效应	是	是	是	是
时间效应	是	是	是	是
_cons	−0.4371	2.1308	0.5882	−0.5721
	(−0.3117)	(0.7401)	(0.0309)	(−0.3119)
N	1482	1366	1482	1366
R^2	0.7971	0.8688	0.6412	0.5843

注:括号内为 t 值,***、** 和 * 分别代表在 1%、5% 和 10% 的水平下显著。

表1-6列（1）、列（2）为定向降准政策对不同规模企业信贷融资水平的影响,列（3）、列（4）是对企业创新水平的影响。从回归结果可以看出,无论是从信贷规模还是创新来评价,定向降准对规模相对大一些的企业影响更大。这可能是由于商业银行基于风险考虑,在政府鼓励框架内更倾向给较大规模的企业提供贷款,这样既能满足定向降准所要求的信贷结构,还能最大限度地降低不良贷款率。

（三）区分投资机会的实证结果

将样本按托宾 Q 值分为高投资机会企业和低投资机会企业,若公司的托宾 Q 值大于全部企业 Q 的均值,则列为高投资机会企业,否则为低投资机会企业,再重复基准模型(1-14)的回归,具体回归结果见表1-7。

表1-7　区分投资机会的实证结果

变量	（1） 高投资机会 *Loan*	（2） 低投资机会 *Loan*	（3） 高投资机会 *Innovate*	（4） 低投资机会 *Innovate*
Time	−0.0419	0.0001	−0.6414	0.0342
	(−0.7605)	(0.0015)	(−0.4307)	(0.2531)
Treat	−0.0779***	0.0645***	−0.0451	0.0942*
	(−3.8211)	(4.0605)	(−0.4116)	(1.8723)
Treat × Time	0.0032**	0.0012	0.0081	−0.0033
	(2.5517)	(1.5841)	(0.3425)	(−1.2537)
控制变量	控制	控制	控制	控制
个体效应	是	是	是	是
时间效应	是	是	是	是
_cons	1.4341	−0.2889	35.0621	−2.5135
	(0.4924)	(−0.1922)	(0.4405)	(−0.3409)
N	926	1922	926	1922
R^2	0.8273	0.7972	0.7509	0.446

注:括号内为 t 值, ***、** 和 * 分别代表在 1%、5% 和 10% 的水平下显著。

由表1-7列(1)、列(2)的交乘项系数可知,定向降准政策对中小微企业中投资机会较高的企业信贷融资规模有显著促进作用,对低投资机会企业效果不明显,验证了我们提出的假设1-3。表1-7列(3)、列(4)统计了定向降准政策对企业创新的影响,由 *Treat × Time* 的系数可知,无论投资机会高低,定向降准对中小微企业创新水平的影响均不显著。但高投资机会企业的交乘项系数为正,说明定向降准政策对高投资机会企业的创新水平有一定的正向促进作用。

（四）区分经营活动现金净流量实证结果

为检验假设1-4,我们根据企业的经营活动现金净流量占总资产的比例将企业划分为高现金流量和低现金流量两类企业进行分样本回归。若企业的经营活动现金净流量占总资产的比例高于全部样本的均值,则列为高现金流量企业,否则为低现金流量企业。重复基准模型(1-14)的回归,具体回归结果见表1-8。

表1-8　区分经营活动现金净流量的实证结果

变量	（1） 高现金流量 *Loan*	（2） 低现金流量 *Loan*	（3） 高现金流量 *Innovate*	（4） 低现金流量 *Innovate*
Time	0.0058	−0.0063	−0.1723	−0.0194
	(0.1206)	(−0.2331)	(−0.1812)	(−0.0911)
Treat	0.1063 ***	0.1062 ***	0.2524 **	−0.3244 ***
	(5.8009)	(8.4325)	(2.4114)	(−3.7603)
Treat × Time	0.0025 **	0.0002	0.0113	0.0167 **
	(2.3207)	(0.1728)	(1.0136)	(2.5902)
控制变量	控制	控制	控制	控制
个体效应	是	是	是	是
时间效应	是	是	是	是
_cons	−1.2203	0.0464	6.8231	1.6962
	(−0.4932)	(0.0307)	(0.1425)	(0.1445)
N	1202	1646	1202	1646
R^2	0.8579	0.7763	0.6902	0.6603

注:括号内为 t 值,***、** 和 * 分别代表在 1%、5% 和 10% 的水平下显著。

由表1-8列(1)、列(2)结果可知,央行实施定向降准政策后,能够显著提升高现金流量企业的信贷融资,而对低现金流企业则没有影响。具体而言,对于交乘项系数,高现金流量企业的是低现金流量企业的 12.5 倍。因此,企业经营性现金流量占比是决定定向降准政策效果的关键因素。该实证结果验证前面的假设 1-4。表 1-8 列(3)、列(4)结果表明,定向降准政策对低现金流量企业的创新水平有显著正向影响,对高现金流量企业的创新影响为正但不显著。这可能是因为高现金流量企业从银行获得信贷资源后,基于自身经营水平考虑,并未将信贷资金主要用于研发创新,而低现金流量企业尽管从银行获得的信贷资源较少,但为了提升企业价值,可能会进行一些研发创新。

(五)区分财务杠杆的实证结果

为检验假设 1-5,我们按企业的资产负债率水平将中小微企业划分成高财务杠杆企业和低财务杠杆企业,以对定向降准政策效应的异质性做进一步分析。若企业的资产负债率高于全部样本资产负债率水平的均值,则为高财务杠杆企业,否则为低财务杠杆企业,具体回归结果见表 1-9。

表 1-9　区分财务杠杆的实证结果

变量	(1) 高财务杠杆 *Loan*	(2) 低财务杠杆 *Loan*	(3) 高财务杠杆 *Innovate*	(4) 低财务杠杆 *Innovate*
Time	−0.0028	−0.0073	−0.1252	0.2234
	(−0.0805)	(−0.2316)	(−0.4338)	(0.4912)
Treat	0.0526***	0.0795***	−0.0586	0.0692
	(5.0714)	(7.2728)	(−0.6412)	(0.7133)

变量	（1） 高财务杠杆	（2） 低财务杠杆	（3） 高财务杠杆	（4） 低财务杠杆
	Loan	*Loan*	*Innovate*	*Innovate*
Treat × *Time*	0.0029 ***	0.0012	0.0055	0.0091
	（3.8641）	（1.7231）	（0.7923）	（1.0211）
控制变量	控制	控制	控制	控制
个体效应	是	是	是	是
时间效应	是	是	是	是
_cons	−0.0819	−0.1993	6.3514	−12.3906
	（−0.0413）	（−0.1238）	（0.4227）	（−0.5009）
N	1560	1288	1560	1288
R^2	0.7651	0.6957	0.5164	0.6863

注:括号内为 t 值,$***$、$**$ 和 $*$ 分别代表在 1%、5% 和 10% 的水平下显著。

从表 1-9 列（1）、列（2）回归结果可知,实施定向降准能显著扩大高财务杠杆企业的信贷融资,而对低财务杠杆企业信贷融资水平的影响则不明显。这与我们通常理论分析的企业财务杠杆越高,表明面临的财务风险越大,即银行越不愿意向此类企业提供贷款不一致。我们推测这可能是由于银行与高财务杠杆企业存在稳定的银企关系或者银行出于不良贷款率的压力,向高财务杠杆的僵尸企业源源不断地提供信贷资源。列（3）、列（4）的回归结果表明,定向降准政策对不同财务杠杆水平企业的创新均没有显著影响。

四、进一步分析

随着银行业竞争程度加剧,迫使银行为争取到优质客户而努力搜集企业信息,降低银企之间信息不对称程度,进而缓解企业面临的融资约束(姜付秀等,2019)。融资约束降低,提高了企业获得贷款的便利性,为更多高效率企业进行研发创新提供必要的资金条件,因此银行竞争可以促进企业创新,对中小微企业的促进作用尤为显著(戴静等,2020)。同时,也有学者认为,银行业改革初期,银行竞争降低企业融资约束;在成熟期,银行分支机构过度竞争后,银行过度竞争加剧了企业融资约束(曲文俏等,2017)。基于以上专家学者的研究,我们有必要通过实证检验银行竞争对定向降准政策效果的影响。

(一)基于 Panzar-Rosse 模型计算 H 统计值

银行竞争程度的衡量主要包括四种方式:银行集中度、勒纳(Lerner)指数、赫芬达尔指数以及潘扎和罗斯(Panzanr 和 Rosse,1987)提出的 H 统计量等。考虑到银行集中度和勒纳指数的相关数据较难获得,采用 Panzar-Rosse(PR)模型测算 H 统计量。H 统计量通过衡量银行收入对投入品价格的反应弹性,来判断市场的竞争程度。考虑数据的可获得性,选取具有完全法人地位和及时信息披露的 16 家上市商业银行[①]作为研究样本。为了克服小样本的回归偏差,使用两个连续年度的数据进行回归后的结果代替下一个年度的银行竞争程度,具体 PR 模型见式(1-16)。

$$Income = a + h_1 Cc_{it} + h_2 Fc_{it} + h_3 Lc_{it} + \sum_i b_i \ln X_{it} + \varepsilon_{it}$$

$$(1-16)$$

其中,Income 表示银行总营业收入的对数值,Cc、Fc 和 Lc 分

---

① 16 家上市银行包括平安银行、宁波银行、浦发银行、华夏银行、民生银行、招商银行、南京银行、兴业银行、北京银行、农业银行、交通银行、工商银行、光大银行、建设银行、中国银行、中信银行。

别表示银行的资本成本(固定资产折旧/固定资产净额)、资金成本(利息支出/总存款)和人力成本(应付职工薪酬/总资产);X表示控制变量,参照郭晔等(2019)研究,选取总资产对数、所有者权益/总资产两个变量。H统计量等于回归系数 h_1、h_2 和 h_3 的加总。

(二)银行竞争对定向降准政策效果的调节效应

基于实证模型(1-16),我们分别从时间维度和区域维度检验了银行竞争对定向降准政策效果的调节效应,具体回归结果见表1-10。

表 1-10　银行竞争程度的调节效应

变量	(1) 时间维度(H) Loan	(2) 区域维度(M) Loan	(3) 时间维度(H) Innovate	(4) 区域维度(M) Innovate
$Treat \times Time$	0.0036***	0.0014**	0.0120**	0.0081
	(4.6609)	(2.4507)	(2.1838)	(1.5529)
$Treat \times h$	−0.0164**	—	−0.1293***	—
	(−2.5331)	—	(−3.1301)	—
$Treat \times Time \times h$	0.0014*	—	0.0141**	—
	(1.7317)	—	(2.4203)	—
$Treat \times m$	—	0.0102**	—	0.0154
	—	(2.1408)	—	(0.8817)
$Treat \times Time \times m$	—	−0.0008***	—	−0.0017
	—	(−3.6785)	—	(−1.1624)
控制变量	控制	控制	控制	控制
个体效应	是	是	是	是
时间效应	是	是	是	是

续表

变量	（1） 时间维度（H）	（2） 区域维度（M）	（3） 时间维度（H）	（4） 区域维度（M）
	Loan	*Loan*	*Innovate*	*Innovate*
_cons	−0.6692***	−0.2063**	−0.1691	−0.1273
	（−8.6505）	（−2.4513）	（−0.3148）	（−0.2244）
N	2848	2848	2848	2848
R^2	0.7106	0.7843	0.5982	0.5963

注:括号内为 t 值,***、** 和 * 分别代表在 1%、5% 和 10% 的水平下显著。

由表 1-10 列（1）、列（3）可知，$Treat \times Time \times h$ 的系数 β_7 显著为正，表明时间维度银行竞争对定向降准的政策效果有正向调节作用，这也进一步验证了前面关于银行竞争可以缓解企业融资约束和提高企业创新能力的假设。列（2）、列（4）是基于区域维度银行竞争程度对定向降准政策的调节效应，由 $Treat \times Time \times m$ 的系数可知，区域维度银行竞争越激烈，越抑制定向降准政策对中小微企业贷款的促进作用，但对定向降准对企业创新的影响则无调节效应。这可能是由于:（1）随着区域银行竞争程度加剧，商业银行面临着存贷利差缩小和绩效下降的双重压力，基于理性经济人的假设，若向中小微企业发放贷款所获得的利差不能弥补其潜在风险，银行就会减少对中小微企业的信贷投放。（2）我国各区域金融发展不平衡，对于同一区域的商业银行主要服务于本区域的企业，因此并没有足够动力搜集企业信息，这样银企之间就会存在信息不对称问题，降低了中小微企业的信贷可得性。

五、稳健性检验

综上分析研究表明，央行多次实施定向降准政策显著提高了中小微企业的信贷规模,在一定程度上促进了企业创新,且在规模相对较大、投资机会较高和经营活动现金流量充足的中小微企业中政策效果更为显著。进一步研究发现,时间维度的银行竞争程度对定向降准政策效果有明显正向调节效应。为增强本书研究结果的稳健性,下面分别从安慰剂检验、分年度评估定向降准政策效应三个角度进行稳健性检验。

(一)安慰剂检验

在实证分析前,我们检验了"控制组"和"实验组"在定向降准政策实施前具有平行趋势,为了进一步验证该结论的稳健性,我们设计了安慰剂检验。参照王曦等(2017)的研究,构建虚假政策冲击,检验伪政策的效果。先假定首次定向降准提前两个季度即2013年第四季度($Time\_1$)实施,再假定延后两个季度即2014年第二季度($Time1$)实施,重新估计基准模型(1-14),具体回归结果见表1-11。

表1-11　安慰剂检验

变量	(1) 实施当季度	(2) 提前两个季度	(3) 延后两个季度
	Loan	*Loan*	*Loan*
Time	−0.0048	—	—
	(−0.1723)		
Treat	0.0606***	0.0479	0.0496
	(4.2207)	(1.4713)	(1.5308)
Treat × *Time*	0.0015**	—	—
	(2.5668)		

续表

变量	（1） 实施当季度	（2） 提前两个季度	（3） 延后两个季度
	Loan	*Loan*	*Loan*
*Time*_1	—	0.0186	—
	—	(1.3009)	—
Treat × *Time*_1	—	0.0007	—
	—	(0.1139)	—
*Time*1	—	—	−0.0002
	—	—	(−0.0211)
Treat × *Time*1	—	—	−0.0076
	—	—	(−0.9531)
控制变量	控制	控制	控制
个体效应	是	是	是
时间效应	是	是	是
_cons	−0.0895	−0.0926	−0.3873
	(−0.0638)	(−0.2145)	(−0.8938)
N	2848	2848	2848
R^2	0.7834	0.9469	0.9133

注:括号内为 *t* 值,***、**和*分别代表在 1%、5% 和 10% 的水平下显著。

由表 1-11 列(2)、列(3)结果可知,无论构建虚假政策的实施时点提前或延后,交乘项系数均不显著,而列(1)结果显示 2014 年第二季度实施定向降准政策,交乘项系数显著为正。综上分析表明,定向降准能够显著增加中小微企业信贷规模,再次验证了假设 1-1。

(二)其他稳健性检验

为了增强结论可靠性,还从以下两方面进行稳健性检验:

（1）为了避免剔除大量数据导致样本偏差，我们用全样本数据检验了定向降准的政策效应，回归结果仍然支持假设1-1。（2）将持续实施定向降准的时间虚拟变量（time）更换为政策实施之前设为0，而在2014年第二季度之后统一设为1，重复基准模型（1-14）回归，回归结果仍然支持假设1-1。

六、研究结论与政策建议

本节以定向降准政策对实体经济的理论传导途径为基础，运用双重差分法，基于中小板和创业板的数据，研究定向降准政策对中小微企业信贷融资和创新的影响。研究结果表明：（1）定向降准政策能够显著提高中小微企业的银行信贷可得性，尤其对中小微企业中规模较大、投资机会大和经营活动现金流量充足的企业政策效果更显著。但相较于财务杠杆低的企业，财务杠杆越高的企业反而容易从银行获得贷款。（2）定向降准政策提高了中小微企业的总体信贷融资规模，促进中小微企业长期融资规模明显增加，但对短期融资规模则没有影响。（3）定向降准政策在一定程度上促进了中小微企业的研发创新水平，但显著性有待提高。（4）银行竞争对定向降准政策存在一定程度的调节效应：基于时间维度的银行竞争对定向降准的政策效果有显著正向调节作用，而区域维度的银行竞争对定向降准政策效果的调节作用不明显。

产生上述结果可能有以下几点原因：（1）央行实施定向降准政策能够改变金融机构的信贷规模和信贷结构，增加了符合定向降准要求的金融机构的可贷资金量且信贷资源向中小微企业等薄弱领域倾斜。对于商业银行而言，规模越大、投资机会越高和拥有充足现金流的企业运营状况越好，违约风险越小，因此，银行更愿意向此类企业提供贷款。(2)财务杠杆越高的企业越容易获得信贷支持,可能是因为银企之间稳定的合作关系或者存在"僵尸企业"挤兑了正常企业融资。(3)中小微企业扩大再生产需要长期资金支持,而在政府引导和鼓励下,银行对中小微企业发展前景持乐观态度,愿意向中小微企业提供长期信贷支持。(4)企业进行研发创新具有投资久、期限长和风险高的特点,一方面,银行基于自身风险考虑并不愿意向企业研发创新提供资金支持;另一方面,企业自身出于风险收益考虑,可能也缺乏创新投资的意愿,因此导致定向降准政策对中小微企业创新的影响并不明显。(5)时间维度的银行竞争使商业银行为获取优质客户而努力搜集企业信息,降低了银企间信息不对称程度,从而促使银行增大对中小微企业的信贷支持力度。

值得注意的是,央行实施定向降准政策虽然提高了中小微企业的信贷融资规模,但影响系数较小。此外,即使中小微企业获得了信贷支持,也没有足够动力进行研发创新。因此,基于以上分析提出以下建议:

(一)提高中小微企业的经营能力

良好的经营能力是获得银行贷款的前提,为此可从以下几方面入手提升企业经营能力:(1)合规经营。中小微企业要加强公司治理,及时准确地报送各类财务和税务信息,加强环保意识和履行社会责任。(2)专注主业。鼓励中介机构提供高新技术企业申报、专项基金申报、税务筹划等服务,帮助中小微企业实现内部管理体系优化,使企业专注于经营主业。(3)整合提升。政府、园区、行业协会等积极推动,整合企业间技术资源,推进科技创新;整合宣传推广,提升企业形象;优化供应链,整合销售和信用资源等。

(二)建立健全中小微企业担保体系

中小微企业自身特点决定了其抵押担保能力不足且抵御风险的能力较弱,因此应充分发挥国有控股融资性担保公司的引领作用,鼓励民营资本设立担保公司,构建银行与担保公司风险共担机制,着力降低担保费和履约保证金。切实提高银行向中小微企业放贷的意愿,进而提升定向降准政策的效果。

(三)加快处置僵尸企业

商业银行出于自身面临的不良贷款压力,通过不断向"僵尸企业"续贷,使"僵尸企业"借新账还旧账,以避免不良贷款的大幅攀升。长此以往,"僵尸企业"不仅阻碍正常企业的生产经营还降低了我国货币政策的传导效率。因此,政府应该完善和落实企业破产法,对低效率的大型"僵尸企业"坚决"零容忍",通过破产方式处置"僵尸企业",以提高结构性货币政策的传导效率,使信贷资源更多地向中小微企业倾斜。

(四)适度促进银行业竞争发展

由于银行业适度竞争可改变银行的经营决策和信贷结构,因此,央行在实施定向降准政策的同时适度促进银行之间的竞争,例如加快中小银行网点审批、鼓励民营资本进入银行业、倡导银行的多样化发展和特色经营等。但需要注意的是,在促进银行之间竞争的同时要努力缩小各区域之间金融发展的不平衡问题,这样有利于提高定向降准的政策效果。

第二章　支小再贷款政策的运作机理和效果评估

第一节　支小再贷款政策的实践和运作机理

一、支小再贷款政策概述

为了进一步贯彻落实党中央和国务院关于金融支持实体经济和促进结构转型升级的要求,在 2013 年运用多种货币政策工具支持小微企业融资的基础上,2014 年 2 月中国人民银行新设信贷政策支持再贷款,即在原金融稳定再贷款、专项政策性再贷款和流动性再贷款三类贷款的基础上,将原流动性再贷款调整为流动性再贷款和信贷政策支持再贷款。2014 年 3 月 20 日,央行下发《关于开办支小再贷款 支持扩大小微企业信贷投放的通知》,正式在信贷政策支持再贷款类别下创设支小再贷款,专门用于支持金融机构扩大小微企业信贷投放,同时下达全国支小再贷款额度共 500 亿元。

(一)支小再贷款的发放对象和发放条件

支小再贷款的发放对象是小型城市商业银行、农村商业银行、农村合作银行和村镇银行四类地方性法人金融机构。支小再贷款条件设定为金融机构须实现小微企业贷款"三个不低于",即小微企业贷款增速不低于各项贷款平均增速,小微企业贷款户数不低于上年同期户数,小微企业申贷获得率不低于上年同期水平(中国人民银行货币司,2019)。支小再贷款期限设置为3个月、6个月、1年三个档次,可展期两次,最长期限3年。支小再贷款利率在央行公布的贷款基准利率基础上减点确定,金融机构运用支小再贷款额度发放的小微企业贷款的加权平均利率需低于金融机构运用其他资金发放的同期同档次小微企业贷款加权平均利率。

(二)支小再贷款的发放流程和发放模式

央行向金融机构发放支小再贷款的流程见图2-1,具体包括:提交申请—考核评估—限额分配—审批发放—非现场监测和现场检查六项内容(王宇,2020)。首先,金融机构向人民银行地级市支行提出支小再贷款申请;其次,地级市支行按金融机构申请对该机构进行考核评估,并依据评估结果对支小再贷款额度进行限额分配和审批发放;最后,央行各分支机构需对发放支小再贷款的银行进行非现场监测和现场检查,考察其小微企业贷款增量是否满足监管规定,并要求其对存在的问题认真整改。

图2-1　支小再贷款发放流程

为充分发挥支小再贷款政策服务小微企业的作用,2018年央行各地级市支行在支小再贷款政策实施过程中,创新信贷政策支持再贷款发放模式,由传统模式创新出"先贷后借"模式与"一次授信,多次发放"模式。

1. 传统模式

支小再贷款的传统模式就是先由中国人民银行对符合条件的城市商业银行、农村商业银行等金融机构发放再贷款资金，银行获得贷款资金后再发放给小微企业，该模式下小微企业获得贷款的时间较长，手续比较烦琐。

2."先贷后借"模式

"先贷后借"模式是对传统模式的改革，地方法人银行先以现有资金向符合条件的小微企业发放贷款，再向人民银行申请支小再贷款，以弥补其资金的空缺。例如，2019 年 1 月，醴陵支行为醴陵农商行办理第一笔"先贷后借"报账模式的支小再贷款 1.32 亿元。该笔支小再贷款是醴陵农商行先运用自有资金发放小微贷款，再以央行认可的"可接受级"（含）以上的信贷资产做质押向人民银行申请支小再贷款。[①] "先贷后借"模式充分发挥了银行的主观能动性，及时满足了小微企业融资需求，在提高银行资金运用效率的同时有力地支持了实体经济的发展。

3."一次授信，多次发放"模式

2018 年 6 月，中国人民银行发布《关于加大再贷款再贴现支持力度 引导金融机构增加小微企业信贷投放的通知》，提出再贷款授信模式可采取"一次授信，多次发放"模式，再贷款资金商业银行可以最长两个月内发放出去。"一次授信，多次发放"新模式只需要经过一次授信额度的审批，银行可以在授信额度的有效期内根据自身信贷投放情况分批获得支小再贷款资金，从而节省业务办理时间。

---

① 中国人民银行醴陵支行：《醴陵支行成功办理首笔"先贷后借"的报账模式支小再贷款》，醴陵市人民政府网站，2019 年 2 月 1 日，http://www.liling.gov.cn/c1052/20190802/i922903.html。

例如,2018 年 8 月,四会农村商业银行以绿色信贷资产为质押申请支小再贷款,中国人民银行肇庆市中心支行指导四会支行向该行授信支小再贷款额度 5000 万元,然后为该行办理首笔绿色信贷资产质押,确保该行顺利完成额度内的首笔提款 2500 万元。该行承诺将再贷款资金主要用于满足小微企业绿色项目信贷需求。[①]

(三)支小再贷款的管理要求

1. 限额控制

限额控制。支小再贷款限额指央行明确各分支机构支小再贷款的总额度。央行依据各分支机构管辖区域内经济结构和经济水平、小微企业的存量和增量占比、小微企业资金需求量、各分支机构对小微企业信贷投放能力、支小再贷款的管理能力和水平,将总额度分配给各分支机构,央行各分支机构在核定限额内审核各银行的支小再贷款申请。

2. 限定对象和用途

支小再贷款的发放对象仅面向小微企业、小微企业主和个体工商户,最初单户授信额度不超过 500 万元,自 2019 年起央行将普惠金融小型和微型企业贷款考核标准由"单户授信小于 500 万元"调整为"单户授信小于 1000 万元",扩大了支小再贷款的支持对象。支小再贷款资金只能应用于小微企业、个体工商户的采购、生产、加工、销售等经营性活动,严禁将支小再贷款资金变相流入房地产、建筑业和国家禁止的其他行业。

---

① 中国人民银行广州分行:《人民银行肇庆市中心支行成功运用"一次授信、多次发放"新模式发放首笔以绿色信贷资产质押的支小再贷款》,中国人民银行广州分行网站,2018 年 11 月 12 日,http://guangzhou.pbe.gov.cn/guangzhou/129140/3661722/index.html。

3. 严格限定利率

支小再贷款利率应在央行公布的贷款基准利率基础上减点确定,借用支小再贷款资金发放的小微企业贷款加权平均利率需低于运用其他资金发放的同期同档次小微企业贷款的加权平均利率。央行分支机构对金融机构利用再贷款资金发放的支小再贷款利率是否优惠或超上限进行跟踪监测。自 2014 年央行出台支小再贷款政策以来,支小再贷款利率经过了五次调整,一年期支小再贷款利率已由 4% 下调到 2.25%(2020 年 7 月 1 日起实施),切实降低了小微企业融资成本。

4. 非现场监测和现场监测

使用支小再贷款资金放贷的银行必须建立台账,逐笔实时登记贷款发放对象、金额、期限、利率和用途等信息,每季度都要将支小再贷款业务台账进行上报,并最终录入"再贷款信息管理系统"和"央行资金管理系统"。银行的每笔支小再贷款业务都会通过上述信息和资金系统进行核对,以避免利率过高、贷款逾期和超额放贷的情况。央行每季度对实施支小再贷款的银行进行考核评估。除了上述非现场检测外,每年县市支行还会对银行支小再贷款使用情况开展现场检查,地区中心支行对支小再贷款的用途和投向进行重点抽查,以确保再贷款资金的使用合理性。

二、全国支小再贷款的发展历程①

(一)支小再贷款实施初期规模较小

2014 年 3 月,央行正式创设支小再贷款,同时下达全国支小

---

① 本部分内容主要来自 2014—2021 年各季度的央行货币政策执行报告。

再贷款额度共计 500 亿元。2014 年 12 月 29 日,央行印发《关于完善信贷政策支持再贷款管理　支持扩大"三农"、小微企业信贷投放的通知》,要求改进支小再贷款发放条件,量化银行支小再贷款的数量和利率标准,加强再贷款使用效果监测,并增加支小再贷款额度 300 亿元用以扩大银行小微企业信贷投放。2016 年央行将民营银行纳入支小再贷款发放对象,试点扩大支小再贷款合格抵押品范围。2014—2017 年,各年末小微企业贷款余额分别为 524 亿元、752 亿元、537 亿元和 929 亿元,同期支小再贷款利率由最初的 4% 调降至 2.8%。总体上看,政策实施初期支小再贷款规模较小,利率呈稳步下降态势。

(二)2018 年和 2019 年支小再贷款规模明显增加

为支持小微企业和民营企业融资,2018 年 6 月 25 日央行等五部门联合印发《关于进一步深化小微企业金融服务的意见》,增加支小支农再贷款和再贴现额度共 1500 亿元,下调支小再贷款利率 0.5 个百分点。在此基础上,2018 年 10 月和 12 月央行增加 1500 亿元再贷款再贴现额度,支持金融机构扩大对小微、民营企业的信贷投放。2018 年 12 月,央行再次增加支小支农再贷款额度 1000 亿元。2018 年共计增加支小支农再贷款和再贴现额度 4000 亿元。2018 年,央行还扩大了支小再贷款的合格抵押品范围,将不低于 AA 级的小微企业金融债、未经央行内部评级的正常类普惠小微贷款、民营企业贷款和绿色贷款纳入合格抵押品范围。2018 年年末全国支小再贷款余额为 2172 亿元,较 2017 年增长 134%。2019 年 7 月 31 日,央行增加支小再贷款额度 500 亿元,此次额度增加后,全国支小再贷款总额度达到 3695 亿元。2019 年年末,全国支小再贷款余额 2832 亿元。

(三)2020 年抗疫保供支小再贷款规模大幅增长

为支持抗疫保供,2020 年 1 月 31 日,央行新增 3000 亿元疫情防控专项再贷款,为医疗防控物资和生活必需品领域的重点企业提供优惠利率贷款。2020 年 2 月 7 日,中国人民银行召开电视电话,要求运用疫情防控专项再贷款放贷的利率至少需比最近一次公布的一年期贷款市场报价利率(LPR)低 100 个基点,同时,中央财政给予企业 50% 的贷款利率贴息,确保企业实际借款成本低于1.6%。2020 年 2 月 26 日,央行新增再贷款和再贴现专用额度5000 亿元,其中新增支小再贷款额度 3000 亿元,下调支小再贷款利率 0.25 个百分点至 2.5%,通过低成本和普惠性的资金支持,帮助中小微企业解决所面临的债务偿还、流动资金不足等燃眉之急,全面支持企业复工复产。2020 年 4 月 20 日,再度调整再贴现额度,新增再贷款再贴现额度 1 万亿元,创下单次新增额度之最,着力支持涉农、外贸和受疫情影响较重产业的信贷投放,同时面向更多的中小微企业提供优惠贷款,更大力度地支持实体经济,对冲疫情冲击。2020 年 7 月 1 日,央行再度下调再贷款利率,支小再贷款利率下调 0.25 个百分点,调整后,3 个月、6 个月和 1 年期支小再贷款利率分别为 1.95%、2.15% 和 2.25%。

截至 2020 年 6 月,3000 亿元专项再贷款分三批次基本发放完毕,支持相关银行向 7597 家企业累计发放优惠贷款 2834 亿元,财政贴息后,企业实际贷款利率约为 1.25%;5000 亿元再贷款、再贴现资金发放完毕,共支持 59 万家企业,发放优惠贷款 4983 亿元,加权平均利率 4.22%,缓解了部分小微企业贷款偿还、资金周转问题;截至 2020 年 12 月,1 万亿元普惠性再贷款、再贴现全部发放完毕,支持企业达到 258 万家,加权平均利率 4.67%。[①] 2020 年全国支小再贷款余额高达 9756 亿元。

纵观 2020 年的三次新增再贷款再贴现,归纳出以下特点:第一,资金支持力度越来越大,从 3000 亿元到 5000 亿元再到 10000 亿元。第二,覆盖面越来越广。第一次的 3000 亿元专项再贷款只面向 9 家全国性银行和 10 省(自治区、直辖市)的 31 家地方法人银行,最终贷款对象是发改委、工信部和重点省份政府共同确定的名单。第二次的 5000 亿元和第三次的 10000 亿元则面向全国 4000 多家地方法人金融机构,分别支持 59 万家和 258 万家中小微企业。第三,实施优惠利率,切实降低中小微企业融资成本。第一次专项再贷款,企业实际融资成本约为 1.25%。第二批新设 5000 亿元再贷款再贴现额度,央行贷给金融机构的利率为 2.5%,要求金融机构转贷给中小微企业的利率不超过一年期贷款市场报价利率(当时为 4.05%)+50 个基点,最终实际加权平均利率为 4.22%。第三批新设 10000 亿元再贷款再贴现额度,央行要求中小银行必须将平均放贷利率限定在 5.5% 以内,最终实际加权平均利率为 4.67%。

(四)创设普惠小微企业延期支持工具和普惠小微企业信用贷款支持工具

为鼓励地方法人银行缓解中小微企业贷款的还本付息压力,创设了普惠小微企业贷款延期支持工具,提供 4000 亿元再贷款资金,预计可支持地方法人银行对普惠小微企业延期贷款本金约

---

① 中国人民银行:《2020 年第四季度中国货币政策执行报告》,中国人民银行网站,2021 年 2 月 8 日,http://www.pbc.gov.cn/goutongjiaoliu/113456/113469/4190887/index.html。

3.7 万亿元;为缓解小微企业缺乏抵押担保的痛点,提高小微企业信用贷款比重,创设了普惠小微企业信用贷款支持计划,提供4000 亿元再贷款资金,预计可带动地方法人银行新发放普惠小微企业信用贷款约 1 万亿元。人民银行对地方法人银行于 2020 年 3 月 1 日至 5 月 31 日发放的符合条件的信用贷款开展了首次信用贷款支持计划操作,涉及全国的 1170 家地方法人银行、39 万家小微企业,符合条件的信用贷款本金 709 亿元,贷款加权平均期限为13.6 个月,加权平均利率为 6.76%。首次信用贷款支持计划共向地方法人银行提供资金支持 270 亿元。[①] 两个新工具将货币政策操作与金融机构对普惠小微企业提供的金融支持直接联系起来,保证了精准调控,缓解了小微企业融资问题。

三、地方法人金融机构运用支小再贷款的经验

在央行及其分支机构的大力推动下,地方法人金融机构积极申请并运用支小再贷款资金助力小微企业发展,下面我们将介绍海口农商行、汉口银行与上海农商行帮扶小微企业的具体举措,涉及加强支小再贷款资金管理、提升信贷人员积极性、创新小微信贷产品,增强小微信贷投放力度,扩大小微企业的覆盖范围、降低小微企业融资成本等。

(一)海口农商行

1. 进行台账管理

海口农商行要求对小微企业贷款设立总台账以及单独设立使

---

① 中国人民银行:《2020 年第四季度货币政策执行报告》,中国人民银行网站,2021 年 2 月 8 日,http://www.pbc.gov.cn/goutongjiaoliu/113456/113469/4190887/index.html。

用支小再贷款额度发放的小微企业贷款的台账,逐笔记录小微企业贷款的发放额度、发放期限、利率、资金用途等内容。设立台账有助于地方法人金融机构以及央行地级市支行及时监督支小再贷款资金流向、利率等,从而发挥支小再贷款政策的"精准滴灌"功能,确保资金流向小微企业(洪传尧、李万业,2014)。

2. 采取优惠利率

海口农商行为鼓励小微企业诚信经营和按时还本付息,构建正向激励机制。对诚信经营并按时还款的小微企业,在优惠利率的基础上下浮2个点,并以此作为小微企业诚信的奖励金发放给小微企业,以降低小微企业融资成本的方式提升其按时归还本息的积极性。

3. 设立商圈担保贷款

商圈担保贷款由商圈或者市场业主方提供担保,向区域内小微企业(含个体工商户)或自然人提供的经营性贷款。该贷款具有"总量核定,流程简易"以及"一次授信,多次发放"的特点。只需与商圈签订租赁合同并缴纳1年以上租金、经营得当,且已经持续经营1年以上的小微企业(含个体工商户)或自然人均可获得贷款。贷款额度最高可达500万元,授信期限不得高于租赁合同期限,最长授信期限为3年,单笔贷款期限不得高于1年。商圈担保贷款以相对优惠利率向不具有信贷资格或较难获得信贷资金的小微企业(含个体商户)提供了经营性贷款,扩大了支小再贷款资金服务小微企业的广度。

4. 促使支小再贷款资金发挥杠杆效应

中国人民银行海口中心支行下发支小再贷款额度后,海口农商行依照扶持"三农"和小微企业的原则,进一步加大信贷规模,创新金融服务,支持海南建设国际化旅游岛以及推动地方经济发展。具体表现在:首先,加大信贷投放力度,充分满足小微企业信贷资金需求;其次,简化贷款流程,要求7天内贷款资金到位。再次,结合海口市地方经济特色,优先为"三农"、文化旅游行业的相关企业提供信贷支持;最后,开展阳光信贷服务,对注册地在海南省且在海口农商行开设基本账户、信用良好的小微企业优先进行贷款支持。

(二)汉口银行

汉口银行从资源、渠道以及服务三个方面入手,构建系统化结构体系,进行小微企业金融服务转型升级,以支小再贷款资金助力小微企业发展。

1. 信贷资源向小微企业倾斜

在支小再贷款政策的引导下,汉口银行将信贷资源转向小微企业,加大小微企业信贷支持力度。通过小微企业信贷业务计划单列,优先满足符合条件的小微企业信贷需求。结果表明,小微企业反映强烈,市场响应程度高,政策受益企业范围不断扩大。

2. 资金发放渠道向线上转移

汉口银行借助互联网和大数据等相关技术手段,创新推出小微企业金融综合营销平台,探索使用系统化信贷程序代替传统的小微业务分散处理方式。自小微企业线上产品"抵e贷"产品推出以来,线上贷款的方式受到小微企业追捧。汉口银行资金发放渠道的线上转移和系统化程序的使用,一方面增加小微企业借贷的便捷性;另一方面系统化信贷程序加快银行贷款审批速度,提高了支小再贷款资金的使用效率,缩短小微企业等待时间,提升小微企业获得感和满意度。

3. 服务对象向基层转移

汉口银行不断完善业务范围，下沉服务重心，构建"社区银行+县域机构+村镇银行"的普惠金融服务体系，将支小再贷款与农村和社区的小微企业精准对接，着力解决"支农支小"服务"最后一公里"问题。[①] 2017 年汉口银行发起组建的阳新汉银村镇银行创新推出"微贷"服务，提出"小额分散"的经营理念，进行业务流程和风控模式创新，在有效防范风险的同时为更多小微企业提供金融服务。

（三）上海农商行

自 2014 年 7 月发放上海市首笔支小再贷款以来，上海市农商行依照中国人民银行上海市分行与上海农商行的授信协议，将支小再贷款资金全部定向用于支持上海市科技、文化等重点领域及薄弱环节的小微企业，并通过杠杆化运作机制实现支小再贷款资金与银行其他资金相互配合，放大政策支持效果。

1. 规范支小再贷款资金的管理和使用

为配合支小再贷款资金的发放，发挥支小再贷款资金的"精准滴灌"功能，提升小微企业资金可获得性，促进实体经济平稳健康发展，上海农商行制定支小再贷款管理制度，规范再贷款资金的管理和使用，确保支小再贷款资金专项用于小微企业等普惠金融领域信贷支持。上海农商行利用支小再贷款资金的杠杆作用，通过支小再贷款资金与银行其他资金相互配合，放大政策支持效果，

---

① 汉口银行：《汉口银行小微业务转型发展 缓解小微企业融资难》，汉口银行官网，2018 年 10 月 12 日，http://www.hkbchina.com/portal/zh_CN/home/mtgz/14937.html。

以支小再贷款资金撬动上海农商银行整体小微企业信贷规模的增长。

2. 优先支持科技型企业

根据经济结构调整和转型升级的政策导向,上海农商行将科技型小企业作为支小再贷款的重点服务对象。自借入首笔支小再贷款时,上海农商行即将央行支小再贷款资金优先用于对科技企业的支持,尤其是集成电路、生物医药、大数据、云计算等重点领域。[1] 在上海科创中心建设的背景下,再贷款资金支持的科技贷款占比也不断提升,多家科技企业得以快速发展,获得了上海市科技进步奖、科技小巨人企业、上海市"专精特新"中小企业等荣誉。该行 2012 年设立上海市首家科技支行——张江科技支行,2018年 10 月另一家科技支行上海农商行杨浦双创支行正式营业,上海农商银行重点支持两家科技专营机构对科创企业的信贷投放。上海农商行服务科创的特色,有助于结合地方产业特色发挥支小再贷款政策促进经济结构转型升级的作用,为实体经济的蓬勃发展贡献力量。

四、支小再贷款的运作机理

(一)降低利率水平

首先,央行不断调降支小再贷款利率水平,有助于激发金融机构申请意愿,降低金融机构获取资金的成本,增强金融机构服务小

---

[1] 上海农商银行:《上海农商银行有效运用再贷款政策工具,支持小微及民营企业信贷投放》,上海农商银行官网,2018 年 12 月 4 日,http://www.srcb.com/latestnews/-zzwyodxkinqzvicumfuu.shtml。

微企业的积极性主动性,进而缓解小微企业"融资难"问题。其次,央行明确要求运用支小再贷款资金发放的小微企业贷款加权平均利率不得高于同期同档次其他贷款加权平均利率,该政策确保小微企业能以较低利率获得资金支持,有助于缓解小微企业"融资贵"的问题。最后,央行通过支小再贷款政策工具,引导整个小微信贷市场的利率水平下行,营造有利于小微企业融资的良好氛围。

(二)扩大信贷规模

在支小再贷款的放款流程中,先由央行贷款给商业银行,再由商业银行贷款给企业。在上述过程中央行用于发放贷款的资金就是基础货币,支小再贷款通过将基础货币转化为贷款并通过货币乘数效应向市场释放流动性,进而扩大金融机构信贷总规模和小微企业信贷规模。例如,2020 年第一季度,央行通过再贷款、降准等政策释放 2 万亿元流动性,引起人民币贷款增加 7.1 万亿元,1元的流动性支持了 3.5 元左右贷款的增长,货币政策传导效果显著。[①] 此外,央行要求在使用支小再贷款资金期间,银行小微企业贷款增量不得少于央行向其发放的支小再贷款总量,这能有效发挥支小再贷款定向引导资金流向的作用,增强金融机构对小微企业信贷支持力度。

(三)定向扶持效应

支小再贷款对小微企业的定向扶持效应,主要体现在以下四

---

① 孙国峰:《中国货币政策传导效率 10 倍于美联储》,《第一财经》2020 年 4 月 10 日,https://m.yicai.com/news/100588145.html。

个方面：首先，支小再贷款只能用于符合要求的小微企业，不能用于大型企业，不能变相流入房地产、建筑业和国家禁止的其他行业，保证支小再贷款资金要精准滴灌符合要求的小微企业。其次，引导地方法人金融机构充分利用央行低成本的支小再贷款资金，加强产品和服务创新，开发新型信贷产品，用于扶持当地特色产业和促进经济结构转型升级，例如前面提到的海南农商行重点支持文化旅游等特色产业、上海农商行助力集成电路、生物医药、大数据、云计算等重点领域转型升级。再次，央行要求借用支小再贷款期间银行小微企业贷款增量不得低于央行向其发放的支小再贷款总量，有助于引导信贷资金向小微企业倾斜，提高资金运用效率，发挥支小再贷款的定向扶持效应。最后，准入门槛上，申请银行须满足上季度末小微企业贷款增速不低于同期各项贷款平均增速、贷款增量不低于上年同期水平等目标，该要求能够有效引导信贷流向，保障支小再贷款投放的精准性，切实支持小微企业发展。

第二节　支小再贷款政策对小微企业融资的效果评估

2014 年支小再贷款政策出台后，支小再贷款余额呈现逐年递增态势。那么，支小再贷款政策能否缓解中小企业融资困境？其传导机制如何？支小再贷款对缓解不同规模企业的融资困境是否存在差异？支小再贷款政策在不同类型商业银行发挥的效果是否存在差异？本节将选取 2015 年 1 月至 2020 年 12 月的月度数据建立结构向量自回归模型（SVAR），从实证角度分析支小再贷款政策的效果。

一、研究假设

（一）支小再贷款对小微企业融资的影响机制

从上一节的运作机理可知,支小再贷款对小微企业融资可能存在三条影响路径。第一,央行要求运用支小再贷款额度发放的小微企业贷款利率必须低于同期贷款利率,有利于引导市场利率下行,降低小微企业融资成本,提高小微企业项目净现值和到期收益率,增强小微企业申贷意愿和申贷规模,进而扩大银行小微企业贷款规模。第二,支小再贷款资金本身就是用于小微企业的,加之央行通过支小再贷款向市场释放流动性,引导金融机构信贷资金流向小微企业,因此支小再贷款会导致银行小微企业贷款规模增加。第三,支小再贷款资金必须专款专用、借用支小再贷款期间的银行小微贷款增量要求、申请支小再贷款对银行小微贷款增速和增量的要求等系列规定,均体现了支小再贷款的定向扶持作用,能够促进银行将更多信贷资源投放到小微企业,促使银行小微企业贷款增加。因此,除支小再贷款直接增加小微企业融资规模外,提出以下两个假设:

假设 2-1:支小再贷款通过降低市场利率水平来增加小微企业融资规模。

假设 2-2:支小再贷款通过向市场释放流动性来增加小微企业融资规模。

（二）支小再贷款缓解不同规模企业融资难存在异质性

在实施支小再贷款的同时,国家还出台更多政策向普惠小微企业倾斜,例如,2018 年 6 月,中国人民银行、银保监会等五部门联合印发《关于进一步深化小微企业金融服务的意见》，引导银行加大对单户授信500万元及以下的小微企业的信贷投放，切实降低小微企业贷款利率，并对符合条件的中小银行给予再贷款支持。2020年，央行通过创设普惠小微企业贷款延期支持工具以减缓疫情对小微企业造成的偿付压力，此外央行还创设普惠小微企业信用贷款支持计划以缓解小微企业抵押担保不足的问题。因此，尽管支小再贷款能够缓解企业融资难问题，但不同规模企业的政策效果却不尽相同。基于上述分析，提出假设2-3。

假设2-3：支小再贷款缓解融资难问题在不同规模企业间存在异质性。

（三）不同类型商业银行运用支小再贷款缓解小微企业融资难存在异质性

首先，支小再贷款发放对象仅限于小型城市商业银行、农村商业银行、农村合作银行和村镇银行四类地方性法人金融机构，其他金融机构不能直接运用支小再贷款。其次，支小再贷款对抵押品要求较高，且票据抵押后流动性差，影响票据收益，因此资金规模小、抵押品数量不满足要求的银行不能申请到支小再贷款额度。再次，虽然央行操作时针对中小型银行，但通过货币乘数效应，流动性从支小再贷款发放对象进一步传导到其他金融机构。最后，不同类型银行基于自身的风险偏好、经营理念、风险承担能力等的不同，其本身服务小微企业的意愿也存在差异。基于上述分析，提出假设2-4。

假设2-4：运用支小再贷款支持小微企业融资在不同类型商业银行间存在异质性。

二、实证分析

(一)变量选取与数据来源

根据前面的研究假说,央行分支机构向中小银行发放支小再贷款,中小银行再将支小再贷款资金贷放给小微企业,除了这一过程本身直接导致银行小微企业贷款规模增加外,还通过引导市场利率下行、向市场释放流动性等中间渠道,进一步增加银行小微企业贷款规模。限于数据可得性,选取支小再贷款、市场利率、市场流动性和贷款规模四类变量,构建 SVAR 模型,研究支小再贷款如何通过市场利率和市场流动性对银行小微企业贷款产生影响。

根据前面的假说,需要研究支小再贷款对不同企业的异质性,为此将企业划分为小微和普惠型小微两类。此外,还需要研究支小再贷款在不同银行间的异质性,为此将银行划分为国有、股份制、城商行和农商行四大类。在此基础上,构建支小再贷款、市场利率、市场流动性对不同企业贷款的 2 个 SVAR 模型,构建支小再贷款、市场利率、市场流动性对不同银行贷款的 4 个 SVAR 模型,共计 6 个 SVAR 模型,以验证支小再贷款政策对市场利率、市场流动性的作用效果,以及支小再贷款政策对不同规模企业贷款余额、不同类型银行小微企业贷款余额作用效果的差异。实证分析中涉及变量见表 2-1。

表 2-1 变量选取及指标说明

变量类型	变量符号	变量含义
支小再贷款	msl	支小再贷款余额

续表

变量类型	变量符号	变量含义
市场利率	r	全国银行间质押式回购加权平均利率(三个月)
市场流动性	m	主要金融机构各项贷款余额
融资规模	loan1	商业银行金融机构小微企业贷款余额
	loan2	商业银行金融机构普惠小微企业贷款余额
不同类型银行小微企业贷款余额	m1	小微企业贷款余额(国有商业银行)
	m2	小微企业贷款余额(股份制商业银行)
	m3	小微企业贷款余额(城市商业银行)
	m4	小微企业贷款余额(农村商业银行)

1. 变量选取

支小再贷款。支小再贷款余额是小微企业在该政策支持下正在使用的资金数量,相较于支小再贷款额度,余额更能反映支小再贷款政策真实起作用的资金数量。由于中国人民银行公布数据为季度数据,本书使用 Wind 对数据进行频率转换,将支小再贷款余额季度数据转化为月度数据。

市场利率。使用 3 个月期银行间债券质押式回购利率代表货币市场利率。银行间债券质押式回购以债券为质押品,实施统一托管和逐笔清算方式,具有资金规模庞大、参与主体广泛、市场认可度高、风险低等特征,因此质押式回购利率作为短期资金融通的重要基准能很好地反映货币市场资金供求状况。不同期限的质押式回购的活跃度明显不同,6 个月和 9 个月银行间质押式回购交易量较小,3 个月期回购协议是银行间回购市场交易较为活跃的合约,因此本书选取 3 个月期全国银行间质押式回购加权平均利率作为货币市场利率衡量指标。

市场流动性。选取主要金融机构各项贷款余额作为衡量市场流动性的指标,该指标是金融机构的资产,反映了微观主体从金融机构获取资金的规模,体现了金融机构对微观主体的信贷支持以及市场流动性状况。由于支小再贷款政策也是通过金融机构向微观主体提供信贷支持并且向市场释放出流动性,因而选用金融机构各项贷款余额作为市场流动性的指标。

贷款规模。为了验证支小再贷款对不同规模企业贷款的影响差异,同时考虑到数据可得性,分别选取商业银行金融机构小微企业贷款余额、商业银行金融机构普惠小微企业贷款余额作为贷款规模的衡量指标。这两个指标涵盖了所有商业银行对小微企业、普惠小微企业的信贷支持,其中包括小型城市商业银行、农村商业银行、农村合作银行、村镇银行等支小再贷款资金运用银行的小微企业贷款余额,因此这两个指标更能体现支小再贷款政策的效果。为了验证支小再贷款政策对不同类型银行小微企业贷款余额的影响,同时考虑数据可得性,本节选取国有商业银行、股份制商业银行、城市商业银行、农村商业银行的小微企业贷款余额。

2. 数据来源及处理

实证研究数据来源于中国人民银行网站以及 Wind 数据库,选取 2015 年 1 月至 2020 年 12 月的月度数据。由于央行公布的支小再贷款余额、不同规模企业小微贷款余额数据为季度数据,出于扩大样本容量,统一样本数据频率进而提高可信度的目的,本书使用 Wind 数据库的频率转换功能将支小再贷款余额季度数据转换为月度数据。

在实证分析前,对除利率外所有变量均取对数处理。原因如下:一方面,大多数宏观经济变量取对数后一阶差分项平稳,变量对数差分之间的关系就是它们各自增长率之间的相互关系;另一方面,对原始数据取对数可以控制序列的异方差问题,提高估计精准度。对数据进行上述处理后,变量描述性统计结果见表2-2。

表2-2 变量描述性统计

变量	观测值	均值	方差	最小值	最大值
r	72	3.6232	0.8400	2.1300	5.5500
msl	72	7.1656	0.8672	6.1181	9.1856
m	72	14.0118	0.2138	13.6376	14.3622
$loan1$	48	12.1876	0.2580	10.8801	12.4379
$loan2$	24	11.6451	0.3198	10.4112	11.9360
$m1$	48	11.0655	0.2207	9.8310	11.2198
$m2$	48	10.5579	0.1990	9.4047	10.7288
$m3$	48	10.6844	0.3040	9.2773	11.0449
$m4$	48	10.7704	0.3340	9.3068	11.1508

(二)平稳性检验

为了避免变量存在"伪回归"问题,先使用增广迪基-福勒检验(Augmented Dickey-Fuller test,ADF检验),判断变量是否平稳。由于不同模型时间跨度不同,故对6个结构性向量自回归(SVAR)模型分别进行增广迪基-福勒检验,以验证数据是否平稳,结果见表2-3。

表 2-3　变量平稳性检验

模型	变量	ADF 检验值	P 值	检验形式	是否平稳
msl、m、r、$loan1$/$m1$/$m2$/$m3$/$m4$	dmsl	−2.0730	0.0220	(C,0,0)	平稳
	dm	−8.6040	0.0000	(C,0,0)	平稳
	r	−2.4570	0.0091	(C,0,1)	平稳
	d$loan1$	−14.9680	0.0000	(0,0,0)	平稳
	d$m1$	−14.9720	0.0000	(0,0,0)	平稳
	d$m2$	−14.4940	0.0000	(0,0,0)	平稳
	d$m3$	−15.1110	0.0000	(0,0,0)	平稳
	d$m4$	−14.8440	0.0000	(0,0,0)	平稳
msl、m、r、$loan2$	dmsl	−1.7810	0.0450	(C,0,0)	平稳
	dm	−6.4530	0.0000	(C,0,0)	平稳
	r	−2.0860	0.0254	(C,0,1)	平稳
	d$loan2$	−10.4900	0.0000	(0,0,0)	平稳

注:检验形式为(C、T、K)。其中,C、T 和 K 分别代表截距项,趋势项和滞后阶数,d 表示对变量进行一阶差分。遵循 SC 准则,显著性水平为 5%。

结果显示,利率(r)为平稳时间序列;支小再贷款余额(msl)、金融机构各项贷款余额(m)、银行金融机构小微企业贷款余额($loan1$)、银行金融机构普惠小微企业贷款余额($loan2$)、国有银行小微企业贷款余额($m1$)、股份制银行小微企业贷款余额($m2$)、城商行小微企业贷款余额($m3$)以及农商行小微企业贷款余额($m4$)等变量取对数后的一阶差分项均为平稳时间序列,也即除利率外各变量月度环比增长率是平稳的,可建立结构向量自回归模型。

(三)结构向量自回性模型构建

结构向量自回归模型将一定的基于经济、金融理论的变量之间的结构性关系引入检验,能够有效识别模型内各个变量的即时结构性关系,能够弥补向量自回归(VAR)模型无法识别变量同期影响的缺陷。

参考陈强(2014)做法,考虑一般形式的SVAR模型,从p阶向量自回归(VAR)模型出发:

$$y_t = \Gamma_1 y_{t-1} + \cdots + \Gamma_p y_{t-p} + u_t \qquad (2-1)$$

其中,y_t为$M \times 1$向量;u_t为简化式扰动项,允许存在同期相关。在式(2-1)两边同乘某非退化矩阵A:

$$Ay_t = A\Gamma_1 y_{t-1} + \cdots + A\Gamma_p y_{t-p} + A\mu_t, t = 1,2,\cdots,T \qquad (2-2)$$

经移项整理可得:

$$A(I - \Gamma_1 L - \cdots - \Gamma_p L^P) y_t = A u_t \qquad (2-3)$$

我们希望结构向量自回归的扰动项正交,一种简单的做法,是令$A u_t = \varepsilon_t$,其中,ε_t为结构向量自回归模型的结构扰动项,不存在同期相关;但此假定可能过强(矩阵A来自经济理论对经济结构的建模,未必能同时使$A u_t$同期不相关)。更一般地,假设$A\mu_t = B\varepsilon_t$,其中B为$M \times M$矩阵,则式(2-3)可写为:

$$A(I - \Gamma_1 L - \cdots - \Gamma_p L^P) y_t = A u_t = B \varepsilon_t \qquad (2-4)$$

式(2-4)称为结构向量自回归模型的"AB模型"。对于AB模型,分析重点在于正交化冲击的效应,故一般假设扰动项ε_t正交。

(四)模型识别

根据结构向量自回归模型的设计原理,需要对模型矩阵施加约束条件。在具体操作上,我们沿用比较常用的乔利斯基分解的思路,将矩阵A设为下三角矩阵且主对角线元素全部为1,并将矩阵B设为对角矩阵,称为"乔利斯基约束"(Cholesky Restrictions)。

$$A = \begin{bmatrix} 1 & 0 & 0 & 0 \\ . & 1 & 0 & 0 \\ . & . & 1 & 0 \\ . & . & . & 1 \end{bmatrix}, B = \begin{bmatrix} . & 0 & 0 & 0 \\ 0 & . & 0 & 0 \\ 0 & 0 & . & 0 \\ 0 & 0 & 0 & . \end{bmatrix} \tag{2-5}$$

其中,缺失值"."表示自由参数(即没有约束)。在式(2-5)中,从矩阵 A 的第一行可以看出, y_{2t}、y_{3t} 与 y_{4t} 对 y_{1t} 无直接影响。类似地,从矩阵 A 的第二行可以看出, y_{1t} 对 y_{2t} 有直接影响,但 y_{3t} 与 y_{4t} 对 y_{2t} 无直接影响。

出于篇幅限制考虑,仅以 [dmsldmrdloan1] 构建的结构向量自回归模型为例。对于包含四个内生变量(k=4)的 ΛB 型结构向量自回归模型,需要依据经济学原理至少对矩阵 A 施加 $k \times (k-1)/2 = 6$ 个约束条件才可识别。对模型实施乔利斯基约束即支小再贷款余额不受主要金融机构各项贷款余额、利率与国有银行小微企业贷款余额的当期值影响;主要金融机构各项贷款余额受支小再贷款余额当期值的影响,不受利率和银行金融机构小微企业贷款余额的当期值影响;利率不受银行金融机构小微企业贷款余额的当期值影响,但受支小再贷款余额和主要金融机构各项贷款余额的当期值影响;国有银行小微企业贷款余额受另外三个变量当期值的影响。乔利斯基约束在此的含义满足经济原理。实施乔利斯基约束后结构向量自回归模型恰好识别。

$$A u_t = B \varepsilon_t$$

$$\begin{bmatrix} 1 & 0 & 0 & 0 \\ . & 1 & 0 & 0 \\ . & . & 1 & 0 \\ . & . & . & 1 \end{bmatrix} \begin{bmatrix} u_{dmsl} \\ u_{dm} \\ u_r \\ u_{dloan1} \end{bmatrix} = \begin{bmatrix} . & 0 & 0 & 0 \\ 0 & . & 0 & 0 \\ 0 & 0 & . & 0 \\ 0 & 0 & 0 & . \end{bmatrix} \begin{bmatrix} \varepsilon_{dmsl} \\ \varepsilon_{dm} \\ \varepsilon_r \\ \varepsilon_{dloan1} \end{bmatrix} \tag{2-6}$$

(五)滞后阶数选择与稳定性检验

依据不同信息准则,选择最优滞后阶数。本小节共构建6个结构向量自回归模型,需要进行6次滞后阶数选择。出于篇幅考虑,此处仅以[$dmsldmrdloan1$]构建的结构向量自回归模型的滞后阶数选取为例。如表2-4所示,依据似然比(likelihood ratio, LR)选择最优滞后阶数为3阶,依据最终预测误差(Final Prediction Error, FPE)、赤池信息准则(Akaike Information Criterion, AIC)、汉南—奎因信息准则(Hannan-Quinn criterion, HQIC)以及贝叶斯信息准则(Bayesian Information Criterion, BIC)所选择的最优滞后阶数均为1阶。依照少数服从多数的原则,最终选取的最优滞后阶数为1阶。

表2-4 滞后阶数选择

Lag	LL	LR	FPE	AIC	HQIC	SBIC
0	361. 9550	—	6. 9e-13	-16. 6491	-16. 5887	-16. 4853
1	440. 4540	157. 0000	3. 8e-14*	-19. 5560*	-19. 2539*	-18. 7369*
2	448. 5970	16. 2850	5. 6e-14	-19. 1905	-18. 6468	-17. 7160
3	463. 5510	29. 9080*	6. 2e-14	-19. 1419	-18. 3565	-17. 0121
4	473. 7270	20. 3530	9. 0e-14	-18. 8710	-17. 8440	-16. 0859

注: * 表示各准则选择的最优滞后期。

依据信息准则对各模型滞后阶数进行筛选。除[dmsl,dm,r, dloan2]模型外,其余各模型依据信息准则选择的最优滞后阶数均为1阶。[dmsl,dm,r,dloan2]依据最终预测误差(FPE)、赤池信息准则(AIC)、汉南—奎因准则(HQIC)以及贝叶斯信息准则(SBIC)应选择的最优滞后阶数为3阶,而依据贝叶斯信息准则

（SBIC）所选择的最优滞后阶数为 1 阶。由于该模型样本容量仅为 24 个,3 阶滞后会造成模型样本容量较大损失,最终选择滞后阶数为 1 阶。

（六）平稳性检验

对 6 个结构向量自回归模型进行平稳性检验。图 2-2 自左上至右下依次为支小再贷款余额、利率、金融机构各项贷款余额与不同规模企业(小微企业、普惠小微企业)贷款余额模型的平稳性检验结果,以及支小再贷款余额、利率、金融机构各项贷款余额与不同类型银行(国有银行、股份制银行、城市商业银行、农村商业银行)小微企业贷款余额模型的平稳性检验结果。从图 2-2 模型平稳性检验可知,伴随矩阵的全部特征根均落在单位圆内,模型平稳。

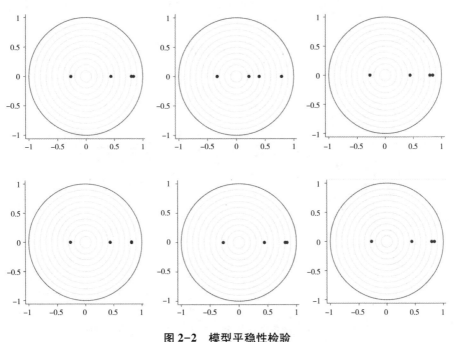

图 2-2 模型平稳性检验

(七)脉冲响应分析

1. 银行小微企业贷款余额对支小再贷款冲击的脉冲响应

金融机构各项贷款余额对支小再贷款的冲击响应如图 2-3 所示,横轴表示冲击作用的滞后期数(单位:月度),纵轴表示变量对冲击的响应效果。图中实线描述的是当支小再贷款增长率受到一单位标准差正向冲击时,金融机构各项贷款余额增长率在随后 8 个月内对该冲击作出的反应,图中阴影部分表示 95% 的置信区间。给支小再贷款余额增长率一个标准差大小的正向冲击,金融机构各项贷款增长率当期响应程度为 -0.0007,低于 0.001,且在第一期响应程度就已趋近于 0,并一直持续到第八期。相对于金融机构各项贷款余额,支小再贷款资金量较低,政策向市场释放的流动性较少,即支小再贷款增加引起金融机构各项贷款余额的波动幅度较小。

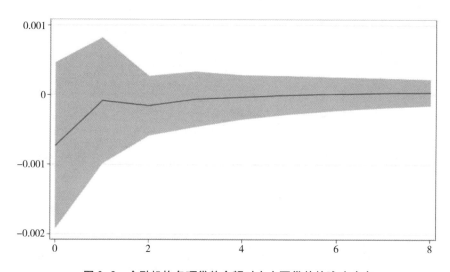

图 2-3　金融机构各项贷款余额对支小再贷款的脉冲响应

利率对支小再贷款的冲击响应如图2-4所示,给支小再贷款增长率一个标准差大小的正向冲击后,利率会立刻作出正向响应,依据脉冲响应图,冲击第四期达到响应峰值0.1291,随后响应程度逐渐递减并于第十期趋于0,结果表明支小再贷款政策对利率的作用效果持续时间短,由于小微企业申请支小再贷款的平均使用期限为1年,最长使用期限为3年,因而支小再贷款对利率的影响也仅表现为短期效应。

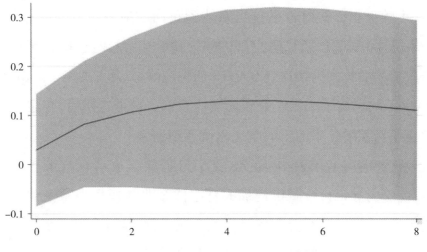

图2-4 利率对支小再贷款的脉冲响应

2. 不同规模企业贷款余额对支小再贷款冲击的脉冲响应

不同规模企业贷款余额对支小再贷款的脉冲响应如图2-5所示,其中左图为小微企业贷款余额增长率对支小再贷款余额增长率的脉冲响应,右图为普惠小微企业贷款余额增长率对支小再贷款增长率的脉冲响应。

给予支小再贷款增长率一个标准差大小的正向冲击后,对小微企业与普惠小微企业的贷款增长率均有正向的作用效果,但总体上正向响应水平偏低;同样的冲击,普惠小微企业正向响应程度

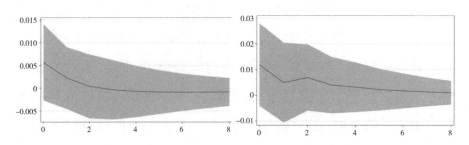

图 2-5　不同规模企业贷款余额对支小再贷款的脉冲响应

远高于小微企业。给予支小再贷款增长率一单位标准差正向冲击后,小微企业贷款增长率在当期达到正向响应峰值 0.0057,第一期下降为 0.0021,第二期为 0.00042,随后开始趋向于 0;普惠小微企业贷款增长率当期达到 0.0119 的响应峰值,第二期正向响应为 0.0069,均远高于小微企业正向响应程度。自第二期后,普惠型小微企业贷款增长率的正向响应程度逐渐递减。

脉冲响应结果表明:首先,支小再贷款政策具有政策导向作用,能够引导银行金融机构加大对小微企业与普惠小微企业的信贷规模,促进小微企业与普惠小微企业贷款的增长,但由于支小再贷款申请率低,政策对小微企业贷款和普惠小微企业贷款的促进作用总体偏低;其次,支小再贷款政策的作用效果持续时间短;最后,由于实施支小再贷款政策的同时,国家还出台更多政策向普惠小微企业倾斜,致使银行向普惠小微企业放贷的意愿高于小微企业。综上所述,支小再贷款缓解融资难问题在不同规模企业间存在异质性,验证了假说 2-3。

3. 不同类型银行贷款余额对支小再贷款冲击的脉冲响应

选取国有银行、股份制银行、城商行、农商行的小微企业贷款增长率,考察支小再贷款政策对不同类型银行小微企业贷款的作用效果。不同类型银行小微企业贷款增长率对支小再贷款增长率的脉冲响应如图 2-6 所示,其中左上、右上、左下和右下依次为国有银行、股份制银行、城商行和农商行的小微企业贷款增长率对支小再贷款增长率的脉冲响应。

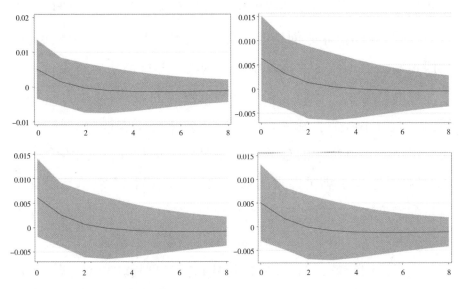

图 2-6 不同类型银行小微企业贷款余额对支小再贷款的脉冲响应

给予支小再贷款余额增长率一个标准差大小的正向冲击,四类银行小微企业贷款增长率均呈现出正向响应,但响应时间较短。给予支小再贷款增长率一单位标准差的正向冲击,国有银行小微企业贷款余额增长率在冲击当期达到响应峰值 0.0051,第一期下降为 0.0016,随后正向响应开始趋于 0;股份制银行小微企业贷款余额增长率在冲击当期有 0.0063 的正向响应,随后开始下降,第三期正向响应程度降为 0.0013;城市商业银行小微企业贷款余额增长率在冲击当期达到 0.0061 的响应峰值,第一期下降为 0.0026,随后正向响应开始趋于 0;农村商业银行小微企业贷款余额增长率在冲击当期的正向响应程度为 0.0058,第一期下降为

0.0017,随后开始逐渐趋于 0。

支小再贷款政策发放的银行为小型城市商业银行、农村商业银行、农村合作社、村镇银行等中小型地方性银行,国有银行与股份制银行不能发放支小再贷款,但政策释放的流动性通过存款派生机制和货币乘数效应等影响国有和股份制银行。由于股份制银行经营更加灵活、业务创新能力更强,能够及时抓住政策机遇,因而股份制银行小微企业贷款增长率的增加幅度高于国有银行。

城商行与农商行同为支小再贷款发放的银行,支小再贷款政策对城商行小微企业贷款余额的作用效果高于农商行。一方面,由于申请支小再贷款的金融机构需要提供抵押品,因此资金规模小、抵押品数量不满足要求的部分农村商业银行不能申请到支小再贷款额度;另一方面,2018 年 6 月前,支小再贷款利率高于支农再贷款和扶贫再贷款利率,农商行的贷款客户中包含大量农户,农户贷款为涉农贷款,符合支农再贷款和扶贫再贷款的支持范围,加之央行发放的扶贫再贷款利率低于支小再贷款利率,地方法人金融机构盈利空间更大,所以符合条件的地方法人金融机构更倾向于使用扶贫再贷款和支农再贷款,进一步造成了农村商业银行支小再贷款申请率低的现状。

上述结果表明:首先,支小再贷款政策实施初期对各类银行小微企业贷款余额的增长均起到促进作用,但政策效果持续时间较短,2 个月后政策效果明显降低,4 个月后政策效果几乎为 0;其次,支小再贷款政策对四类银行小微企业贷款余额的作用效果存在差异,作用效果由高到低依次为:股份制商业银行银行、城市商业银行、农村商业银行、国有商业银行。因此,运用支小再贷款支持小微企业融资在不同类型商业银行间存在异质性,验证了假说 2-4。

（八）方差分解

方差分解是分析各结构性冲击对内生变量变化的贡献程度。不同于脉冲响应,其思想为将系统预测的均方误差分解为自身冲击和其他变量冲击所构成的贡献率,从而了解各变量冲击的相对重要程度。对小微企业贷款余额进行方差分解,表 2-5 方差结果表明:小微企业贷款余额受其自身影响最为明显,第四期达到峰值 87.4133%,随后,自身的作用程度不断降低;而支小再贷款与金融机构各项贷款余额对小微企业贷款余额的贡献度均在第一期达到最大值,最大值分别为 3.48243% 和 1.8677%;相较于支小再贷款与金融机构各项贷款余额而言,利率对小微企业贷款余额的方差贡献率较高,在第一期达到 8.1255%,随后稳定在 7.5% 左右。

表 2-5　对小微企业贷款余额的方差分解　　　　　（单位:%）

时期	小微企业贷款	支小再贷款	利率	金融机构各项贷款余额
1	86.1826	3.8243	8.1255	1.8677
2	87.1093	3.7356	7.5805	1.5746
3	87.4004	3.6447	7.3648	1.5900
4	87.4133	3.6321	7.3604	1.5942
5	87.3018	3.6693	7.4267	1.6021
6	87.1646	3.7294	7.5004	1.6055
7	87.0354	3.7961	7.5615	1.6071
8	86.9256	3.7961	7.6069	1.6074

三、研究结论与政策建议

（一）结论

本节选取支小再贷款、市场利率、市场流动性和小微企业贷款规模四类变量,根据企业大小和银行性质进一步将小微企业贷款规模划分为六类,共构建六个结构向量自回归模型,探究小微企业贷款余额对支小再贷款的脉冲响应,并对小微企业贷款余额进行方差分解。

1. 支小再贷款政策能够促进小微贷款规模增加

实证研究表明,支小再贷款政策可以促进小微企业贷款规模的增加。首先,支小再贷款政策的定向引导作用促使金融机构加大对小微企业的信贷支持力度,申请支小再贷款对银行小微贷款增速和增量的考核,借用支小再贷款期间对银行小微贷款增量的要求,以及支小再贷款资金必须专款专用等均体现了支小再贷款的定向扶持作用,能够促进银行将更多信贷资源投放到小微企业,促使小微企业贷款规模增加。其次,央行通过支小再贷款向市场释放流动性,增加整体信贷规模,进而促进银行小微企业贷款规模增加。再次,相对于整体信贷水平而言,支小再贷款规模较小,其对整体信贷规模的作用效果不显著。最后,支小再贷款在引导利率下降方面力量偏弱,尽管央行要求运用支小再贷款额度发放的小微企业贷款利率必须低于同期贷款利率,但是,支小再贷款规模较小、利差收益小,无法改变整体上金融机构对小微企业信贷偏好,通过支小再贷款政策引导降低市场利率水平来增加小微企业融资规模较为困难,支小再贷款利率传导渠道较差。

2. 支小再贷款对普惠小微企业的作用效果明显优于小微企业

在国家加大普惠小微企业支持力度的政策引导下,金融机构申请到支小再贷款后更倾向于发放普惠小微贷款,致使银行向普惠小微企业放贷的意愿高于向小微企业放贷意愿。但整体而言,支小再贷款申请率较低、规模较小，且金融机构运用负债发放贷款与运用支小再贷款资金发放贷款存在替代关系，因而支小再贷款对普惠小微企业与小微企业贷款的规模增长作用均不明显。同时，支小再贷款政策效果持续时间较短。由于小微企业申请支小再贷款的平均使用期限为 1 年，最长使用期限为 3 年，因而支小再贷款对利率的影响也仅表现为短期效应。

3. 支小再贷款政策对四类银行小微企业贷款余额的作用效果存在差异

作用效果由高到低依次为：股份制商业银行银行、城市商业银行、农村商业银行、国有商业银行。股份制银行经营更加灵活、业务创新能力更强，能够及时抓住政策机遇，因而支小再贷款对股份制银行小微企业贷款的作用效果优于国有银行；部分农商行自身规模较小缺乏合格抵押品无法获得支小再贷款资金支持，加之获取扶贫再贷款的利率低于支小再贷款利率，地方法人金融机构盈利空间更大，所以符合条件的地方法人金融机构更倾向于使用扶贫再贷款和支农再贷款，因此支小再贷款政策对城商行小微企业贷款的作用效果高于农商行。

（二）政策建议

1. 地方政府适当采取政策性融资担保、风险补偿等支持措施

支小再贷款严格的资金流向限制与严格的利率限制，有利于增加小微企业融资规模，降低小微企业融资成本，缓解部分小微企业"融资难、融资贵"的问题，地方法人金融机构应积极申请支小再贷款，扩大支小再贷款的政策覆盖面，增加服务小微企业数量。

但是小微企业财务制度不健全、信息透明度不高、缺乏合格抵押品、抗风险能力缺乏等问题的存在,致使银行不敢轻易发放信贷资金。为了降低银行的信贷风险,应充分发挥国有控股融资性担保公司的作用,为有发展潜力的小微企业提供融资担保,进而提高金融机构支持小微企业发展的积极性(乔来生,2016)。例如,四川省各地纷纷出台了担保、风险补偿、贴息等配套支持措施。广元市对运用支小再贷款资金发放的小微企业贷款全部以担保方式发放,政策性融资担保公司按属地原则对获得信贷支持的企业收取的担保费率不超过 1%,剩余保费未覆盖部分由市财政补贴 1%;宜宾市加大对两家市级政策性担保公司的资本投入,放大担保倍数至 10 倍,担保费率按 1%收取。绵阳、巴中、南充、宜宾等地建立了小微企业贷款风险补偿机制,通过政府出资建立风险基金,将运用支小再贷款发放的小微企业贷款纳入风险补偿范围。[1]

2. 适度扩大支小再贷款合格抵押品范围

中国人民银行加大对支小再贷款合格抵押品的研究,适当扩大合格抵押品范围。支小再贷款合格抵押品为国债、中央银行票据、国家开发银行及政策性金融债、高等级公司信用债等证券资产。而农村商业银行以及部分城市商业银行自身资金规模小、抵押品数量不满足要求,申请支小再贷款受到了限制。因此,扩大支小再贷款合格抵押品,允许经营状况良好且符合规定的金融机构使用自身股权、小微贷款等进行质押,使更多地方法人金融机构能够获取支小再贷款额度,从而更大程度上缓解小微企业融资难问题,促进小微企业的健康发展。例如,中国人民银行西安分行在陕

---

① 牛娟娟:《积极创新支小再贷款实施方式——定向政策在四川精准落地》,《金融时报》2015 年 12 月 11 日,http://chengdu.pbc.gov.cn/chengdu/129314/2988342/index.html。

西省范围内,将未经央行内部评级的正常类普惠口径小微贷款作为担保品质押。为充分保证资产质量,执行 43.90% 的低质押率,并与金融机构签订《信贷资产质押合同》,要求借款机构对质押的全部信贷资产资料进行单独专门保管。通过创新担保品种,解决了辖区地方法人金融机构无央行票据、债券抵押物,信贷资产央行内部评级过程复杂、时间长等问题。[①]

3. 给予支小再贷款资金运用银行更多优惠政策

支小再贷款政策严格限定利率水平,导致利差偏低、投资回报低,加之支小再贷款对普通贷款的挤出效应,降低了金融机构申请支小再贷款额度的意愿。央行应对支小再贷款资金运用银行给予更多的优惠政策,充分考虑支小再贷款的风险成本和政策引导效果,适当降低支小再贷款利率,给予支小再贷款发放金融机构更高的小微企业信贷增量奖励和费用补助,建立支小再贷款激励约束机制,根据信贷政策导向效果评估结果,在再贷款额度、利率、期限等方面进行奖优罚劣(邓晓,2018)。例如,中国人民银行呼和浩特中心支行协调配合内蒙古自治区有关部门每年对上年度银行小微企业贷款的净增加额的 0.25% 给予发放银行奖励。通过奖励弥补法人金融机构发放支小再贷款的利差损失、提高其经营性回报,吸引更多金融机构参与到支小再贷款政策中,进而扩大支小再贷款发放金融机构的覆盖范围,促使这一结构性政策工具更好地发挥引导信贷资金流向和调整信贷结构的政策导向,及时满足小微企业合理融资需求。

---

① 中国人民银行西安分行:《人民银行延安市中心支行成功发放全省首笔"先贷后借"支小再贷款》,中国人民银行西安分行官网,2018 年 9 月 14 日,http://xian.pbc.gov.cn/xian/129422/3627810/index.html。

4. 金融机构加大流动性管理

金融机构应从以下几个方面加强流动性管理。首先,金融机构应积极参与全国银行间拆借市场、银行间债券市场,在债券市场上持有适当比例的央行认可的抵押品,打通支小再贷款的担保品补充渠道,同时,积极开展票据业务,资金紧张时可向央行申请再贴现。其次,使用支小再贷款的金融机构需重视"三个不低于"的要求,即小微企业贷款增速不低于各项贷款平均增速,小微企业贷款户数不低于上年同期户数,小微企业申贷获得率不低于上年同期水平,避免因支小再贷款资金被提前收回,不得不向其他金融机构拆入资金弥补资金缺口,从而影响流动性指标的平稳性。再次,主动运用小微企业贷款保证保险,形成保险、银行、财政按一定比例分担贷款损失的风险分担机制,降低因贷款损失造成的流动性风险。最后,居民储蓄存款是银行金融机构重要的资金来源,增加银行业务的电子化程度,便利储户办理业务,符合发行理财产品的金融机构积极创新本行理财产品,增加对客户的吸引能力,进一步扩大储蓄规模,降低流动性。

第三章　新设货币政策工具的
运作机理和效果评估

第一节　新设货币政策工具的实践和运作机理

一、新设货币政策工具概念及种类

党的十九大以来,我国经济由高速增长转向高质量发展,但仍能以年6%以上的增速增长,展现出极强的稳定性。相对总量经济,经济结构性失衡成为钳制我国经济长期健康发展的重要因素,一个重要原因在于信贷资金流向与经济结构不匹配。现有研究表明,传统的货币政策释放的信贷资金主要流向房地产、地方融资平台、重工业和国有资本相对集中的领域,难以流向民营、小微企业等国民经济发展中的薄弱环节。也就是流动性总量相对充足,但是在结构上分配不尽合理,导致个别领域出现资金短缺问题。为推动利率市场化改革、破解民营企业融资难题,促进经济结构与信贷结构相匹配,中国人民银行逐步确立了总量合理、结构优化的货币政策原则,降低民营企业、小微企业融资成本成为货币政策的重点之一,特别是我国经济进入新常态后,中国人民银行创设货币政策工具,以短期流动性调节工具、常备借贷便利、中期借贷便利等为代表的新设货币政策工具逐步成为中国人民银行货币政策常规操作方式(楚尔鸣、曹策、李逸飞,2016)。

新设货币政策工具分为新设数量型货币政策工具和新设价格型货币政策工具两大类,每一类中又包含不同的具体新设货币政策工具。下面将逐一进行介绍。

(一)新设数量型货币政策工具

新设数量型货币政策工具是指货币当局通过对流通中货币供应量进行调节,控制货币的信用规模,进而调节经济运行,最终达到政策目标的各种方法和措施的总和。包括抵押补充贷款(Pledged Supplementary Lending,PSL)、公开市场短期流动性调节工具(Short-term Liquidity Operations,SLO)等。

1. 公开市场短期流动性调节工具(SLO)

为了更好地完善公开市场操作机制,增强公开市场操作的灵活性和主动性,同时保持银行体系的合理充裕性和货币市场利率运行平稳,2013年1月18日央行决定,启用公开市场短期流动性调节工具。

公开市场短期流动性调节工具主要是以逆回购为主要形式,而且期限较短,一般不超过7天,遇到法定假日则可适当延长其操作期限,具体操作方式则是以招标的方式来开展。央行根据当下经济运行情况,综合考虑银行体系内流动性需求、货币市场利率等其他相关因素来决定是否进行该工具的操作,以及操作规模、操作品种等具体事宜。原则上,该工具是在公开市场常规操作的间歇期进行,操作对象为资产状况良好、系统重要性、政策传导能力强的部分公开市场业务一级交易商。在该工具创设之初,其参与机构仅包括 12 家大型银行。2016 年增加 7 家大型商业银行,扩大了短期流动性调节工具的参与机构,目前其参与机构见表 3-1。

表 3-1 公开市场短期流动性调节工具参与机构

序号	机构名称	序号	机构名称
1	中国工商银行	11	兴业银行
2	中国建设银行	12	上海浦东发展银行
3	中国农业银行	13	中国邮政储蓄银行
4	中国银行	14	平安银行
5	国家开发银行	15	广发银行
6	交通银行	16	北京银行
7	中信银行	17	上海银行
8	招商银行	18	江苏银行
9	光大银行	19	恒丰银行
10	民生银行		

资料来源:中国人民银行。

2. 抵押补充贷款(PSL)

为了贯彻落实国务院第 43 次常务会议支持"棚户区改造"重点项目的精神,2014 年 4 月 25 日,中国人民银行决定创设抵押补充贷款扩大国家开发银行对棚户区改造项目的信贷供给,使棚户区改造项目能够获取长期稳定、成本合理的资金。抵押补充贷款的发放采用质押的方式,优质的信贷资产和高等级的债券资产均可作为合格抵押品。抵押补充贷款的主要作用是通过给金融机构提供期限较长的大额融资来支持国民经济重点领域、薄弱环节和社会事业发展。

3. 公开市场短期流动性调节工具与抵押补充贷款的比较

虽然公开市场短期流动性调节工具和抵押补充贷款均可提供流动性,但是二者的区别也很大。

第一,创设目的不同。短期流动性调节工具是为弥补银行体系临时性、短期的流动性不足而创设的。抵押补充贷款则是国家重点扶持项目的重要资金来源。

第二,期限不同。公开市场短期流动性调节工具的期限一般不会超过 7 天。抵押补充贷款以长期为主,期限一般为 3 年以上。

第三,作用不同。公开市场短期流动性调节工具可以发挥两个方面的作用:一是进行流动性供给,一旦出现短期性、临时性的流动性需求,那么可以使用该工具补充流动性;二是能够起到防范金融风险,促使市场稳定运行的作用。抵押补充贷款是通过给金融机构提供期限较长的大额融资来支持国民经济重点领域、薄弱环节和社会事业发展。

(二)新设价格型货币政策工具

新设价格型货币政策工具是指货币当局引导相关资产价格变化,进而影响微观经济主体的经济成本和对未来收入的预期,从而微观主体主动调节自身经济行为的措施和工具。包括定向中期借贷便利(Targeted Medium-term Lending Facility,TMLF)、央行票据互换工具(Central Bank Bills Swap,CBS)、常备借贷便利(Standing Lending Facility, SLF)、中期借贷便利(Medium-term Lending Facility,MLF)等。

1. 常备借贷便利(SLF)

受经济危机、新冠肺炎疫情等影响,全球经济处于下行的状态。为此,各国相继创设借贷便利类工具来调控经济体系内流动性。其作用主要为防范出现流动性危机,维护货币市场利率的稳定,但是名称各异,如欧央行的边际贷款便利(Marginal Lending Facility)、美联储的贴现窗口(Discount Window)、英格兰银行的操作性常备便利(Operational Standing Facility)等(刘蔚,2016)。

受国际经济形势不稳定以及各国经济间的相互影响,近年来我国银行体系流动性的波动幅度加大,尤其是当人们预期出现变化或者多种不利因素相互作用时,就有可能出现货币市场流动性的不足,并且很难通过简单的货币市场融资来弥补。这不仅使金融机构进行流动性管理的难度增大,而且也不利于央行对货币供应量的整体调控。

为了降低银行体系流动性风险,进一步完善货币供给和调节机制,迅速应对可能出现的流动性风险,维持金融系统的稳定,2013年年初央行推出了常备借贷便利工具。它的诞生增加了一条央行释放流动性的正规渠道,其主要是能够满足金融机构数额比较大、期限相对较长的流动性需求。它的操作对象主要为政策性银行和全国性商业银行。期限为1—3个月,根据货币政策调控目标、引导市场利率的需要等综合确定其利率水平。它的发放以用高信用评级的债券类资产及优质信贷资产抵押为途径,其信用风险通过人民银行设置不同的抵押率来控制。

常备借贷便利具备以下特点:一是金融机构根据自身流动性需求主动申请常备借贷便利;二是常备借贷便利是央行与金融机构采用针对性较强的"一对一"交易方式;三是常备借贷便利的交易对手覆盖存款金融机构,涉及面广。

2. 中期借贷便利(MLF)

银行流动性管理要面对来自财政支出变化、资本流动变化和资本市场首次公开募股(Initial Public Offering,IPO)等多方面的干扰,同时银行还承担引导市场利率水平、完善价格调控机制等任务。为了保持银行体系流动性的合理充裕,央行需要根据实际的流动性需求,不断补充货币政策工具,来提高政策调控的有效性、灵活性和针对性。

在上述大背景下,中国人民银行于2014年9月创设了中期借贷便利,为货币政策工具箱补充了一个可以提供中期基础货币的工具。它的操作对象是符合宏观审慎管理要求的政策性银行和商业银行,以招标的方式进行。该工具以质押方式发放,合格质押品为国债、央行票据、政策性金融债、高等级信用债等优质债券。一般情况下中期借贷便利的期限分为3个月、6个月和1年。通过中期借贷便利,央行引导商业银行加大对"三农"和小微企业的扶持力度,以切实降低这些重点领域和薄弱部门的融资成本。

3. 定向中期借贷便利(TMLF)

为更好地贯彻落实党中央、国务院关于改善小微和民营企业融资环境的精神,中国人民银行于2018年12月19日创设定向中期借贷便利。符合宏观审慎要求、资产质量健康、资本较为充足、获得央行资金后有能力进一步增加小微和民营企业贷款的大型商业银行、股份制商业银行和大型城市商业银行,可向中国人民银行提出申请。中国人民银行根据其支持实体经济情况,尤其是对小微企业和民营企业贷款情况,再结合其流动性需求,来决定是否对其发放以及发放额度。定向中期借贷便利利率比中期借贷便利低15个基点。定向中期借贷便利的操作期限为1年,到期可根据金融机构需求续做 2 次,这样实际使用期限可达到 3 年。

4. 央行票据互换工具(CBS)

2019 年 1 月 24 日,中国人民银行决定创设央行票据互换工具。持有合格银行发行的永续债的公开市场业务一级交易商可以将自己持有的合格银行发行的永续债换成央行票据,到期时央行与公开市场业务一级交易商互相换回债券,银行永续债的利息仍归公开市场业务一级交易商所有。央行票据互换操作的期限原则上不超过 3 年,互换的央行票据可用于抵押,包括作为机构参与央行货币政策操作的抵押品,但不可用于现券买卖、买断式回购等交易。

央行票据互换工具操作对于发行永续债的合格银行在不良贷款率、资本充足率、资产规模等方面有具体标准,具体如下:一是最新季度末的资本充足率不低于 8%;二是最新季度末以逾期 90 天贷款计算的不良贷款率不高于 5%;三是最近 3 年累计不亏损;四是最新季度末资产规模不低于 2000 亿元;五是补充资本后能够加大对实体经济的支持力度。目前,境内外上市的满足央行票据互换工具操作标准的商业银行主要有 24 家(见表 3-2)。

表 3-2　满足央行票据互换工具操作标准的银行名单

中国工商银行	中国建设银行	中国农业银行	平安银行	北京银行	上海银行
中国银行	交通银行	兴业银行	杭州银行	成都银行	江苏银行
民生银行	招商银行	中信银行	南京银行	宁波银行	青岛银行
浦发银行	华夏银行	光大银行	贵阳银行	郑州银行	长沙银行

资料来源:中国人民银行。

5. 四种新型价格型货币政策工具比较

前面介绍了常备借贷便利、中期借贷便利、定向中期借贷便利和央行票据互换四种新设价格型货币政策工具,这里我们对这四种工具进行对比,见表3-3。

表3-3 四种新型价格型货币政策工具比较

	常备借贷便利（SLF）	中期借贷便利（MLF）	定向中期借贷便利（TMLF）	央行票据互换工具（CBS）
创设时间	2013年1月	2014年9月	2018年12月19日	2019年1月24日
期限	1—3个月	3个月—1年	操作期限为1年,到期可根据金融机构需求续做两次,实际使用期限可达到3年	原则上不超过3年
操作对象	政策性银行和全国性商业银行	符合宏观审慎管理要求的商业银行、政策性银行	支持实体经济力度大、符合宏观审慎要求的大型商业银行、股份制商业银行和大型城市商业银行	公开市场业务一级交易商
操作内容	根据货币政策调控、引导市场利率的需要等综合确定,中国人民银行以抵押方式向金融机构提供短期流动性支持	可通过招标方式开展,采取质押方式发放	向中国人民银行提出申请,根据金融机构对小微企业、民营企业贷款增长情况,向其提供长期稳定的资金来源	央行票据互换操作采用固定费率数量招标方式,面向公开市场业务一级交易商进行公开招标
抵押品范围	高信用评级的债券类资产及优质信贷资产等	国债、央行票据、国开行及政策性金融债、地方政府债券、AAA级公司信用类债券等,不低于AA级的小微企业、绿色和"三农"金融债券,AA+、AA级公司信用类债券(优先接受涉及小微企业、绿色经济的债券),优质的小微企业贷款和绿色贷款(2018年6月新增)	国债、央行票据、国开行及政策性金融债、地方政府债券、AAA级公司信用类债券等,不低于AA级的小微企业、绿色和"三农"金融债券,AA+、AA级公司信用类债券(优先接受涉及小微企业、绿色经济的债券),优质的小微企业贷款和绿色贷款(2018年6月新增)	—

资料来源:中国人民银行。

（三）新设数量型和新设价格型货币政策工具的比较

新设数量型和价格型货币政策工具分别具有不同的特点（见表3-4）。

表3-4 新设数量型和价格型货币政策工具的特征

类型	新设数量型货币政策工具	新设价格型货币政策工具
调控工具	公开市场短期流动性调节工具、抵押补充贷款	常备借贷便利、中期借贷便利、定向中期借贷便利、央行票据互换工具
调控目标	货币数量（基础货币、货币供应量）	利率和货币数量
控制方式	央行主导、银行被动	央行与银行互动
调整方式	直接调整	间接调整
观测重点	宏观经济变量的变化	微观主体预测、微观主体经济行为的调整

资料来源：笔者根据中国人民银行网站的资料整理而成。

根据表3-4，我们能够看到新设的数量型和价格型货币政策工具存在较大的差别。前者具有主动性、直接性和宏观性的特点，央行起主导主动的作用。然而后者则呈现出被动性、间接性、微观性。在使用新设价格型货币政策工具时，央行负责发出经济信号，主要依靠微观主体的理性预期来调整其经济行为，进而达到政策目标，在这个过程中，央行表现出相对被动的特征。实际操作中，数量型货币政策工具也会对利率产生影响，进而起到价格型货币政策工具的作用，这是因为利率是由货币供求这个数量关系决定的，所以数量型货币政策工具调控货币供应量之后，必然会导致利率的相应波动。

二、新设货币政策工具操作情况

(一)新设数量型货币政策工具的操作情况

1. 公开市场短期流动性调节工具(SLO)的操作情况

短期流动性调节工具自 2013 年创设后,截至 2021 年 8 月底,只是在 2013—2016 年进行过短暂操作,共计 29 次,其中投放流动性 16 次,仅在 2013 年年底和 2014 年年初回笼流动性 3 次。2016 年 1 月 20 日中国人民银行最后一次发布短期流动性调节工具交易公告,之后再没有进行任何公开市场短期流动性调节工具操作。在此期间,央行通过公开市场短期流动性调节工具累计投放 24980 亿元,累计回笼 4500 亿元,净投放 40480 亿元。

公开市场短期流动性调节工具投放均发生在各月中下旬流动性紧张、回购利率明显走升的情况下,期限均小于 7 天,操作利率高于当期的公开市场 7 天逆回购操作利率。在回购利率显著偏高时,央行采用公开市场短期流动性调节工具投放短期流动性;当流动性紧张情况缓解或趋向宽松时,央行采用公开市场短期流动性调节工具回笼短期流动性。表 3-5 为 2013 年 10 月—2021 年 8 月公开市场短期流动性调节工具操作情况。

表 3-5　2013 年 10 月—2021 年 8 月公开市场短期流动性调节工具操作情况

指标名称	公开市场短期流动性调节工具投放数量(亿元)	公开市场短期流动性调节工具投放利率(%)	公开市场短期流动性调节工具回笼数量(亿元)	公开市场短期流动性调节工具回笼利率(%)
频率	日	日	日	日
2013 年 10 月 28 日	410.00	4.50	—	—
2013 年 10 月 30 日	180.00	4.50	—	—
2013 年 11 月 18 日	700.00	4.70	—	—

续表

指标名称	公开市场短期流动性调节工具投放数量（亿元）	公开市场短期流动性调节工具投放利率（％）	公开市场短期流动性调节工具回笼数量（亿元）	公开市场短期流动性调节工具回笼利率（％）
2013 年 12 月 18 日	1000.00	4.20	—	—
2013 年 12 月 19 日	600.00	4.70	—	—
2013 年 12 月 20 日	1500.00	4.70	—	—
2013 年 12 月 23 日	1800.00	5.00	—	—
2013 年 12 月 24 日	1330.00	4.30	—	—
2013 年 12 月 30 日	—	—	1500.00	3.00
2013 年 12 月 31 日	—	—	1000.00	3.00
2014 年 2 月 27 日	—	—	1000.00	3.40
2014 年 11 月 20 日	—	3.15	—	—
2014 年 11 月 21 日	—	2.84	—	—
2014 年 11 月 28 日	—	3.28	—	—
2014 年 12 月 16 日	—	3.66	—	—
2014 年 12 月 17 日	—	3.50	—	—
2014 年 12 月 18 日	900.00	3.81	—	—
2014 年 12 月 19 日	200.00	4.10	—	—
2014 年 12 月 22 日	1100.00	3.86	—	—
2014 年 12 月 23 日	1000.00	4.14	—	—
2014 年 12 月 24 日	1200.00	4.16	—	—
2014 年 12 月 31 日	1000.00	4.16	—	—
2015 年 1 月 19 日	200.00	2.63	—	—
2015 年 1 月 21 日	1600.00	3.66	—	—
2015 年 8 月 26 日	1400.00	2.30	—	—
2015 年 8 月 28 日	600.00	2.35	—	—
2015 年 8 月 31 日	1400.00	2.35	—	—
2016 年 1 月 18 日	550.00	2.10	—	—
2016 年 1 月 20 日	1500.00	2.25	—	—
2016 年 2 月—2021 年 8 月	—	—	—	—
合计	24980	—	4500	—

资料来源：中国人民银行、Wind。

2. 抵押补充贷款(PSL)的操作情况

2014年12月—2021年7月抵押补充贷款操作情况见表3-6：2014年12月,央行正式创设抵押补充贷款。从2015年5月至2019年3月,几乎每月或隔月都会投放抵押补充贷款。2015年至2018年抵押补充贷款余额分别为10811.89亿元、20526.00亿元、26876.00亿元和33795.00亿元。2019年4月至8月抵押补充贷款连停了5个月,2019年9—11月、2020年1月和2月又继续投放抵押补充贷款,从2020年3月至2021年7月的1年多时间里,没有新增抵押补充贷款投放。抵押补充贷款净归还方面,首次净归还发生在2016年4月,当月净归还36亿元,从2019年5月起净归还的数量增多,特别是从2020年6月起几乎每月都有净归还(2021年1月除外)。自创设之后,抵押补充贷款余额持续增长,2015年5月达到35410.00亿元的最高点,之后由于投放数量减少甚至停止,加之净归还增加,抵押补充贷款余额逐渐下降,2021年7月已经降至30151.00亿元,较最高点下降了5259亿元。

表3-6 2014年12月—2021年7月抵押补充贷款操作情况

(单位:亿元)

指标名称	抵押补充贷款(PSL):当月新增	抵押补充贷款(PSL):净归还	抵押补充贷款(PSL):期末余额
频率	月	月	月
2014年12月	3831.00	—	—
2015年5月	2628.00	—	6459.00
2015年6月	1576.00	—	8035.00
2015年7月	429.00	—	8464.00
2015年8月	604.00	—	9068.00
2015年9月	521.00	—	9589.00
2015年10月	705.37	—	10294.37

续表

指标名称	抵押补充贷款（PSL）：当月新增	抵押补充贷款（PSL）：净归还	抵押补充贷款（PSL）：期末余额
2015 年 11 月	517.52	—	10811.89
2015 年 12 月	—	—	10811.89
2016 年 1 月	1435.00	—	12246.89
2016 年 2 月	356.00	—	12602.89
2016 年 3 月	1345.00	—	13947.89
2016 年 4 月	(36.00)	36.00	13911.89
2016 年 5 月	1088.00	—	14999.89
2016 年 6 月	1719.00	—	16718.89
2016 年 7 月	1398.11	—	18117.00
2016 年 8 月	683.00	—	18800.00
2016 年 9 月	445.00	—	19245.00
2016 年 10 月	511.00	—	19756.00
2016 年 11 月	355.00	—	20111.00
2016 年 12 月	415.00	—	20526.00
2017 年 1 月	543.00	—	21069.00
2017 年 2 月	—	—	21069.00
2017 年 3 月	1089.00	—	22158.00
2017 年 4 月	839.00	—	22997.00
2017 年 5 月	476.00	—	23473.00
2017 年 6 月	638.00	—	24111.00
2017 年 7 月	583.00	—	24694.00
2017 年 8 月	347.00	—	25041.00
2017 年 9 月	324.00	—	25365.00
2017 年 10 月	384.00	—	25749.00
2017 年 11 月	468.00	—	26217.00
2017 年 12 月	659.00	—	26876.00
2018 年 1 月	720.00	—	27596.00
2018 年 2 月	1510.00	—	29106.00
2018 年 3 月	808.00	—	29914.00
2018 年 4 月	532.00	—	30446.00
2018 年 5 月	801.00	—	31247.00

续表

指标名称	抵押补充贷款（PSL）：当月新增	抵押补充贷款（PSL）：净归还	抵押补充贷款（PSL）：期末余额
2018 年 6 月	605.00	—	31852.00
2018 年 7 月	303.00	—	32155.00
2018 年 8 月	91.00	—	32246.00
2018 年 9 月	125.00	—	32371.00
2018 年 10 月	741.00	—	33111.00
2018 年 11 月	255.00	—	33366.00
2018 年 12 月	429.00	—	33795.00
2019 年 1 月	310.00	—	34105.00
2019 年 2 月	719.00	—	34824.00
2019 年 3 月	586.00	—	35410.00
2019 年 4 月	—	—	35410.00
2019 年 5 月	—	85.00	35325.00
2019 年 6 月	—	194.00	35131.00
2019 年 7 月	—	103.00	35028.00
2019 年 8 月	—	104.00	34924.00
2019 年 9 月	246.00	—	35170.00
2019 年 10 月	750.00	—	35920.00
2019 年 11 月	59.00	—	35979.00
2019 年 12 月	—	605.00	35374.00
2020 年 1 月	200.00	—	35574.00
2020 年 2 月	2.00	—	35576.00
2020 年 3 月	—	—	35576.00
2020 年 4 月	—	126.00	35450.00
2020 年 5 月	—	—	35450.00
2020 年 6 月	—	359.00	35090.00
2020 年 7 月	—	524.00	34566.00
2020 年 8 月	—	26.00	34540.00
2020 年 9 月	—	197.00	34343.00
2020 年 10 月	—	73.00	34270.00
2020 年 11 月	—	1588.00	32682.00
2020 年 12 月	—	1588.00	32350.00

续表

指标名称	抵押补充贷款(PSL)：当月新增	抵押补充贷款(PSL)：净归还	抵押补充贷款(PSL)：期末余额
2021 年 1 月	—	—	32350.00
2021 年 2 月	—	246.00	32104.00
2021 年 3 月	—	164.00	31940.00
2021 年 4 月	—	178.00	31762.00
2021 年 5 月	—	396.00	31366.00
2021 年 6 月	—	440.00	30926.00
2021 年 7 月	—	775.00	30151.00

资料来源：中国人民银行、Wind。

（二）新设价格型货币政策工具的操作情况

1. 常备借贷便利（SLF）的操作情况

自 2013 年年初创设以来，央行曾于 2013 年下半年至 2014 年年初投放大量常备借贷便利以缓解当时金融机构的流动性紧张，余额最高时超过 4000 亿元。此后，随着市场流动性的稳定及外汇流入形式的变化，常备借贷便利的投放量有所下降，2014 年第二季度至 2015 年年底，中国人民银行仅在 2015 年春节期间流动性紧张时投放了常备借贷便利，以保持流动性合理充裕，其他时间未开展常备借贷便利操作。2015 年 11 月至 2021 年 7 月的抵押补充贷款操作情况见表 3-7：2016 年第三季度以前，隔夜常备借贷便利投放较多，而 2016 年年底以来，则以投放 7 天和 1 个月的常备借贷便利为主。2016 年 2 月至 2021 年 6 月，中国人民银行几乎每月（2021 年 4 月除外）都有常备借贷便利投放，但投放量和余额都较低，隔夜常备借贷便利、7 天期常备借贷便利和 1 个月期常备借贷便利的月平均投放量分别为 17.36 亿元、138.78 亿元、216.26 亿元,通常在半年末和年末投放量有所增加。

表 3-7 2015 年 11 月—2021 年 7 月常备借贷便利操作情况

（单位:亿元）

指标名称	常备借贷便利（SLF）操作	常备借贷便利（SLF）操作:隔夜	常备借贷便利（SLF）操作:7 天	常备借贷便利（SLF）操作:1 个月	常备借贷便利（SLF）余额
2015 年 11 月	0.50	0.50	—		0.00
2015 年 12 月	1.35	1.35	—	—	0.40
2016 年 1 月	5209.10	3065.30	2143.70	0.10	1.10
2016 年 2 月	34.20	18.40	14.10	1.70	13.40
2016 年 3 月	166.70	96.50	70.20	—	166.00
2016 年 4 月	7.60	7.50	0.10	—	4.10
2016 年 5 月	5.70	5.70	—		4.00
2016 年 6 月	27.20	27.10	0.10	—	20.00
2016 年 7 月	9.00	5.00	—	4.00	4.00
2016 年 8 月	8.00	8.00	—	—	0.00
2016 年 9 月	5.52	1.06	0.46	4.00	4.00
2016 年 10 月	7.12	2.12	5.00	—	5.00
2016 年 11 月	284.69	54.49	211.17	19.03	278.14
2016 年 12 月	1357.47	15.59	449.36	892.52	1290.07
2017 年 1 月	876.75	82.65	455.60	338.50	345.10
2017 年 2 月	203.53	0.20	159.27	44.06	149.15
2017 年 3 月	1219.86	45.30	754.62	419.94	699.96
2017 年 4 月	108.87	0.10	58.94	49.83	102.72
2017 年 5 月	192.19	6.57	97.62	88.00	118.22
2017 年 6 月	467.66	9.31	184.85	273.50	446.33
2017 年 7 月	139.81	6.80	74.01	59.00	110.73
2017 年 8 月	340.40	28.03	227.07	85.30	220.18
2017 年 9 月	688.45	2.61	313.14	372.70	636.83
2017 年 10 月	249.50	13.31	221.10	15.09	223.20
2017 年 11 月	241.76	6.30	158.46	77.00	190.57
2017 年 12 月	1340.60	7.20	839.60	493.80	1304.20
2018 年 1 月	254.50	—	31.80	222.70	242.60

续表

指标名称	常备借贷便利（SLF）操作	常备借贷便利（SLF）操作：隔夜	常备借贷便利（SLF）操作：7天	常备借贷便利（SLF）操作：1个月	常备借贷便利（SLF）余额
2018 年 2 月	273.80	1.50	105.00	167.30	213.40
2018 年 3 月	540.60	—	217.20	323.40	482.10
2018 年 4 月	467.00	10.00	355.00	102.00	390.60
2018 年 5 月	347.60	120.00	121.60	106.00	227.60
2018 年 6 月	610.30	—	288.80	321.50	570.30
2018 年 7 月	36.90	5.00	15.10	16.80	31.90
2018 年 8 月	7.90	1.00	6.90	—	6.90
2018 年 9 月	474.70	0.20	134.50	340.00	474.50
2018 年 10 月	292.00	2.00	—	290.00	290.00
2018 年 11 月	153.00	2.00	1.00	150.00	151.00
2018 年 12 月	928.80	1.00	643.80	284.00	927.80
2019 年 1 月	160.00	—	—	160.00	160.00
2019 年 2 月	265.50	33.50	—	232.00	265.50
2019 年 3 月	327.20	—	95.20	232.00	327.20
2019 年 4 月	140.50	—	3.50	137.00	140.50
2019 年 5 月	256.20	0.20	44.00	212.00	256.00
2019 年 6 月	842.50	1.50	234.00	607.00	830.00
2019 年 7 月	355.10	1.10	24.00	330.00	330.00
2019 年 8 月	224.00	—	9.00	215.00	223.00
2019 年 9 月	611.00	—	29.00	582.00	600.00
2019 年 10 月	600.90	—	28.00	572.90	575.90
2019 年 11 月	622.50	—	38.00	584.50	584.50
2019 年 12 月	1060.20	19.00	214.10	827.10	1021.10
2020 年 1 月	360.50	0.10	68.00	292.40	292.40
2020 年 2 月	360.00	—	30.00	330.00	330.00
2020 年 3 月	306.30	—	—	306.30	306.30
2020 年 4 月	272.00	—	—	272.00	272.00
2020 年 5 月	141.80	—	6.80	135.00	141.80
2020 年 6 月	73.00	—	47.00	26.00	73.00

续表

指标名称	常备借贷便利（SLF）操作	常备借贷便利（SLF）操作：隔夜	常备借贷便利（SLF）操作：7天	常备借贷便利（SLF）操作：1个月	常备借贷便利（SLF）余额
2020 年 7 月	26.30	0.70	0.10	25.50	25.50
2020 年 8 月	9.50	—	—	9.50	9.50
2020 年 9 月	24.50	—	21.50	3.00	24.50
2020 年 10 月	7.00	—	—	7.00	7.00
2020 年 11 月	81.50	0.50	36.00	45.00	81.00
2020 年 12 月	199.90	1.50	135.00	63.40	198.40
2021 年 1 月	376.70	110.00	215.00	51.70	331.70
2021 年 2 月	34.00	—	34.00		0.00
2021 年 3 月	64.40	—	35.00	29.40	64.40
2021 年 4 月	—				0.00
2021 年 5 月	30.00	—	30.00		30.00
2021 年 6 月	85.50	3.00	37.50	45.00	85.50
2021 年 7 月	2.32	0.02	2.30	—	1.30

资料来源：中国人民银行、Wind。

2. 中期借贷便利（MLF）的操作情况

表 3-8 为 2014 年 9 月至 2021 年 7 月的中期借贷便利的操作情况：在中期借贷便利设立初期至 2015 年第一季度，中期借贷便利的操作期限均为 3 个月。2015 年 6 月至 2015 年年底，中期借贷便利保持每个月操作一次的操作频率，且操作期限均为 6 个月。2016 年 1 月至 2017 年 5 月，为了弥补市场中长期流动性的不足，中期借贷便利频繁操作，平均每个月进行 2—3 次操作，且 3 个月、6 个月、1 年三个期限同时操作。自 2017 年 6 月至 2021 年 7 月，中期借贷便利的操作期限均为 1 年期。2014—2020 年，中期借贷便利余额分别为 6445 亿元、6658 亿元、34573 亿元、45215 亿元、49315 亿元、36900 亿元和 51500 亿元，整体呈上升趋势，其间在

2019 年曾经有所缩减,但受新冠肺炎疫情影响,2020 年再次上升。
2021 年 4—6 月,中期借贷便利余额连续维持在 54000 亿元的历史
高位,2021 年 7 月降至 51000 亿元。

表 3-8　2014 年 9 月—2021 年 7 月中期借贷便利操作情况

(单位:亿元)

指标名称	中期借贷便利(MLF)投放:当月值	中期借贷便利(MLF)投放:3 个月:当月值	中期借贷便利(MLF)投放:6 个月:当月值	中期借贷便利(MLF)投放:1 年:当月值	中期借贷便利(MLF)收回:当月值	中期借贷便利(MLF)期末余额
频率	月	月	月	月	月	月
2014 年 9 月	5000.00	—	—	—	—	5000.00
2014 年 10 月	2695.00	—	—	—	0.00	7695.00
2014 年 11 月	—	—	—	—	—	7945.00
2014 年 12 月	—	—	—	—	5250.00	6445.00
2015 年 1 月	—	—	—	—	—	6945.00
2015 年 2 月	—	—	—	—	—	6945.00
2015 年 3 月	3700.00	—	—	—	500.00	10145.00
2015 年 4 月	650.00	—	—	—	0.00	10795.00
2015 年 5 月	—	—	—	—	250.00	10545.00
2015 年 6 月	1300.00	—	—	—	6700.00	5145.00
2015 年 7 月	2500.00	—	—	—	3845.00	3800.00
2015 年 8 月	1100.00	—	—	—	0.00	4900.00
2015 年 9 月	—	—	—	—	—	4900.00
2015 年 10 月	1055.00	—	—	—	0.00	5955.00
2015 年 11 月	1003.00	—	—	—	0.00	6958.00
2015 年 12 月	1000.00	—	—	—	1300.00	6658.00
2016 年 1 月	8625.00	4455.00	2175.00	1995.00	2500.00	12783.00
2016 年 2 月	1630.00	475.00	620.00	535.00	1100.00	13313.00
2016 年 3 月	—	—	—	—	—	13313.00
2016 年 4 月	7150.00	3115.00	4035.00	—	5510.00	14953.00
2016 年 5 月	2900.00	1750.00	1150.00	—	1478.00	16375.00
2016 年 6 月	2080.00	1232.00	115.00	733.00	1000.00	17455.00
2016 年 7 月	4860.00	1540.00	2360.00	960.00	5290.00	17025.00
2016 年 8 月	2890.00	—	1515.00	1375.00	2370.00	17545.00

续表

指标名称	中期借贷便利（MLF）投放：当月值	中期借贷便利（MLF）投放：3个月：当月值	中期借贷便利（MLF）投放：6个月：当月值	中期借贷便利（MLF）投放：1年：当月值	中期借贷便利（MLF）收回：当月值	中期借贷便利（MLF）期末余额
2016 年 9 月	2750.00	—	1940.00	810.00	1232.00	19063.00
2016 年 10 月	7630.00	—	4515.00	3115.00	5575.00	21118.00
2016 年 11 月	7390.00	—	4095.00	3295.00	1150.00	27358.00
2016 年 12 月	7330.00	—	3580.00	3750.00	115.00	34573.00
2017 年 1 月	5510.00	—	2615.00	2895.00	4355.00	35728.00
2017 年 2 月	3935.00	—	1500.00	2435.00	2050.00	37613.00
2017 年 3 月	4970.00	—	2020.00	2950.00	1940.00	40643.00
2017 年 4 月	4955.00	—	1280.00	3675.00	4515.00	41083.00
2017 年 5 月	4590.00	—	665.00	3925.00	4095.00	41578.00
2017 年 6 月	4980.00	—	—	4980.00	4313.00	42245.00
2017 年 7 月	3600.00	—	—	3600.00	3575.00	42270.00
2017 年 8 月	3995.00	—	—	3995.00	2875.00	43390.00
2017 年 9 月	2980.00	—	—	2980.00	2830.00	43540.00
2017 年 10 月	4980.00	—	—	4980.00	4395.00	44125.00
2017 年 11 月	4040.00	—	—	4040.00	3960.00	44205.00
2017 年 12 月	4760.00	—	—	4760.00	3750.00	45215.00
2018 年 1 月	3980.00	—	—	3980.00	2895.00	46300.00
2018 年 2 月	3930.00	—	—	3930.00	2435.00	47795.00
2018 年 3 月	4325.00	—	—	4325.00	2950.00	49170.00
2018 年 4 月	3675.00	—	—	3675.00	12675.00	40170.00
2018 年 5 月	1560.00	—	—	1560.00	1560.00	40170.00
2018 年 6 月	6630.00	—	—	6630.00	2595.00	44205.00
2018 年 7 月	6905.00	—	—	6905.00	1885.00	49225.00
2018 年 8 月	5320.00	—	—	5320.00	3365.00	51180.00
2018 年 9 月	4415.00	—	—	4415.00	1765.00	53830.00
2018 年 10 月	—	—	—	—	4515.00	49315.00
2018 年 11 月	4035.00	—	—	4035.00	4035.00	49315.00
2018 年 12 月	4735.00	—	—	4735.00	4735.00	49315.00
2019 年 1 月	—	—	—	—	3900.00	45415.00
2019 年 2 月	—	—	—	—	3835.00	41580.00
2019 年 3 月	—	—	—	—	4315.00	37265.00

续表

指标名称	中期借贷便利(MLF)投放:当月值	中期借贷便利(MLF)投放:3个月:当月值	中期借贷便利(MLF)投放:6个月:当月值	中期借贷便利(MLF)投放:1年:当月值	中期借贷便利(MLF)收回:当月值	中期借贷便利(MLF)期末余额
2019 年 4 月	2000.00	—	—	2000.00	3665.00	35600.00
2019 年 5 月	2000.00	—	—	2000.00	1560.00	36040.00
2019 年 6 月	7400.00	—	—	7400.00	6630.00	36810.00
2019 年 7 月	4000.00	—	—	4000.00	6905.00	33905.00
2019 年 8 月	5500.00	—	—	5500.00	5320.00	34085.00
2019 年 9 月	2000.00	—	—	2000.00	4415.00	31670.00
2019 年 10 月	2000.00	—	—	2000.00	0.00	33670.00
2019 年 11 月	6000.00	—	—	6000.00	4035.00	35635.00
2019 年 12 月	6000.00	—	—	6000.00	4735.00	36900.00
2020 年 1 月	3000.00	—	—	3000.00	0.00	39900.00
2020 年 2 月	2000.00	—	—	2000.00	0.00	41900.00
2020 年 3 月	1000.00	—	—	1000.00	0.00	42900.00
2020 年 4 月	1000.00	—	—	1000.00	2000.00	41900.00
2020 年 5 月	1000.00	—	—	1000.00	2000.00	40900.00
2020 年 6 月	2000.00	—	—	2000.00	7400.00	35500.00
2020 年 7 月	4000.00	—	—	4000.00	4000.00	35500.00
2020 年 8 月	7000.00	—	—	7000.00	5500.00	37000.00
2020 年 9 月	6000.00	—	—	6000.00	2000.00	41000.00
2020 年 10 月	5000.00	—	—	5000.00	2000.00	44000.00
2020 年 11 月	10000.00	—	—	10000.00	6000.00	48000.00
2020 年 12 月	9500.00	—	—	9500.00	6000.00	51500.00
2021 年 1 月	5000.00	—	—	5000.00	3000.00	53500.00
2021 年 2 月	2000.00	—	—	2000.00	2000.00	53500.00
2021 年 3 月	1000.00	—	—	1000.00	1000.00	53500.00
2021 年 4 月	1500.00	—	—	1500.00	1000.00	54000.00
2021 年 5 月	1000.00	—	—	1000.00	1000.00	54000.00
2021 年 6 月	2000.00	—	—	2000.00	2000.00	54000.00
2021 年 7 月	1000.00	—	—	1000.00	4000.00	51000.00

资料来源:中国人民银行、Wind。

3. 定向中期借贷便利(TMLF)的操作情况

表3-9为2019年1月—2021年8月定向中期借贷便利操作情况:定向中期借贷便利在2018年年末提出,截至2021年8月,分别于2019年1月、4月和7月以及2020年1月和4月共计进行了5次操作,2019年7月至12月,定向中期借贷便利期末余额均维持在8226亿元的高位,之后出现下降。2020年12月,该余额仅为2966亿元。定向中期借贷便利利率较低,2019年为3.15%,2020年则降为2.95%。

表3-9　2019年1月—2021年8月定向中期借贷便利操作情况

操作时间	投放数量(亿元)	利率(%)
2019年1月	2575	3.15
2019年4月	2674	3.15
2019年7月	2977	3.15
2020年1月	2405	2.95
2020年4月	561	2.95
2020年5月—2021年8月	—	—

资料来源:中国人民银行官网、Wind。

4. 央行票据互换工具(CBS)的操作情况

央行票据互换工具面向公开市场业务一级交易商进行公开招标,中标机构中既有股份制银行、政策性银行、城商行等银行类机构,也有证券公司等非银行金融机构。换入债券既有国有大型商业银行和股份制银行发行的永续债,也有城商行发行的永续债,体现了对中小银行发行永续债补充资本的支持。由于第一次操作时只有中国银行发行了永续债,因此央行票据互换工具第一次操作中一级交易商换出的永续债均为中行永续债,具体操作情况见表3-10。2019上半年央行票据互换工具的规模较小。自2019年8月至2021年5月,央行每月都开展央行票据互换工具操作,操作规模维持在 50 亿元或 60 亿元,费率均为 0.10%,票面利率均为 2.35%。2021 年 6—8 月,央行没有进行央行票据互换工具操作。

表 3-10　2019 年 2 月—2021 年 5 月央行票据互换工具操作情况

操作时间	操作量(亿元)	操作期限	费率(%)	票面利率(%)
2019 年 2 月 20 日	15	1 年	0.25	2.45
2019 年 6 月 27 日	25	1 年	0.25	2.45
2019 年 8 月 9 日	50	3 个月(91 天)	0.10	2.35
2019 年 9 月 11 日	50	3 个月(91 天)	0.10	2.35
2019 年 10 月 17 日	60	3 个月(91 天)	0.10	2.35
2019 年 11 月 27 日	60	3 个月(91 天)	0.10	2.35
2019 年 12 月 24 日	60	3 个月(91 天)	0.10	2.35
2020 年 1 月 20 日	60	3 个月	0.10	2.35
2020 年 2 月 28 日	50	3 个月	0.10	2.35
2020 年 3 月 25 日	50	3 个月	0.10	2.35
2020 年 4 月 21 日	50	3 个月	0.10	2.35
2020 年 5 月 26 日	50	3 个月	0.10	2.35
2020 年 6 月 29 日	50	3 个月	0.10	2.35
2020 年 7 月 30 日	50	3 个月	0.10	2.35
2020 年 8 月 27 日	50	3 个月	0.10	2.35
2020 年 9 月 28 日	50	3 个月	0.10	2.35
2020 年 10 月 28 日	50	3 个月	0.10	2.35
2020 年 11 月 27 日	50	3 个月	0.10	2.35
2020 年 12 月 24 日	50	3 个月	0.10	2.35
2021 年 1 月 29 日	50	3 个月	0.10	2.35
2021 年 2 月 25 日	50	3 个月	0.10	2.35
2021 年 3 月 26 日	50	3 个月	0.10	2.35
2021 年 4 月 29 日	50	3 个月	0.10	2.35
2021 年 5 月 27 日	50	3 个月	0.10	2.35

资料来源:中国人民银行官网、Wind。

三、新设货币政策工具对中小微企业融资的影响机理分析

(一)新设数量型货币政策工具的影响机理

1. 公开市场短期流动性调节工具(SLO)的影响机理

公开市场短期流动性调节工具期限很短,一般在 7 天以内,与公开市场常规操作相比没有实质性差异。作为公开市场常规操作的补充工具,该工具往往出现在公开市场常规操作的间隔时期。公开市场操作作为央行货币政策工具之一,主要就是通过在公开市场上进行有价证券的买卖,以此来投放或回笼货币,达到调节市场中货币供应量的作用。区别于公开市场操作的及时披露,公开市场短期流动性调节工具的操作结果均滞后一个月对外披露,因此其稳定市场预期和标识政策利率的作用与公开市场常规操作相比均较弱。

因此,公开市场短期流动性调节工具的主要作用是弥补银行体系临时性的流动性不足。在市场出现某些突然性变化时,公开市场短期流动性调节工具能够迅速地作出反向操作,来维持金融市场的稳定。同时,由于其期限短,并且是针对整个金融体系提供流动性,操作利率也相对较高,故该工具在缓解中小微企业融资困境上发挥的作用不大。虽然该工具能够在一定程度上增加银行体系的信贷规模,但是由于中小微企业风险相对较高,因此该工具释放出的流动性只有少部分能够应用到中小微企业。

2. 抵押补充贷款(PSL)的影响机理

2014 年补充抵押贷款创设时,央行明确提出其创设目的是为支持国家开发银行加大对"棚户区改造"等重点项目。不过,抵押补充贷款应用范围并不限于棚改。央行指出,抵押补充贷款的主

要功能是支持国民经济重点领域、薄弱环节和社会事业发展而对金融机构提供的期限较长的大额融资。

在中长期，国家开发银行会把通过抵押补充贷款获取的资金贷放出去，从而变成商业银行的存款，商业银行存款增加就会在一定程度上缓解中小微企业的融资难问题。抵押补充贷款增加的市场流动性，必须要通过国家开发银行等对应机构的放贷行为才能扩散到整个金融市场，而不能通过银行间拆借来完成。

通过前面对新设数量型货币政策工具运作机理的描述，我们可以总结概括为新设数量型货币政策工具对于缓解中小微企业融资难问题的主要途径是增加金融体系的流动性规模，在金融体系流动性充足的情况下，将会有一部分流动性进入中小微企业，从而在一定程度上促进中小微企业融资。但是，由于公开市场短期流动性调节工具以及抵押补充贷款并不针对中小微企业，因此，这两种工具对缓解中小微企业融资困境的作用是有限的。

（二）新设价格型货币政策工具的影响机理

1. 常备借贷便利（SLF）的影响机理

常备借贷便利很明显的一个作用就是提供流动性。在资金市场紧张或银行出现流动性短缺时及时注入资金，使经营状况良好但是突发资金短缺的存款类金融机构能够及时获得流动性，免于透支其在央行的存款准备金账户。第二个作用就是发挥常备借贷便利利率作为利率走廊上限的作用，引导市场利率走势。当商业银行缺乏流动性时，中国人民银行可以提供给商业银行常备借贷便利，因此商业银行就不会以高于常备借贷便利的利率借入资金，从而使市场上的拆借利率能在常备借贷便利之下浮动。

基于上面提到的常备借贷便利的两个作用,可以发现其对缓解中小微企业融资难可以发挥很大的作用。首先,常备借贷便利可以向市场投放大量资金来解决流动性不足问题,流动性充裕导致可贷资金规模扩大,进而提高银行对中小微企业的放贷意愿,因此会有一部分流动性进入中小微企业中去。其次,常备借贷便利能够发挥作为利率走廊上限的作用,使商业银行获取资金的成本不会超过常备借贷便利的利率,由于商业银行获取资金的成本下降,其向获利能力较低、风险较大的中小微企业放贷的意愿也会增强。同时,中小微企业获取贷款的成本也随之降低,中小微企业融资贵问题也能得到一定程度的缓解。

2. 中期借贷便利(MLF)的影响机理

中期借贷便利弥补了原有货币政策工具箱在期限上的不足,此外,它还能引导中期货币市场利率,从而引导资金流向国家重点扶持的实体经济领域,促进社会融资成本降低。此外,中国人民银行在提供中期借贷便利的同时,具有明确的引导性。即引导金融机构加大对小微企业和“三农”等国民经济重点领域和薄弱环节的支持力度,引导贷款利率和社会融资成本下降。中期借贷便利的这个引导性要求有助于缓解中小微企业融资困境。

3. 定向中期借贷便利(TMLF)的影响机理

定向中期借贷便利就是在中期借贷便利的基础上,对于金融机构通过该途径获取的资金的投放提出了进一步的要求。定向中期借贷便利要求该资金必须用于小微企业和民营企业。对于申请定向中期借贷便利的金融机构,要求其必须有增加小微企业和民营企业贷款的潜力,中国人民银行根据其扶持小微企业、民营企业的力度选择是否对其发放定向中期借贷便利。因此,根据定向中期借贷便利对资金投放的定向性要求,可知其对缓解中小微企业融资难、增加流动性具有非常大的作用。

4. 央行票据互换工具(CBS)的影响机理

央行在创设央行票据互换工具的同时宣布,将主体评级不低于 AA 级的银行永续债纳入中期借贷便利、定向中期借贷便利、常务借贷便利和再贷款的合格担保品范围。永续债是商业银行为补充其一级资本不足在银行间债券市场发行和流通的金融债,具有无到期日、发行人自主决定是否终止债券、记入所有者权益和不增加发行人负债、延期支付不构成违约等特点。央行票据互换工具实际上就是为永续债增信,进而提高银行永续债的流动性,增强市场认购永续债的意愿,助力银行发行永续债补充资本。银行资本充足后,其放贷能力提高,从而增加向中小微企业发放贷款的金额,在一定程度上缓解中小微企业的融资难问题。

通过前面对常务借贷便利、中期借贷便利、定向中期借贷便利以及央行票据互换工具四种新设价格型货币政策工具对缓解中小微企业融资难问题运作机理的描述,我们将其总结概括为以下几个途径:

第一,增大信贷规模。上述四种新设价格型货币政策工具,首要的一个作用就是向银行体系释放流动性,当银行体系的流动性相对充足时,商业银行将资金贷放到风险相对较高的中小微企业的意愿就会增强,从而中小微企业通过银行信贷途径获取到的融资规模就会增加,其融资难问题就会得到缓解(廖怡,2019)。

第二,降低利率。常备借贷便利、中期借贷便利能够起到对利率的引导作用,尤其是常备借贷便利能够起到利率走廊上限的作用。同时借贷便利类工具对平抑市场利率波动也有很大的作用

（万光彩、叶龙生，2019）。因此，常备借贷便利和中期借贷便利工具能够抑制市场利率的过高波动，使市场利率不超过央行意愿的利率水平，降低银行体系获取资金的成本，营造有利于中小微企业融资的货币金融环境。

第三，定向扶持和引导效应。其一，定向扶持效应。央行明确规定，定向中期便利资金必须要应用到小微企业和民营企业，由于对资金投放有硬性规定，所以会起到对小微企业的定向扶持作用（李建强、高宏，2019）。其二，引导效应。央行在提供中期借贷便利的同时，引导金融机构加大对中小微企业等国民经济重点领域和薄弱环节的支持力度。此外，中期借贷便利利率发挥中期政策利率的作用，引导金融机构降低中小微企业融资成本。因此，央行的政策导向会起到一定的信号效应，有利于缓解中小微企业的融资困境。

第二节　新设货币政策工具对中小微企业融资的效果研究

我们已经对新设货币政策工具的种类、定义、创设目的、操作以及运作机理等基本内容有了大致的了解。新设货币政策工具创设的目的归根结底都是为了缓解市场的流动性短缺问题，而现在我国市场中流动性短缺比较严重的部分就是中小微企业。中小微企业融资难、融资贵问题多次出现在政府工作报告、领导人讲话、学术讲座等场合，由此可见，缓解中小微企业融资难、融资贵问题刻不容缓。那么，新设货币政策工具是否能够缓解中小微企业融资难？其传导渠道是什么？对不同规模的中小微企业是否存在效果差异？不同类型银行的实施效果是否存在差异？本节利用结构向量自回归模型,对新设货币政策工具对中小微企业融资的效果进行实证检验。

一、研究假设

(一)新设货币政策工具对中小微企业融资的影响机制

根据第一节中对新设货币政策工具运作机理的总结,我们可将新设货币政策工具的传导渠道分为两条:一是通过引导利率,降低市场利率水平,使中小微企业的融资成本降低,进而扩大融资规模(潘敏、刘姗,2018);二是通过向市场注入流动性,增加货币供应量,定向引导资金流入中小微企业等国家重点扶持和薄弱领域(王文倩,2018)。但是,每一种借贷便利工具发挥作用的传导渠道并不是单一的,例如上一节中所分析的常备借贷便利,它一方面会增加市场中的流动性,另一方面会发挥利率走廊的作用。因此,各工具实际的传导渠道到底如何,需要我们通过实证进行验证。为此,提出假设 3-1 和假设 3-2。

假设 3-1:借贷便利工具能够降低市场利率水平,进而扩大中小微企业融资规模。

假设 3-2:借贷便利工具能够投放流动性,通过增加货币供应量,扩大中小企业融资规模。

(二)借贷便利工具对缓解不同规模企业融资难存在异质性

新设货币政策工具设立的目的就是补充市场中流动性不足,

缓解中小微企业尤其是小微企业融资难的问题。小微企业融资难的一个原因就是由于企业规模较小、管理制度不完善、抵押物不足,因此银行向小微企业贷款风险较大。虽然在政策扶持下,小微企业整体融资能力得到提高,但是普惠型小微企业凭借国家政策导向的扶持,具有银行放贷积极性高、贷款利率较低等优势。例如,2020 年 12 月 21 日召开的国务院常务会议决定,延续普惠小微企业贷款延期还本付息政策和信用贷款支持计划,对于办理普惠小微企业贷款延期还本付息且期限不少于 6 个月的地方法人银行给予贷款本金 1% 的奖励,对于发放普惠小微企业信用贷款的地方法人银行给予 40% 的优惠资金支持。因此,在新设货币政策工具的支持下,不同规模企业融资水平也会存在差异。为此,提出假设 3-3。

假设 3-3:借贷便利工具对缓解不同规模企业融资难发挥的作用存在差异。

(三)不同类型商业银行通过借贷便利工具发挥缓解中小微企业融资难作用存在异质性

不同种类的借贷便利工具的操作对象存在差异。在第一节中,我们对公开市场短期流动性调节工具、常备借贷便利、中期借贷便利、定向中期借贷便利的操作对象进行了总结,发现其操作对象存在差异。有些政策工具的操作对象较宽,例如常备借贷便利,它的操作对象包括政策性银行和全国性商业银行。但是也有些政策工具的操作对象较窄,例如新推出的定向中期借贷便利工具,其操作对象必须是支持实体经济力度大、符合宏观审慎要求的大型商业银行、股份制商业银行和大型城市商业银行。同时,不同类型、不同规模的银行由于自身风险偏好、经营理念、风险承担能力等的不同,其本身服务中小企业的意愿也存在差异。当市场中通过新设货币政策工具增加了流动性之后,资金通过不同类型银行流向中小企业的规模也就会存在差异。为此,提出假设3-4。

假设3-4:不同类型的商业银行通过借贷便利工具缓解中小微企业融资难的效果存在差异。

二、模型介绍

为考察新设货币政策工具的传导渠道及其效果,选择使用向量自回归模型的脉冲响应分析。鉴于简式向量自回归模型不能明确刻画各经济变量之间的结构性关系,布兰查德和柯(Blanchard 和 Quah,1989)、阿米萨诺和詹尼尼(Amisano 和 Giannini,1997)基于特定经济理论构建约束条件,在传统向量自回归模型中引入变量间的当期关系构建结构向量自回归模型进行识别。

(一)结构向量自回归模型的特殊形式

作为示例,考虑以下二元动态联立方程组(为叙述方便,忽略常数项):

$$\begin{cases} y_{1t} = -\alpha_{12}\, y_{2t} + \gamma_{11}\, y_{1,t-1} + \gamma_{12}\, y_{2,t-1} + \varepsilon_{1t} \\ y_{2t} = -\alpha_{21}\, y_{1t} + \gamma_{21}\, y_{1,t-1} + \gamma_{22}\, y_{2,t-1} + \varepsilon_{2t} \end{cases} \tag{3-1}$$

其中,扰动项的分布满足:

$$\begin{pmatrix} \varepsilon_{1t} \\ \varepsilon_{2t} \end{pmatrix} \sim iid \left[\begin{pmatrix} 0 \\ 0 \end{pmatrix}, \begin{pmatrix} \sigma_1^2 & 0 \\ 0 & \sigma_2^2 \end{pmatrix} \right] \tag{3-2}$$

方程组(3-1)的显著特征是在方程右边的解释变量中包含了

当期变量,即 y_{1t} 的解释变量包括 y_{2t},而 y_{2t} 的解释变量也包括 y_{1t}。一般认为,方程组(3-1)来自经济理论对经济结构的建模,故称为结构向量自回归模型。结构方程的扰动项 ε_{1t} 与 ε_{2t} 相互独立,称为"结构新息"。

将方程组(3-1)写为矩阵形式可得:

$$\underbrace{\begin{pmatrix} 1 & \alpha_{12} \\ \alpha_{21} & 1 \end{pmatrix}}_{A} \underbrace{\begin{pmatrix} y_{1t} \\ y_{2t} \end{pmatrix}}_{y_t} = \underbrace{\begin{pmatrix} \gamma_{11} & \gamma_{12} \\ \gamma_{21} & \gamma_{22} \end{pmatrix}}_{\Gamma_1} \underbrace{\begin{pmatrix} y_{1,t-1} \\ y_{2,t-1} \end{pmatrix}}_{y_{t-1}} + \underbrace{\begin{pmatrix} \varepsilon_{1t} \\ \varepsilon_{2t} \end{pmatrix}}_{\varepsilon_t} \qquad (3-3)$$

更简洁地,上式可写为:

$$A y_t = \Gamma_1 y_{t-1} + \varepsilon_t \qquad (3-4)$$

其中,矩阵 A 反映了 y_{1t} 与 y_{2t} 的当期互动,即内生性。假设矩阵 A 非退化,在式(3-4)两边同时左乘 A^{-1},即可得到其相应的简化式向量自回归模型:

$$y_t = A^{-1} \Gamma_1 y_{t-1} + A^{-1} \varepsilon_t \qquad (3-5)$$

其中,简化式向量自回归模型的扰动项 $\mu_t = A^{-1} \varepsilon_t$ 为结构向量自回归模型扰动项 ε_t 的线性组合。

(二)结构向量自回归模型的一般形式

下面,考虑一般形式的结构向量自回归模型。从 p 阶简化向量自回归模型出发:

$$y_t = \Gamma_1 y_{t-1} + \cdots + \Gamma_p y_{t-p} + \mu_t \qquad (3-6)$$

其中,y_t 为 $M \times 1$ 向量;μ_t 为简化式扰动项,允许存在同期相关。在式(3-6)两边左乘某非退化矩阵 A:

$$A y_t = A\Gamma_1 y_{t-1} + A\Gamma_p y_{t-p} + A\mu_t \qquad (3-7)$$

经移项整理可得:

$$A(I - \Gamma_1 L - \cdots - \Gamma_P L^P) y_t = A\mu_t \qquad (3\text{-}8)$$

我们希望结构向量自回归模型的扰动项正交,一种简单的做法为令 $A\mu_t = \varepsilon_t$,其中 ε_t 为结构向量自回归模型的结构扰动项,不存在同期相关;但此假设可能过强(矩阵 A 来自经济理论对经济结构的建模,未必能同时使 $A\mu_t$ 同期不相关)。更一般地,假设 $A\mu_t = B\varepsilon_t$,其中 B 为 $M \times M$ 矩阵;则方程(3-8)可写为:

$$A(I - \Gamma_1 L - \cdots - \Gamma_P L^P) y_t = A\mu_t = B\varepsilon_t \qquad (3\text{-}9)$$

其中,结构扰动项 ε_t 的协方差矩阵被标准化为单位矩阵 I_M。方程(3-9)称为结构向量自回归模型的"AB 模型"。对于传统的联立方程模型,分析的重点在于解释变量的边际效应,故一般不要求结构扰动项正交;而对于 AB 模型,分析的重点在于正交化冲击的效应,故一般假设结构扰动项 ε_t 正交。如果令 $A = I_M$,则为 B 模型;如果令 $B = I_M$,则为 A 模型。A 模型与 B 模型都是 AB 模型的特例。在方程(3-9)两边同时左乘 A^{-1},即可得到相应的简化 Var:

$$y_t = \Gamma_1 y_{t-1} + \cdots + \Gamma_p y_{t-p} + A^{-1}B\varepsilon_t \qquad (3\text{-}10)$$

由于 $\mu_t = A^{-1}B\varepsilon_t$,故简化式扰动项 μ_t 的协方差矩阵为:

$$Var(\mu_t) = A^{-1}BB'A^{-1\prime} \qquad (3\text{-}11)$$

对于结构向量自回归模型(3-9),其待估参数总数为" M^2(矩阵 A 的参数个数) $+ M^2$(矩阵 B 的参数个数) $+ pM^2$(矩阵 $\Gamma_1, \cdots, \Gamma_p$ 的参数个数)",即 $2M^2 + pM^2$。另外,对于简化向量自回归模型(3-10),其待估参数总数为" $M(M+1)/2$(对称协方差矩阵 $Var(\mu_t)$ 的参数个数) $+ pM^2$(矩阵 $\Gamma_1, \cdots, \Gamma_p$ 的参数个数)",即 $[M(M+1)/2] + pM^2$。因此,在一般情况下,结构向量

自回归模型的参数比向量自回归模型的参数多出 $[2M^2 - M(M+1)/2]$ 个。

因此,为了识别 AB 模型(3-9),至少需要对矩阵 A 与 B 中元素施加 $[2M^2 - M(M+1)/2]$ 个约束。即使将矩阵 A 的主对角元素都标准化为 1,也还需要附加 $[2M^2 - M - M(M+1)/2]$ 个约束条件。如果正好施加如此多约束,则为恰好识别;如果施加更多约束,则为过度识别。此阶条件(order condition)为识别 AB 模型的必要条件。

(三)结构向量自回归模型识别

如何施加约束条件,是一门艺术。一般来说,应从经济理论或对简化式向量自回归模型的估计结果出发,来设置约束条件。比较常用的方法沿用了乔利斯基分解的思路,将矩阵 A 设为下三角矩阵且主对角元素全部为 1,并将矩阵 B 设为对角矩阵,称为"乔利斯基约束"。以 $M = 3$ 为例,约束条件可写为:

$$A = \begin{pmatrix} 1 & 0 & 0 \\ . & 1 & 0 \\ . & . & 1 \end{pmatrix}, B = \begin{pmatrix} . & 0 & 0 \\ 0 & . & 0 \\ 0 & 0 & . \end{pmatrix} \tag{3-12}$$

其中,缺失值"."表示自由参数(没有约束)。在式(3-12)中,从矩阵 A 的第一行可以看出,y_{2t} 与 y_{3t} 对 y_{1t} 无直接影响。类似地,从矩阵 A 的第二行可以看出,y_{1t} 对 y_{2t} 有直接影响,但 y_{3t} 对 y_{2t} 无直接影响。最后,从矩阵 A 的第三行可看出,y_{1t} 与 y_{2t} 对 y_{3t} 有直接影响。显然,使用乔利斯基约束来识别结构向量自回归模型,其估计结果依赖于变量的次序。因此,对于所选择的特定变量次序,需要从理论上进行说明,或进行敏感度分析,即变换变量次序,并对比其结果。

三、实证分析

(一)样本选取及指标说明

由于缺乏中小微企业贷款的统计数据,选取银行小微企业贷款数据。在此基础上按小微企业规模分为小微企业贷款和普惠型小微企业贷款,按银行性质分为国有商业银行、股份制商业银行、城商行、农商行四类商业银行的小微企业贷款余额,将二类货币政策工具变量分别与不同传导渠道变量进行排列组合,建立了 12 个结构向量自回归模型。根据数据可得性,中国人民银行分别自2013 年 6 月公布常备借贷便利操作余额,自 2014 年 9 月公布中期借贷便利余额。因此,本书所选取的数据范围为 2013 年 6 月到2020 年 12 月,然后根据 12 个具体结构向量自回归模型中所包含变量的时间范围,适当调整模型时间范围。书中所有数据均来源于中国人民银行网站及 Wind 数据库。在实证检验的 12 个结构向量自回归模型中,涉及的具体变量见表 3-11。

表 3-11　变量选取及指标说明

变量类型	变量符号	变量含义
货币政策工具	slf	累积操作余额月度增加值
	mlf	
货币市场利率	$r1$	银行间债券质押式回购加权利率(7 天)
	$r2$	银行间债券质押式回购加权利率(3 个月)
货币供应量	m	金融机构各项贷款余额月度增加值

续表

变量类型	变量符号	变量含义
银行类型	$m1$	小微企业贷款余额月度增加值(国有商业银行)
	$m2$	小微企业贷款余额月度增加值(股份制商业银行)
	$m3$	小微企业贷款余额月度增加值(城商行)
	$m4$	小微企业贷款余额月度增加值(农商行)
融资规模	$loan1$	主要金融机构小微企业贷款余额月度增加值
	$loan2$	主要金融机构普惠型小微企业贷款余额月度增加值

1. 新设货币政策工具

在第一节介绍的六个新设货币政策工具中,由于抵押补充贷款的创设目的主要是支持"棚户区改造"重点项目,与本书研究新设货币政策工具对中小微企业融资效果的初衷不符。因此在实证检验中,不考虑抵押补充贷款工具。又考虑到央行票据互换工具和定向中期借贷便利分别在 2018 年 12 月和 2019 年 1 月创设,且公开市场短期流动性调节工具在 2016 年 1 月之后就没有可查的操作数据。故由于数据较少,也将上述三个货币政策工具排除。因此,本书选择常备借贷便利和中期借贷便利这两个工具作为新设货币政策工具变量进行实证研究。

2. 货币市场利率

银行间债券质押式回购利率在报价连续性、价格形成机制、期限完整性等方面都具有较强的代表性。由于银行间债券回购利率能较好地反映市场流动性状况和货币政策意图,因此本书选取银行间债券质押式回购加权利率作为货币市场利率的代理变量。此外,常备借贷便利和中期借贷便利依次覆盖了超短期(7 天以内)、短期(1 月以内)和中期(3 月、6 月和 1 年)的流动性供给,并且常备借贷便利以超短期(7天以内)操作为主,中期借贷便利期限均超过3个月。因此,本书选取7天和3个月的银行间债券质押式回购加权利率作为货币市场利率变量,分别对应常备借贷便利与中期借贷便利传导渠道中的货币市场利率变量。

3. 金融机构各项贷款余额

选择金融机构各项贷款余额作为衡量流动性大小的指标。原因是各新设货币政策工具都是通过金融机构来向市场提供流动性的,各中小微企业从金融机构获取资金又是通过贷款的渠道。因此,我们选择金融机构各项贷款余额作为新设货币政策工具传导渠道中流动性的代理变量。

4. 小微企业贷款余额

为了验证假设3-4,我们需要考察不同商业银行小微企业贷款规模的差异。由于各新设货币政策工具的主要操作对象均为政策性银行或者商业银行,并且银行信贷也是小微企业融资的主要渠道,同时考虑到实证数据的可得性。故本书选择国有商业银行、股份制商业银行、城商行、农商行四类商业银行的小微企业贷款余额的数据来验证假设3-4,即不同类型商业银行通过借贷便利工具缓解小微企业融资难的效果存在异质性。

5. 融资规模

考虑到数据的可获得性,我们按照规模将企业分为小微以及普惠型小微两种类型,分别采用其从主要金融机构获得的贷款余额作为企业融资规模变量。之所以选择使用小微企业和普惠型小微企业从主要金融机构获取的贷款余额,主要是因为各货币政策工具对于其操作对象有较高的要求,例如在上一节中提到的银行资质、银行规模等。故一些规模较小、资质较差的金融机构并不能够满足新设货币政策工具的操作要求,因此我们选择主要金融机构小微企业及普惠型小微企业的贷款余额作为融资规模变量。另外需说明的是,由于 2018 年才开始统计普惠型小微企业贷款数据,因此包含普惠型小微企业融资余额变量的模型的数据时间范围为 2018 年 1 月到 2020 年 12 月。同时,在提出普惠型小微企业后,或许由于统计口径发生了改变,小微企业主要金融机构贷款余额数据停止更新,故包含小微企业融资余额变量的数据截至 2018年 12 月。在验证以上各假说过程中,分别验证各货币政策工具对不同规模企业融资余额的影响。

(二)数据处理及模型构建

在实证检验前,对原始数据进行以下处理:首先,对所有变量进行趋势检验,对存在季节趋势的变量,依据 Census X-12 调整法,对其进行季节性调整,以消除季节性波动带来的影响。由于文中所用变量均不存在季节性趋势,因此均未进行去势处理。然后,将常备借贷便利以及中期借贷便利累计操作余额月度增加值、金融机构贷款余额月度增加值及不同类型银行的小微企业贷款余额月度增加值、小微和普惠型小微企业贷款余额月度增加值进行对数化处理,增强数据的可比性,消除异方差的影响。

为验证上述四个假说,构建 12 个结构向量自回归实证模型,对应 12 个结构向量自回归矩阵,每个结构向量自回归矩阵包含 4 个变量,见表 3-12。由于每个模型涉及不同的变量,故不同模型中相同变量所选取的时间范围也会存在差异。所以,我们需要逐一验证每个变量在不同模型中的平稳性。

在实证分析中,使用增广迪基—福勒检验(Augmented Dickey-

Fallor test, ADF 检验）单位根方法对每个模型中涉及的变量分别进行平稳性检验, 根据检验结果, 所有变量原序列均平稳, 具体检验结果见表 3-12。在此基础上建立结构向量自回归模型, 遵循赤池信息准则（Akaike Information Crcterion, AIC）, 依次确定每个模型的最优滞后阶数, 例如由常备借贷便利、金融机构各项贷款余额、货币市场利率和小微企业融资余额四个变量构建的结构向量自回归模型的滞后阶数选择结果见表 3-13。因为模型数量过多, 所以不在文中将 12 个结构向量自回归模型的滞后阶数选择结果一一列出, 而是将 12 个模型的滞后阶数填写在表 3-13 中。

表 3-12 变量平稳性检验

矩阵	变量符号	P 值	增广迪基—福勒检验值	5%临界值	平稳性	模型最优滞后阶数
矩阵（1） slf、m、$r1$、$loan1$ 矩阵	slf	0.0000	−16.4391	−2.9201	平稳	3
	m	0.0000	−9.8772	−2.9201	平稳	
	$r1$	0.0085	−2.4554	−1.6713	平稳	
	$loan1$	0.0000	−5.8041	−2.9201	平稳	
矩阵（2） slf、m、$r1$、$loan2$ 矩阵	slf	0.0001	−4.6482	−2.9752	平稳	4
	m	0.0000	−7.8169	−2.9752	平稳	
	$r1$	0.0326	−1.1911	−1.6963	平稳	
	$loan2$	0.0000	−11.4533	−2.9752	平稳	
矩阵（3） mlf、m、$r2$、$loan1$ 矩阵	slf	0.0000	−9.7192	−2.9381	平稳	3
	m	0.0000	−8.5279	−2.9381	平稳	
	$r2$	0.0391	−1.8031	−1.6804	平稳	
	$loan1$	0.0000	−4.8302	−2.9381	平稳	

续表

矩阵	变量符号	P 值	增广迪基—福勒检验值	5%临界值	平稳性	模型最优滞后阶数
矩阵(4) mlf、m、$r2$、$loan2$ 矩阵	mf	0.0084	-3.4841	-2.9753	平稳	4
	m	0.0000	-7.8174	-2.9753	平稳	
	$r2$	0.0164	-2.2351	-1.6962	平稳	
	$loan2$	0.0000	-11.4532	-2.9753	平稳	
矩阵(5—8) slf、m、$r1$、$m1/m2/m3/m4$ 矩阵	slf	0.0000	-5.5928	-2.9410	平稳	—
	m	0.0000	-8.6038	-2.9410	平稳	—
	$r1$	0.0001	-3.9881	-1.6812	平稳	—
	$m1$	0.0000	-14.4212	-2.9410	平稳	2
	$m2$	0.0000	-13.9823	-2.9410	平稳	2
	$m3$	0.0000	-14.9789	-2.9410	平稳	2
	$m4$	0.0000	-14.8279	-2.9410	平稳	2
矩阵(9—12) mlf、m、$r2$、$m1/m2/m3/m4$ 矩阵	mlf	0.0000	-6.9947	-2.941	平稳	—
	m	0.0000	-8.604	-2.9410	平稳	—
	$r2$	0.0091	-2.4572	-1.6814	平稳	—
	$m1$	0.0000	-14.4211	-2.9410	平稳	2
	$m2$	0.0000	-13.9823	-2.9410	平稳	2
	$m3$	0.0000	-14.9792	-2.9410	平稳	2
	$m4$	0.0000	-14.8281	-2.9410	平稳	3

表 3-13　滞后阶数的选择

Lag	似然值的对数	似然比	p	最终预测误差	赤池信息准则	汉南—奎思信息准则
0	541.41	—	—	1.4e-13	-18.2173	-18.0764
1	596.813	110.81	0.000	3.8e-14	-19.553	-18.8487[*]
2	611.777	29.928	0.018	4.0e-14	-19.5179	-18.2502
3	634.812	46.069	0.000	3.2e-14[*]	-19.7563[*]	-17.9253
4	649.468	29.314[*]	0.022	3.5e-14	-19.7108	-17.3163

注：[*] 表示在 10%水平下显著。

根据表3-12中各矩阵的平稳时间序列变量和滞后阶数,即可得到所需的12个结构向量自回归模型。随后根据结构向量自回归模型的设计原理,对结构向量自回归模型矩阵施加约束条件:我们认为各货币政策工具的操作并不受到当期金融机构各项贷款余额、当期货币市场利率以及当期小微企业融资规模的影响,但货币政策工具对当期金融机构各项贷款余额、当期货币市场利率以及当期小微企业融资规模均存在影响;货币市场利率以及小微企业融资余额并不影响当期的金融机构各项贷款余额,但货币市场利率会受到当期金融机构各项贷款余额的影响;小微企业融资余额会受到货币政策工具、金融机构各项贷款余额以及货币市场利率的影响。因此,在具体操作上,我们沿用比较常用的乔利斯基分解的思路,约束条件写为:

$$A = \begin{bmatrix} 1 & 0 & 0 & 0 \\ . & 1 & 0 & 0 \\ . & . & 1 & 0 \\ . & . & . & 1 \end{bmatrix}, B = \begin{bmatrix} . & 0 & 0 & 0 \\ 0 & . & 0 & 0 \\ 0 & 0 & . & 0 \\ 0 & 0 & 0 & . \end{bmatrix}$$

其中,缺失值"."表示自由参数(没有约束)。

(三)平稳性检验

在确定了12个结构向量自回归模型的滞后阶数后,对12个结构向量自回归模型进行平稳性检验,检验结果见图3-1,伴随矩阵的所有特征值都落在单位圆之内,即该结构向量自回归模型系统满足平稳性条件,可以进行后续的脉冲响应分析以及方差分解分析。

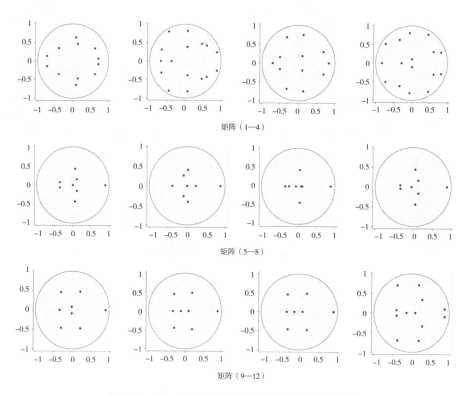

矩阵（1—4）

矩阵（5—8）

矩阵（9—12）

图 3-1　12 个结构向量自回归模型的平稳性检验

（四）基于结构向量自回归模型的脉冲响应分析

基于结构向量自回归模型,分别探究常备借贷便利冲击和中期借贷便利冲击下,金融机构各项贷款余额、利率和小微企业贷款余额的响应情况。图 3-2、图 3-3 和图 3-4 中的横轴表示冲击作用的滞后期数,纵轴表示各变量对冲击的响应效果。

1. 常备借贷便利冲击下各变量的脉冲响应

图 3-2 中(1)—(4)分别表示金融机构各项贷款余额、货币市场利率、小微企业贷款余额、普惠型小微企业贷款余额对常备借贷便利冲击的脉冲响应。给定常备借贷便利工具一个标准差大小的

正向冲击后,金融机构各项贷款余额反应很小,不到 0.001,说明金融机构各项贷款余额不是常备借贷便利的主要传导渠道。短期货币市场利率反应明显,从第一期开始迅速下滑,影响力最大时可达到 -0.1,利率下滑一直持续到第三期,第四期后影响力基本维持在 0 的水平。说明常备借贷便利通过形成利率走廊上限,能迅速并且有效地引导货币市场利率预期,促进货币市场利率下行。因此,常备借贷便利发挥缓解小微企业、普惠型小微企业融资难作用的传导渠道主要是通过货币市场利率,而不是金融机构各项贷款余额。虽然常备借贷便利对小微企业融资规模的影响较小,但是在第一期,还是能在一定程度上扩大小微企业的融资规模。在第一期以后,相比小微企业,常备借贷便利对普惠型小微企业融资余额的影响程度要大,并且持续期限也要长。因此,验证了假设 3-3,即常备借贷便利对缓解不同规模企业融资难的效果存在异质性。

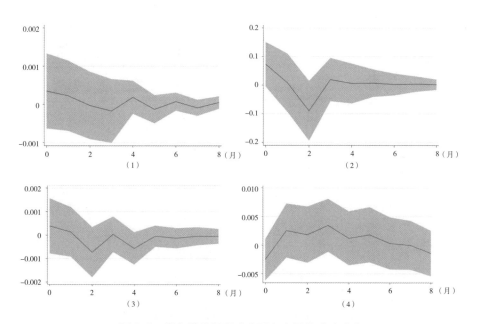

图 3-2　常备借贷便利冲击下各变量的脉冲响应

2. 中期借贷便利冲击下各变量的脉冲响应

如图 3-3 所示,(1)—(4)分别表示金融机构各项贷款余额、货币市场利率、小微企业贷款余额、普惠型小微企业贷款余额对中期借贷便利冲击的脉冲响应结果。给定中期借贷便利工具一个标准差大小的正向冲击后,金融机构各项贷款余额在前期表现出正向变化,说明中期借贷便利会迅速引起金融机构各项贷款余额增加,但随着时间推移,其效应逐渐减弱。对于货币市场利率来说,中期借贷便利能够降低 3 个月期货币市场利率水平,并且这种影响持续期很长。从小微企业融资规模来看,在前两期,中期借贷便利能够扩大小微企业的融资规模,但在第三期之后,其作用效果逐渐削弱。中期借贷便利对普惠型小微企业融资规模的冲击效应是负向的,这可能是由于普惠型小微企业的概念提出时间较晚、实证数据量较少等原因所致。可见,通过中期借贷便利对金融机构各

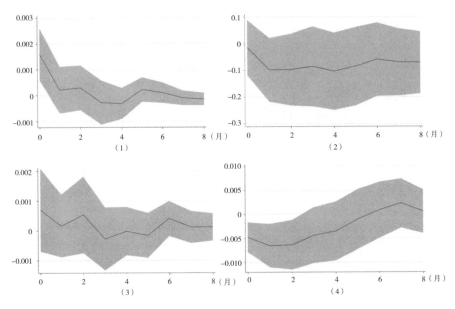

图 3-3　中期借贷便利冲击下各变量的脉冲响应

项贷款余额以及货币市场利率的脉冲响应结果,我们可以分析得出,中期借贷便利会在一定程度上引导3月期货币市场利率下行,且能够在短期内增加金融机构各项贷款余额,扩大市场流动性,从而有助于缓解小微企业融资难的问题。

3. 借贷便利冲击下不同类型银行小微企业贷款余额的脉冲响应

图3-4 中(1)—(4)分别表示国有商业银行、股份制商业银行、城商行、农商行等各类银行小微企业贷款余额对常备借贷便利冲击的脉冲响应。从图3-4 可以看出,给定常备借贷便利工具一个标准差大小的正向冲击后,国有商业银行小微企业贷款表现为前2期呈现出负向作用,但负向程度逐渐减弱,第四期后影响程度趋于平稳。股份制商业银行小微企业贷款余额立即表现出正向变动,随后影响程度逐渐减弱,在第一期后表现出短暂的负向反应,第三期后恢复到正向反应,随后趋于平稳。城商行的反应与股份制商业银行类似。农商行则主要表现为负向影响,只在第一期表现为正向反应,但影响程度也较小。

图3-5 中(1)—(4)分别表示国有商业银行、股份制商业银行、城商行、农商行等各类银行小微企业贷款余额对中期借贷便利冲击的脉冲响应。从图3-5 可以看出,给定中期借贷便利工具一个标准差大小的正向冲击后,国有商业银行小微企业贷款余额表现为前2期呈现出正向响应,影响程度最大时达到0.002,但正向程度逐渐减弱,从第五期开始影响程度逐渐趋于平稳,维持在稍大于0的水平。股份制商业银行在前两期表现出负向反应,随后影响程度趋于平稳。城商行的反应与国有商业银行类似。农商行则主要表现为负向影响,只有第六期表现出短暂的正向影响,随后影

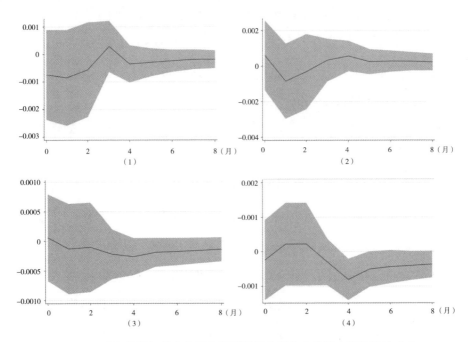

图 3-4　常备借贷便利冲击下各类型银行小微企业贷款余额的脉冲响应

响立即减弱,回归到 0 左右。

　　综上所述,给定常备借贷便利一个标准差大小的正向冲击后,各类商业银行均呈现过正向响应,但正向响应出现的时点却不同,股份制银行和城商行立即出现正向响应,农商行在第一期出现正向响应,国有银行则在第三期出现正向反应。股份制银行的正向反应力度量大。给定中期借贷便利一个标准差大小的正向冲击后,国有商业银行和城商行均在短期表现出较好的正向反应,其中国有商业银行反应较为强烈,股份制商业银行和农商行则主要表现为负向反应。因此,我们得出结论,不同类型商业银行通过借贷便利工具缓解小微企业融资难的效果存在差异,假说 4-4 得证。

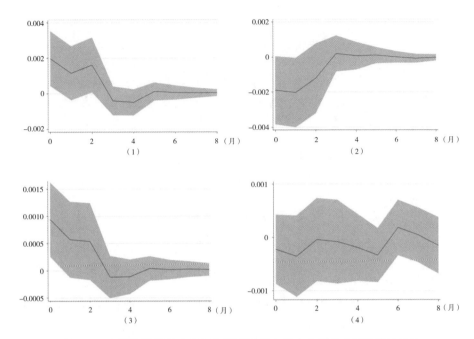

图 3-5 中期借贷便利冲击下各类型银行小微企业贷款余额的脉冲响应

（五）方差分解分析

为探究常备借贷便利和中期借贷便利这两个新设货币政策工具冲击对小微企业（普惠小微企业）融资的方差的贡献，分别对小微企业融资规模、普惠型小微企业融资规模进行方差分解，结果见图 3-6 和图 3-7。

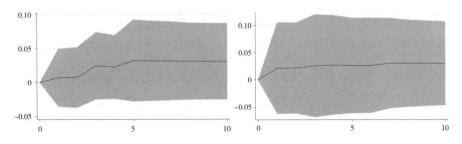

图 3-6 常备借贷便利（左）和中期借贷便利（右）冲击下小微企业融资的方差分解

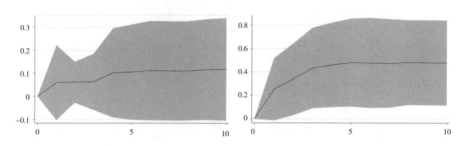

**图 3-7　常备借贷便利（左）和中期借贷便利（右）冲击下
普惠小微企业融资的方差分解**

对于小微企业,常备借贷便利和中期借贷便利对小微企业贷款余额的贡献率逐渐升高后趋于平衡。其中常备借贷便利在第五期趋于稳定,中期借贷便利在第四期趋于稳定。并且通过方差分解可以看出,中期借贷便利对小微企业融资规模的贡献率要高于常备借贷便利。因此,我们认为中期借贷便利较常备借贷便利而言,能够更好地起到缓解小微企业融资难的作用。

对于普惠型小微企业,常备借贷便利对普惠型小微企业贷款余额的贡献率呈现上升—下降—再上升后趋于平稳的趋势,在第四期达到最高,此时贡献率在 10% 左右,随后稳定在该水平。中期借贷便利对普惠型小微企业融资规模贡献度逐渐升高,在第五期后基本保持稳定,维持在 40% 左右。因此,通过对普惠型小微企业融资规模的方差分解,我们可以看出,中期借贷便利与常备借贷便利比较而言,中期借贷便利对普惠型小微企业融资规模的贡献率更高。因此,我们认为中期借贷便利对缓解普惠型小微企业融资难的效果更好一些。

四、研究结论与政策建议

(一)研究结论

本节基于结构向量自回归模型,利用脉冲响应和方差分解等方法验证新设货币政策工具对小微企业融资的影响。根据实证结果分析,得出以下结论:(1)常备借贷便利通过构造利率走廊上限,能够迅速有效地降低货币市场利率,进而使小微企业的融资成本降低,从而促进小微企业融资,缓解小微企业融资难;中期借贷便利能够加大市场流动性,促使各项贷款余额增加,增大小微企业获取资金的可能性,在一定程度上缓解了小微企业融资困境。(2)在新设货币政策工具的作用下,不同类型商业银行发挥的缓解小微企业融资难的作用存在差异。主要表现在国有商业银行和城商行对小微企业融资贡献较大,股份制商业银行和农商行表现相对较差。(3)对于不同规模企业,新设货币政策工具缓解其融资难的程度存在差异。相比于小微企业,普惠型小微企业受益更大,并且影响的持续时间更长。(4)不同新设货币政策工具缓解小微企业融资难的效果不尽相同。就本节选取的两个代表工具而言,可能是由于中期借贷便利较常备借贷便利的规模更大、期限更长、定向性较强,故中期借贷便利的效果更好一些。

(二)政策建议

基于以上结论,为了增强新设货币政策工具的有效性,更好地缓解中小微企业融资困境,促进实体经济,提出以下几点建议:

1. 畅通新设货币政策工具的信贷传导渠道

由实证结果可知,常备借贷便利对金融机构各项贷款余额的引导效果较弱,且时效较短。因此,需要进一步理顺信贷传导机制。为此,应通过加强信用和担保体系建设,着力破除商业银行对中小微企业的"惜贷"倾向,进一步简化货币政策工具使用操作流程,减少不必要的环节和手续,同时强化对资金使用情况的监测,更好地疏通货币政策传导渠道。

2. 畅通新设货币政策工具的利率传导渠道

实证结果显示,当给定新设货币政策工具一个冲击时,无论是7天期货币市场利率对常备借贷便利冲击的脉冲响应,还是3个月期货币市场利率对中期借贷便利冲击的脉冲响应结果均有显著的影响。说明货币市场利率是新设货币政策工具传导渠道中的一个重要环节,故要加强该渠道的畅通。为此,一方面,需要持续稳步推进利率市场化,使市场利率充分反映资金供求变化,提升货币政策工具调节流动性的效果;另一方面,加强新设货币政策工具利率传导的连贯性和连续性,进一步提升利率引导效能。

3. 扩大新设货币政策工具的交易对象

将新设货币政策工具操作范围涵盖所有全国性金融机构,尤其是中小型金融机构,用定向宽松的"滴灌"取代传统货币政策的"漫灌",提高流动性向实体经济的传导效率。由实证结果可知,新设货币政策工具通过股份制银行以及农商行缓解中小微企业融资难的效果不是很明显,建议加强新设货币政策工具对地方性农村商业银行、农村合作银行等中小金融机构的流动性支持。另外,考虑到实体经济下行导致商业银行惜贷情绪强烈,中小微企业难以获得信贷支持,央行可积极引导包括股份制银行在内的各个商业银行相应调整和放宽授信标准,增加商业银行对中小微企业信贷供给,使定向中期借贷便利类等定向调控类货币政策工具更好地服务于实体经济。

4. 针对小微企业特点创设货币政策工具

上述实证结果显示,对小微企业和普惠型小微企业来说,同一种新设货币政策工具对缓解其融资困境的效果是存在差异的。不同规模企业具有不同的企业特点,例如抵押品的多少、信息披露程度、政策扶持力度等。因此,要对新设货币政策工具进行创新,使新设货币政策工更能针对性地服务不同规模和不同类型的企业,能够更加精准、高效地缓解中小微企业的融资困境。

5. 灵活搭配使用传统与新设货币政策工具

不同工具发挥作用的机制与渠道存在差异,不同货币政策工具对缓解不同类型的中小微企业融资难的程度也存在差异。因此,建议合理搭配使用各种货币政策工具,广泛、多元、全覆盖式地服务于中小微企业,缓解中小微企业融资难问题。

第四章　扩大合格抵押品的运作机理和效果评估

第一节　合格抵押品概述及其运作机理

一、合格抵押品概述

（一）合格抵押品的定义

央行合格抵押品是指在货币政策操作过程中，央行要求商业银行等交易对手提供的可以作为直接交易或偿债担保的资产的统称。在合格抵押品制度框架下，是否拥有合格抵押品以及合格抵押品持有量的多少决定了商业银行等交易对手从央行获得再贷款的额度，进一步决定了小微企业获得资金的数量。因此，合格抵押品制度不仅可以有效防范央行风险，保障央行资产安全，还可以促进货币政策的有效实施，在一定程度上缓解小微企业融资困境。

（二）合格抵押品的分类

由《中国人民银行再贷款与常备借贷便利抵押品管理指引》

可知,央行根据流动性、内部评级以及外部评级等将合格抵押品分为市场化资产、非市场化资产以及央行认可的其他合格抵押资产。

市场化资产是指在中央国债登记结算有限责任公司、银行间市场清算所股份有限公司托管的以人民币计价的债券,但不包括借款金融机构及其关联机构发行的债券。证券类抵押品主要包括国债、国开行及政策性金融债、各类央行票据、地方政府债、同业存单、主体信用评级和债券信用评级均为 AAA 级的企业债券和中期票据、主体信用评级为 AAA 级且债项评级为 A-1 级的短期融资券和超短期融资券等。可见,市场化资产主要指证券资产。

非市场化资产是指金融机构对非金融企业和自然人的正常类贷款(不涉及仲裁和诉讼),但不包括金融机构向管理人员、大股东等内部人以及关联机构发放的贷款,并且要求贷款债务人不得在中国人民银行征信中心、反洗钱中心等内部风险评估系统有违约记录。信贷类抵押品主要包括 AA+ 和 AA 级公司信用类债券、优质的小微企业贷款和绿色贷款等。可见,非市场化资产主要指信贷资产。

(三)合格抵押品的特征

1. 明确性

央行的合格抵押品政策已明确规定了合格抵押品的标准、估值、预先备案程序、变更与处理等具体问题,并且有合规的审核流程和审核方式。明确的规定让交易对手知晓央行所接受的合格抵押品的标准及抵押流程,以便及时提供合格抵押品来获取流动性,使资金高效流向小微企业。

2. 准确性

交易对手向央行提供合格抵押品是获取再贷款的前提条件，但再贷款金额则取决于央行对合格抵押品的估值。及时准确的抵押品估值，既能使央行避免抵押品减值导致的损失，又能在同样抵押品下使交易对手获得最大的再贷款额度。

3. 独立性

央行交易对手提供的合格抵押品必须具有独立性，即提供合格抵押品的金融机构不能作为抵押品的发行人。例如，中国人民银行成都分行明确要求合格信贷资产不包括金融机构向其管理人、大股东等内部人以及关联机构发放的贷款。只有拥有独立性，央行才能更有效地对抵押品进行控制。

4. 流动性

作为央行的合格抵押品，既要保持估值的稳定性，还要有较好的流动性。一旦交易对手出现违约，央行能够在金融市场上快速处置抵押品，将变现所得资金弥补因交易对手违约而带来的损失。

（四）央行抵押品和普通抵押品区别

抵押是指抵押人和债权人约定，在不转移抵押人对抵押财产的占有下将该财产作为债权的担保，当债务人不履行债务时，债权人以折价、变卖该抵押财产的价款优先受偿。用以抵押的财产则是抵押品。质押是指质押人与债权人约定，将质押人的财产转移至债权人手中，用作债权的担保，当债务人不履行债务时，债权人以折价、变卖该抵押财产的价款优先受偿。用以质押的财产则是质押品。抵押和质押的区别在于是否将财产转移给债权人，抵押不转移财产，质押转移财产。无论是抵押品还是质押品，都是债权人用来保障自身本息安全的方式。

在《中国人民银行再贷款与常备借贷便利抵押品管理指引》中，将质押品和抵押品统称为抵押品。与普通抵押品相比，央行抵押品体系的建立以最后贷款人理论为基础。央行合格抵押品的设立不仅仅是为了约束交易对手行为，维护自身安全与金融市场稳定，更重要的是为了调节市场流动性以实现货币政策意图。因此，合格抵押品体系的构建不仅要考虑资产质量的安全性，还要考虑货币政策操作的有效性。

二、合格抵押品的运作机制——风险规避机制

合格抵押品主要是通过完善风险规避机制，促使政策工具充分发挥作用，来达到缓解中小微企业融资困境的目标。再贷款中央行所面临的风险主要有三种：信用风险、市场风险以及流动性风险。信用风险是指由于交易对手违约而引发的风险；市场风险是指由于外界金融环境发生变化，使抵押品的估值或变现价格发生改变从而引发的风险；流动性风险是指抵押品自身的流动性对央行资产造成的风险。为防范合格抵押品面临的各种风险，央行主要通过完善抵押品管理框架和实施内部评级来规避风险。

（一）完善抵押品管理框架

扩大合格抵押品范围，有利于提高货币政策效率和增加金融市场流动性。然而，若对合格抵押品管理不善，也可能增大央行风险。为此，2015 年央行出台了《中国人民银行再贷款与常备借贷便利抵押品管理指引》，随后中国人民银行成都分行、济南分行等相继制定了抵押品管理实施细则，以防范因交易对手违约或抵押

品价值变化所带来的风险。下面主要从预先备案制度的设立、抵押率的确定以及抵押品价值调整机制三方面介绍合格抵押品的管理框架。

1. 预先备案制度的设立

为了提高再贷款的申请和发放效率,央行基于谨慎原则创建了合格抵押品预先备案制度。预先备案制度主要分为四个步骤:首先,金融机构以法人为单位向央行递交抵押品预先备案申请。其次,央行对交易对手提交的材料进行详细审查并判断是否属于合格抵押品,若属于则对抵押品进行估值。提交材料的主要内容涉及抵押品明细、符合合格抵押品的证明文件等。如果预先备案资产是市场化的证券资产,则提交由中央国债登记结算有限责任公司和上海清算所等托管机构出具的抵押品资产确认报告,如果是非市场化的信贷资产,递交自身托管信贷资产的可行性报告。再次,签订预先备案协议,明确双方的权利和义务。最后,央行按照证券资产抵押品的市场价值,以及内部和外部评级结果对抵押品进行估值,以此估值来决定交易对手的再贷款额度。抵押品预先备案流程见图4-1。

图4-1 抵押品预先备案制度流程

资料来源:笔者根据《中国人民银行再贷款与常备借贷便利抵押品管理指引》绘制。

2. 抵押率的确定

抵押率在一定程度上反映了抵押资产的风险程度,换句话说,金融机构从央行获得的再贷款额度实际上是低于合格抵押品的估值的,即金融机构通过一定的"超额抵押"来实现信用增级。从世界上各主要发达国家来看,大部分央行均对合格抵押品采取一定程度的折扣率来防范抵押品贬值的风险。通常影响抵押率的因素主要有:第一,到期期限,到期时间越短,折价率越低;第二,票面利息,票面利率越高,折价率越低;第三,信用评级,评级越高,折价率越低。此外,信贷类抵押品的折价率还受计息类型等因素的影响。

《中国人民银行再贷款与常备借贷便利抵押品管理指引》按照抵押品的种类、剩余期限(0—5 年、5—10 年、超过 10 年三类)、信用评级等因素确定基础抵押率,并根据货币政策操作的需要和风险评估进一步调整抵押率。我国的抵押率一般以国债的抵押率为基础,其他抵押品抵押率在相同剩余期限国债抵押率的基础上加一定百分点确定。从种类上看,国债、政策性金融债以及央行票据等安全性较高的资产会给予更高的抵押率;从期限上来看,剩余期限更短的抵押品会给予更高的抵押率;从信用评级来看,信用等级越高的抵押品的抵押率越高。此外,央行还设定了附加折扣率(折扣范围 0—10%)以进一步降低流动性风险,表 4-1 为我国合格抵押品的抵押率参考值。抵押率=基础抵押率-附加折扣率,抵押品的评估价值=抵押品面值×抵押率。

表 4-1　我国合格抵押品的抵押率　　　　　　(单位:%)

抵押品种类	剩余年限		
	0—5 年	5—10 年	>10 年
中央银行票据	100	100	100
记账式国债	99	97	95
国开行及政策性金融债	94	92	90
中央政府代发的地方政府债	60—90	50—85	40—80
同业存单	90	—	—

续表

抵押品种类	剩余年限		
	0—5 年	5—10 年	>10 年
AAA 主体评级、AAA 债券评级的企业债券	80—90	75—85	70—80
十家中央企业①	90	85	80
其余中央企业	85	80	75
一般企业	80	75	70
AAA 主体评级、AAA 债券评级的中期票据	80—90	75—85	—
十家中央企业	90	85	—
其余中央企业	85	80	—
一般企业	80	75	—
AAA 主体评级、A-1 级债项级别的短期融资券、超短期融资券	80—90	—	—
十家中央企业	90	—	—
其余中央企业	85	—	—
一般企业	80	—	—
小微企业、绿色、"三农"金融债券	60—85	55—80	50—75
主体评级 AAA	85	80	75
主体评级 AA+	75	70	65
主体评级 AA	60	55	50
信贷资产(经银行内部评级且达标)	50—70	50—70	50—70
正常类普惠口径小微企业贷款、绿色贷款	50	50	50
同业存单(2015)	90	—	—
同业存单、票据(2019)	未确定		

资料来源:中国人民银行。

---

① 十家中央企业指中石油、中石化、中海油、国家电网、南方电网、中国铁路总公司(原铁道部)、中国移动、中国联通、中国电信、神华集团。

3. 抵押品价值调整机制

合格抵押品的市场价值并非是一成不变的,其抵押价值与其市场价值之间总是存在一定程度的偏离,因此央行会面临一定程度的减值风险。为了防范风险,《中国人民银行再贷款与常备借贷便利抵押品管理指引》设立了抵押品价值调整机制,当[(再贷款本息余额-抵押品价值)/再贷款本息余额]大于触发点水平时(触发点水平通常设置为 0.5%),就会启动抵押品调整和追加机制。央行应于当日要求借款机构调整或追加抵押品,借款机构应于当日调整或追加抵押品,或偿还部分再贷款本息,使抵押品评估价值与再贷款本息余额之差大于零。若借款机构未能及时追加,则视为违约,央行有权处置抵押品来补偿本息,抵减风险。反之,当抵押品的评估价值高于再贷款本息余额的一定比例后,即启动释放或退还抵押品机制,央行于当日退换超额的抵押品,或将部分抵押品释放至预先备案的抵押品池。

(二)内部评级机制

近年来,央行合格抵押品从高等级债券扩展到 AA+、AA 级债券,从市场化的证券资产拓展到非市场化的信贷资产。对于证券资产抵押品而言,二级市场交易形成了公允的市场价格,加之外部评级机构在证券发行之初对发债主体和债项的评级以及随后的跟踪评级,因此按照前面抵押品管理操作流程中的抵押率就可以计算出地方法人金融机构的再贷款金额,当达到触发点时立即要求借款机构及时调整或追加抵押物,通常能避免抵押物贬值的风险。但是,对于信贷资产抵押品而言,由于没有交易和外部评级数据,因此央行需要建立内部评级机制来防范借款企业违约风险。

央行于 2014 年首次提出内部评级的概念,2015 年我国开始逐步建立内部评级体系。内部评级机制的对象主要为各类非金融借款企业。央行根据交易对手提交的申请材料,从多维度对借款企业进行评级,并根据评级结果决定该信贷资产能否作为合格抵押品。我国央行内部评级的具体操作流程见图 4-2,主要由以下六部分组成:资料收集、资料审查、等级初评、实地调查、等级认定和跟踪监测。

图 4-2 抵押品内部评级流程

资料来源:笔者根据《中国人民银行再贷款与常备借贷便利抵押品管理指引》绘制。

资料收集是指央行各分支机构协调辖区内的金融机构,使其配合央行征信中心进而全面收集评级所需资料,并将所收集的资料录入央行内部评级系统。资料审查是指征信中心对收集的企业资料进行详细的审查,包括对资料真实性的审查和非金融领域企业负面信息的审查。等级初评是指按照央行评级委员会所制定的评级方法和评级标准,采用定量和定性相结合的方法(定量评分占 70%,定性评分占 30%),对企业的信用等级进行初步评定,70分以上的企业信贷资产可以作为合格抵押品。其中定量指标用来衡量企业财务状况,定性指标用来衡量企业非财务状况。如表4-2 所示,为定性指标与定量指标的细分指标,定性评分与定量的评分结果由各级指标综合加权平均所得。

表 4-2　央行内部评级的定性和定量指标

指标类型	一级指标	二级指标
定量指标	财务结果	净资产与期末贷款余额比率、资产负债率、资本固定化比率
	偿债能力	速动比率、经营性现金净流入与流动负债比率、利息保障倍数
	营运能力	应收账款周转速度、总资产周转速度
	盈利能力	毛利率、营业利润率、总资产报酬率
定性指标	经营环境	宏观经济环境、区域经济环境
	行业状况	产业政策、行业发展趋势
	竞争地位	市场地位、品牌和技术
	内部管理	法人治理结构、制度建设和实施、发展战略
	信誉	信用记录、金融机构内部评级、外部评级
	发展前景	成长性和抗风险能力、财务管理素质

资料来源:中国人民银行。

实地调查是指根据初步评级结果确定所调查的企业,按照一定程序对企业开展实地调查。其中,实地调查主要包括对企业管理层进行谈话、对金融机构进行谈话、现场调查企业经营状况等。等级认定是指现场调查结束之后,将调查结果和调查资料交由征信中心,由征信中心对实地调查结果进行审慎分析,最终确定企业评级。央行各级分支行以及经央行授权批准的金融机构可通过央行内部评级系统查看企业的评级结果,央行对企业的内部评级有效期原则上为1年。跟踪监测是指对已经完成央行内部评级的企业进行监督以确保再贷款资产的安全性。

第二节　扩大合格抵押品范围及其对中小微企业融资的影响

一、扩大合格抵押品范围的背景

自 2008 年国际金融危机爆发以来,美联储等世界主要央行普遍采取量化宽松政策来缓解金融危机的负向冲击,在合格抵押品范围和相关政策上进行了一系列调整,合格抵押品在世界范围内的运用越来越广泛。危机过后,国际清算银行研究发现,绝大多数国家央行的合格抵押品范围更为宽泛,抵押品种类更加丰富,这为我国近些年扩大合格抵押品的应用提供了强有力的支撑。

2013年以来,随着资本项目顺差和经常项目顺差的逐步缩小,外汇占款不断减少,基础货币投放规模下降,从而导致我国宏观层面上流动性下降。例如,2014年我国央行通过外汇占款投放基础货币6400亿元,同比2013年减少了2.1万亿元。为了应对流动性压力和优化信贷资产配置,央行逐步推出新型货币政策工具如常备借贷便利(SLF)、中期借贷便利(MLF)、定向中期借贷便利(TMLF)等来实现流动性的多渠道投放,并且通过放宽合格抵押品范围,提高新型货币政策工具操作的有效性。

通常来讲,货币政策工具在创立之初均要求国债、政策性金融债、高等级信用债、央行票据等优质债券作为合格抵押品。然而,我国优质债券数量不足且大部分掌握在大型金融机构手中,因此缺乏合格抵押品的中小金融机构较难获得再贷款,进而导致中小微企业不能从中小金融机构获得更多资金支持。为了缓解这一问题,更好地改善流动性,盘活中小金融机构的信贷资产,进一步扩大合格抵押品的范围,2014年央行在广东省和山东省两地开始实施信贷资产质押再贷款试点,2015年开始在上海市、天津市、辽宁省等9省(市)推广试点,这一举措将信贷资产纳入合格抵押品范围,有助于解决中小金融机构合格抵押品数量不足的难题,引导其增加对中小微企业的信贷投放。

随着抵押品的种类和规模不断增长,建立健全央行合格抵押品制度成为我国货币政策操作体系的重要内容。2015年,我国首次出台了有关合格抵押品的正式文件,即《中国人民银行再贷款与常备借贷便利抵押品管理指引》,这是我国首次制定与合格抵押品相关的管理制度,也是我国抵押品体系的重要里程碑。由此,抵押品在我国的运用广泛开展开来。

二、扩大合格抵押品范围对中小微企业融资的影响机理

在有效控制风险的前提下,拓宽合格抵押品范围,不仅能够疏通货币政策传导渠道,提高货币政策工具操作效率,还能在一定程度上起到引导金融机构调整信贷结构、促进债券市场发展进而更好地实现货币政策意图的作用。抵押品范围的扩大对中小微企业贷款的作用路径主要有以下几个方面:

(一)提升货币政策传导效率,缩短传导至实体经济的时间

在合格抵押品范围扩大前,商业银行需向央行提供信用等级较高的债券才能获得再贷款,然而优质债券大多集中于全国性的大型商业银行,中小金融机构难以通过新设货币政策工具从央行获得充足的低成本资金,进而减弱其对中小微企业的金融支持。扩大合格抵押品在一定程度上满足了中小金融机构的再贷款需求,有效解决了地方金融机构的再贷款难题,基础货币投放的增加也提高了市场流动性,提高了货币政策传导效率和覆盖范围,缩短了资金传导至中小微企业的时间。

(二)增加信贷资产作为合格抵押品,有助于改善金融机构信贷结构

将信贷资产纳入合格抵押品范围后,央行通过对不同信贷资

产设置不同的抵押率,引导金融机构的信贷资源配置,进而改善其信贷结构。我国当前作为合格抵押品的信贷资产主要为企业贷款和绿色贷款等,央行通过相对较高的抵押率,引导商业银行将信贷资金更多地投放到中小微企业和"三农"领域,进而降低中小微企业和"三农"领域的融资成本。

(三)盘活信贷资产,促使资金流向中小微企业

对大型银行而言,大型企业财力雄厚、违约风险小,因而大型银行更倾向于对大型企业放贷,导致中小微企业难以从大型银行获得资金支持。扩大合格抵押品范围后,作为中小微企业主要资金供给方的中小银行,可以将中小微企业贷款作为抵押品,能够改善其证券资产不足而不能获得足够再贷款的困境,有利于盘活其信贷资产,增加其可贷资金规模,促使资金更多地流向中小微企业,缓解中小微企业融资困境。

三、历次抵押品标准调整及对中小微企业融资的影响测算

(一)历次抵押品范围调整

在央行不断推出新型货币政策工具的同时,为了促使资金更精确地流向中小微企业,央行有针对地增加合格抵押品的种类,不断扩大合格抵押品的范围,表4-3为我国新型货币政策工具创设以来历次合格抵押品的调整情况。

表4-3　历次合格抵押品调整

阶段	合格抵押品
创立初期	国债、央行票据、政策性金融债、高等级信用债
第一次调整（2015年5月）	地方政府债,同业存单,主体信用评级和债券信用评级均为AAA级的企业债券和中期票据,主体信用评级为AAA级、债项评级为A-1级的短期融资券和超短期融资券
第二次调整（2018年6月）	在原有基础上,新增不低于AA级的小微企业、绿色和"三农"金融债券,AA+、AA级公司信用类债券(包括企业债、中期票据、短期融资券等),优质的小微企业贷款和绿色贷款等
第三次调整（2019年1月）	在原有基础上,新增主体评级不低于AA级的银行永续债

资料来源:中国人民银行。

2014年以来,我国合格抵押品数量持续增长,从2014年的19.7万亿元增长至2020年的240万亿元。尤其是2015年和2018年扩大合格抵押品范围后,合格抵押品总量的增长速度加快,其中新增合格抵押品数量的增长更为明显。抵押品数量的增长明显提高了金融机构持有合格抵押品的数量,减轻了金融机构向央行的再贷款压力,促使更多资金通过金融机构流向中小微企业等国家扶持对象。

1. 最初的合格抵押品

央行最初设定的合格抵押品主要为国债、央行票据、政策性金融债以及高等级信用债等,这些抵押品是由中央政府、央行、政策性金融机构等信誉极高的主体为筹集资金而发行,具有信用等级高、流动性强、担保价值高等优势,是合格抵押品的最佳选择。作为上述优质抵押品的主要投资者,大型国有商业银行对借款人的要求较为严苛,因此,最初的合格抵押品设置主要满足了大型企业及其他信用等级较高主体的融资需求,并不能有效改善中小微企业的融资困境。

表4-4为2014—2020年国债、央行票据、政策性金融债以及高等级信用债的托管余额,多呈稳定增长态势,为大型国有银行提供了优质稳定的抵押品储备,基本满足了大型金融机构从央行获得再贷款的需求。

表4-4 2014—2020年国债、央行票据、政策性金融债、高等级信用债的托管余额

(单位:万亿元)

年份	国债	央行票据	政策性金融债	高等级信用债	合计
2014	9.59	0.42	9.71	1.93	21.64
2015	10.66	0.42	10.76	3.29	25.13
2016	11.97	0	12.20	5.19	29.36
2017	13.43	0	13.35	7.98	34.76
2018	14.88	0	14.38	12.14	41.40
2019	16.65	0.02	15.71	24.63	57.01
2020	20.69	0.02	18.33	32.53	71.57

资料来源:中国人民银行、Wind。

2. 第一次调整:2015年新增合格抵押品种类

随着向市场投放流动性的增加,央行面临的合格抵押品结构性不足问题逐步显现。虽然我国高等级债券总体充裕,但持有者多为大型国有商业银行,而中小型商业银行的合格抵押品数量不足,限制了其服务中小微企业的能力。因此,拓宽合格抵押品种类,把合格的信贷资产纳入合格抵押品范围是解决抵押品结构性问题的必要手段。

2015年央行推出的《中国人民银行再贷款与常备借贷便利抵押品管理指引》指出,要将符合规定的证券类资产及信贷类资产纳入合格抵押品范围,有效地扩大了合格抵押品的数量。新增证

券资产抵押品主要有中央政府代发的地方政府债、同业存单、主体信用评级和债券信用评级均为 AAA 级的企业债券和中期票据、主体信用评级为 AAA 级和债项评级为 A-1 级的短期融资券和超短期融资券等;新增信贷资产抵押品主要有金融机构对非金融企业和自然人的正常类贷款,不包括金融机构向管理人员、大股东等内部人以及关联机构发放的贷款。

3. 第二次调整:2018 年新增合格抵押品种类

为了进一步引导金融机构加大对中小微企业的金融支持力度、平等对待各发债主体以及更有效地缓解部分金融机构高等级债券缺乏等问题,中国人民银行于 2018 年进一步扩大合格抵押品范围。与 2015 年合格抵押品种类增加不同的是,此次主要是在债券评级上放宽了标准,将 AA 级金融债和 AA 级企业信用类债券首次纳入合格抵押品范围。

此次抵押品范围扩大首次放开信用等级 AAA 级限制,将 AA+、AA 级公司信用类债券纳入进来。更为重要的是,通过将不低于 AA 级的小微企业、绿色和"三农"金融债券,以及未经央行评级的正常类普惠小微贷款、民营企业贷款和绿色贷款纳入央行合格抵押品范围,起到引导金融机构资金流向和优化信贷结构的作用。如表 4-5 所示,抵押品评级要求放松后各类抵押品规模均有所增加,进一步提高了中小金融机构持有的抵押品数量,缩短了货币政策的传导时间,使资金更快速地通过中小金融机构流向中小微企业。

表4-5 2018—2020年小微企业、绿色和"三农"金融债券,公司信用类债券的托管余额

(单位:万亿元)

年份	不低于AA级的金融债（用于小微、绿色和三农）			AA+、AA级公司信用类债券				小微企业贷款	合计
	小微金融债	绿色金融债	"三农"专项金融债	企业债	公司债	中期票据	短期融资券		
2018	0.61	0.58	0.23	1.51	0.99	1.71	0.19	33.49	39.31
2019	0.68	0.75	0.19	1.32	0.86	1.83	0.16	36.90	42.69
2020	0.90	0.83	0.09	1.16	0.83	1.94	0.19	42.7	48.64

资料来源:中国人民银行、Wind。

4. 第三次调整:2019年新增加合格抵押品种类

为提高银行永续债的流动性,支持银行发行永续债补充资本,2019年1月央行决定创设央行票据互换工具,公开市场业务一级交易商可以使用持有的合格银行发行的永续债从中国人民银行换入央行票据。同时,将主体评级不低于AA级的银行的永续债纳入中国人民银行中期借贷便利(MLF)、定向中期借贷便利(TMLF)、常备借贷便利(SLF)和再贷款的合格抵押品范围。央行票据互换工具实际上是为永续债增信,商业银行购买的永续债可以置换成央行票据。换句话说,其实是央行以自己的信用支持银行补充资本金。央行通过创设央行票据互换工具并把永续债纳入抵押品范围,一方面,实现了央行和永续债发行主体的信用捆绑;另一方面,通过央行票据互换工具操作以永续债置换央票,实现加杠杆目的,两方面都提升了永续债的投资价值,有利于金融机构运用永续债从央行获得更多可贷资金,进而促进资金注入中小微企业。

(二)历次抵押品标准调整对小微企业贷款的影响

第一次扩大合格抵押品范围,把城市商业银行和农村商业银

行持有的部分抵押品纳入合格抵押品范围,提高了城商行和农商行等中小金融机构从央行获得再贷款的能力,进而使资金通过中小金融机构有效流向中小微企业。如表4-6所示,在抵押品范围扩大后,城商行和农商行的小微企业贷款余额迅速增加,与2015年相比分别增加68%和77%。尽管小微企业贷款总额数据持续更新,但由于各类商业银行小微企业贷款数据只统计到2018年12月,因此只能将2018年与2015年的数据进行比较。

表4-6　2015—2018年第一次调整抵押品范围后不同类型商业银行小微企业贷款余额　　　　　　　　　　　　　　（单位:万亿元）

年份	国有商业银行	股份制商业银行	城市商业银行	农村商业银行	外资银行
2015	6.02	3.82	3.72	3.92	0.18
2016	6.65	3.92	4.51	4.99	0.19
2017	7.42	4.29	5.39	5.99	0.22
2018	7.10	4.57	6.26	6.96	0.26

资料来源:中国人民银行、Wind。

由于2019年央行对小微企业贷款余额[①]的披露转向对普惠型小微企业贷款余额[②]的披露,因此第二次和第三次扩大合格抵押品范围对小微企业贷款的影响同时体现在小微和普惠型小微企业贷款余额上。如表4-7所示,第二次降低抵押品的信用评级标准和第三次把永续债纳入合格抵押品范围,都进一步拓宽了央行合格抵押品,小微和普惠型小微企业的贷款余额均出现明显上涨,且自2017年以来普惠型小微企业贷款在小微企业贷

---

① 小微企业贷款余额=小型企业贷款余额+微型企业贷款余额+个体工商户贷款余额+小微企业主贷款余额。

② 普惠型小微企业贷款余额:单户授信总额1000万元以下(含)小微企业贷款。

款中的比重逐年上升。

表4-7 2016—2020年第二次、第三次调整抵押品范围后不同类型商业银行
普惠型小微企业贷款余额 （单位：万亿元）

年份	2016	2017	2018	2019	2020
小微企业贷款余额	26.70	30.74	33.49	36.90	42.70
普惠型小微企业贷款余额	6.17	6.77	9.36	11.67	15.27
普惠型小微企业贷款余额／小微企业贷款余额	23.11%	22.02%	27.95%	31.63%	35.76%

资料来源：中国人民银行、Wind。

抵押品标准经几次变动后，我国金融机构对小微企业贷款余额实现显著上涨，如表4-7所示，我国小微企业贷款余额从2016年的26.70万亿元增长至2020年的42.70万亿元。截至2021年11月末，全国小微企业贷款余额已达49.45万亿元。合格抵押品范围的逐步扩大有效地提升了小微企业的融资金额，小微企业融资难、融资贵等问题得到了一定程度的缓解。

四、合格抵押品体系存在的问题

央行合格抵押品体系的建设不仅有利于调节市场流动性，提升货币政策工具传导的灵活性，同时也提高了央行合格抵押品的安全性，可以有效防范金融风险。从世界各主要央行来看，合格抵押品体系的构建有着良好的市场效果，帮助大部分国家从金融危机的阴影中走出来。然而，与发达国家合格抵押品体系的建设相比，我国合格抵押品体系的建设还处于成长期，在法律、外部评级、内部评级等方面仍然存在诸多薄弱环节。因此，借鉴其他国家经验来推动抵押品体系的完善是十分必要的。本节从以下几方面来阐述我国合格抵押品体系目前存在的问题及完善合格抵押品体系的建议。

（一）抵押品相关法律不健全

当前有关央行合格抵押品问题的讨论大多局限于技术操作层面，法律层面考虑得较少。我国涉及抵押品的法律主要有《物权法》《担保法》和《证券法》，但是并没有专门针对央行抵押品的相关法律，现有抵押品相关法律在实施中也存在一定问题。本书从以下三个方面分析当前我国合格抵押品框架存在的问题：

1. 合格抵押品的法律界定问题

由于合格抵押品是基于央行与其交易对手的债权债务关系，为了保障债权人央行的权利而设置的，因此合格抵押品属于担保物权。《民法典》明确规定，担保物权人依法享有担保财产优先受偿的权利，即若央行交易对手不能按时偿付再贷款本息，央行可以通过处置合格抵押品优先受偿，在一定程度上保障了央行再贷款的安全性。不过，也有人持不同意见：由于央行合格抵押品中有一大类是可交易的证券，若按照《证券法》中"用于结算履约的财产不得被强制执行"的规定，则央行优先受偿权难以得到保障。因此，是将合格抵押品界定为担保物权还是结算履约财产，会直接影响央行的优先受偿权。

2. 抵押权的实现问题

抵押权的实现是指当交易对手不按约定进行债务清偿或者抵押品价值受损失时，抵押权人可以处置抵押品来弥补损失，即央行可以处置合格抵押品优先受偿。《民法典》第四百三十三条[①]虽然

---

① 《民法典》第四百三十三条规定，因不能归责于质权人的事由可能使质押财产毁损或者价值明显减少，足以危害质权人权利的，质权人有权要求出质人提供相应的担保；出质人不提供的，质权人可以拍卖、变卖质押财产，并与出质人通过协议将拍卖、变卖所得的价款提前清偿债务或者提存。

表明在交易对手违约情况下可以处置抵押品来弥补损失,但质权人要与出质人通过协议将拍卖、变卖所得的价款提前清偿债务或者提存,若达不成协议甚至要经过一系列法律程序,这使抵押品的处置时间过长,进而可能引发系统性风险和流动性风险。由于法律上的不一致,有可能导致央行处置抵押品时的损失,对于央行来说,享有合格抵押品的快速处置权利十分必要,缩短处置时间可以降低央行面临的风险问题。

3. 缺乏让与担保的法律规定[①]

我国合格抵押品在运用上使用了让与担保的方法,但是根据《民法典》的规定,我国现行的担保方式有保证、抵押、质押、留置和定金五种,并未给让与担保提供存在的法律空间,《物权法》《担保法》等法律也并未规定让与担保制度。因此,缺乏让与担保的法律规定增加了央行的交易对手风险。

(二)抵押品数量与种类不足

首先,从地方法人金融机构来看,其所持有的非金融企业的信贷资产才可作为合格抵押品,然而地方法人金融机构尤其是村镇银行,业务范围较小、资金较为短缺、企业贷款规模不大,导致地方法人金融机构的资产中符合合格抵押品要求的数量不足,再贷款规模受到影响。其次,与世界各主要经济体的央行相比,我国并未把以外币计价的资产纳入合格抵押品范围,限制了合格抵押品的数量以及持有这些以外币计价金融资产的金融机构再贷款数额,

---

① 让与担保制度是指债务人或第三人为担保债务人的债务,将一定担保物的权利先行移转给担保权人,当债务人不履行债务时,担保权人可就该担保物的价值直接受偿,如债务人按时清偿债务,则该担保物的权利应当返还给债务人或第三人的制度。

阻碍了金融机构再贷款的规模。

（三）抵押品管理有待完善

1. 折扣率过于保守

无论是国内还是国外，质量高、流动性强、剩余时间短的合格抵押品通常有较高的折扣率。综合分析美国抵押品体系发现，美联储设定的折扣率普遍较高，均处于90%以上，0—5年的折扣率更在97%以上。相较于美联储，我国合格抵押品的折扣率较低（见表4-1），记账式国债、政策性金融债、同业存单的折扣率相对较高，在90%以上；优质的企业债券、中期票据、短期融资券的折扣率为70%—90%；不低于AA级的小微企业、绿色、"三农"金融债折扣率在50%—85%；信贷资产则更低，为50%—70%。由此可见，我国抵押品的折扣率比较保守，由此致使金融机构从央行获取资金的能力有限，阻碍了我国抵押品体系的建设。

2. 价值调整机制不灵活

我国抵押品的价值调整机制依托于央行对抵押品价值的监测，由于我国抵押品价值调整机制运行时间较短，央行对抵押品估值缺乏经验，因此估值可能并不十分准确。尤其对于非市场化的信贷资产来说，其分布较广、种类较多、信息透明度较低、企业财务报表不完善，因此对信贷资产市场价值的实时监测就更加困难。价值调整机制的不灵活，增大了央行的风险，阻碍了合格抵押品市场的发展。

（四）内部评级存在缺陷

1. 难以保障评级所需信息的真实性

信息真实是央行对小微企业内部评级的最基本要求，也是最大制约因素。一方面,小微企业规模较小,规章制度不健全,且普遍存在内部管理不到位、财务报表信息不准确等问题,致使小微企业财务数据的真实性难以保障。例如2018年上半年,湖北省内村镇银行总共上报了1856家需要进行央行内部评级的企业,有1003家企业因财务报表问题被退回。[①] 另一方面,央行通过金融机构而非直接通过小微企业采集信息,金融机构在上报信息时,可能由于主观上不熟悉业务、不够重视等原因而会出现错报、漏报等情况,从而造成企业信息真实性下降。无论是哪方面的原因均会影响小微企业信息的真实性,进而影响评级结果。

2. 评级方法不适合小微企业

央行内部评级按照定量和定性的方法对企业进行评级,其中定量和定性的权重比例为7∶3。由于小微企业存在天然的缺陷性,其在与定量指标相关的财务报表披露方面和与定性指标相关的市场定位、技术水平、品牌知名度、发展前景等方面均处于弱势地位,不能与大企业抗衡,因而,现有的内部评级方法并不利于小微企业的评级,资金不能有效地流向小微企业。

3. 评级不能完全适应再贷款需求

金融机构申请再贷款时,央行通常从合格抵押品池中选择与再贷款的金额和期限相匹配的质押品。央行内部评级的有效期通常为一年,内部评级通过后,央行往往会在抵押品登记上耗费一定时间,进而才会将资金贷给金融机构。若金融机构再贷款的期限为一年期,显然超过了内部评级有效性的时长(内部评级有效期限<质押登记时间+再贷款期限),会出现存续期间无合格抵押品

---

① 邓晓:《信贷资产质押和央行内部评级问题研究——基于湖北省试点经验》,《金融发展评论》2018年第6期。

的情况。此外,央行的内部评级是按批次进行的,重新评级不仅会耗费大量的人力、物力成本,而且评级周期也较长。

五、完善合格抵押品体系,缓解中小微企业融资困境的建议

(一)健全央行合格抵押品的相关法律制度

首先,区分《民法典》中的担保物权与《证券法》中的结算履约财产。担保物权是为确保债权的实现而设定的,债权债务关系是担保物权存在的基础。而结算履约财产是为保障交易双方履约而设立的,交易双方是平等的关系。因此,合格抵押品应被视为担保物权,这样就能避免人们对《民法典》和《证券法》相关条款理解上的偏误。其次,可考虑对合格抵押品的担保物权作出专门规定,以区别于其他种类担保物权。最后,应增加让与担保的法律界定,提升合格抵押品的创新空间,提高央行再贷款效率,引导资金流向中小微企业。

(二)基于审慎原则拓宽合格抵押品的种类与数量

首先,扩大合格抵押品范围应遵循审慎原则,以确保央行货币政策有效性、央行资产安全性和金融市场流动性,根据安全性高低、流动性强弱决定是否将资产纳入合格抵押品范围,审慎确定合格抵押品的抵押率。例如,超短期融资券因具有信用等级高、流动性强、存量丰富等特点而优势较为突出,因而央行可以优先考虑超短期融资券作为合格抵押品,并给予较高的抵押率。其次,央行可以运用透明化的抵押品机制,不仅定期在官网上公布抵押品种类、抵押品估值的变化、抵押品制度等,还应根据二级市场上的流通情

况,详细说明可接受证券资产的种类、折扣率等,提升央行抵押品管理的透明度。因此,央行应综合考虑各方面因素,在审慎原则下扩大合格抵押品的种类与数量。

(三)完善抵押品管理制度

1. 适度提高抵押率

在风险可控的前提下,央行可以适当提高合格抵押品的抵押率,以此向市场释放更大的流动性,满足商业银行尤其是地方法人金融机构等的再贷款需求,尽可能使更多资金流入小微企业,缓解小微企业融资难、融资贵等难题,促进小微企业的发展。

2. 完善抵押品价值调整机制

央行应尽力完善合格抵押品的价值调整机制,尽可能把握合格抵押品的损益情况,提高抵押品价值的评估频率,降低央行面临的减值风险。只有提高了价值调整机制的灵活性,才能实现对合格抵押品准确及时的估值,交易对手通过抵押获得的再贷款数额才能达到最合理的水平,才能更好地调控资金流向,助力中小微企业发展。

3. 构建"双评级"模式

我国的外部评级机制发展时间比较短,评级方法的选择、评级资产质量的判定、外部评级的流程等方面不健全。因此,我国可以借鉴美联储和欧央行等国家的外部评级方法,引入两家或两家以上的评级机构对债券发行人主体及其债项进行独立的评级,互不干扰,并各自公布评级结果,并选择评级结果较低的一方作为最终评级结果的"双评级"制度。这样的评级制度可以有效促进评级市场的发展,使评级结果更加客观公正,促进我国合格抵押品市场的健康发展。

（四）健全内部评级体系

1. 力争获取完整准确的中小微企业信息

首先，力争获取完整准确的中小微企业信息。通过整合征信、外汇管理、支付结算、反洗钱等部门的数据，实现央行系统内中小微企业的信息共享，补充完整中小微企业信息。其次，央行可以充分利用企业信用数据库，与中小微企业财务报表进行对比，判断其财务报表的真实性。最后，央行可以与税务、司法等部门建立协调沟通机制，及时了解小微企业的负面信息以防范风险。只有获取完整准确的中小微企业信息后，央行才有可能启动对中小微企业的内部评级，地方法人金融机构获得再贷款后才能将更多信贷资源用于中小微企业，缓解中小微企业融资困境。

2. 优化内部评级指标体系

首先，降低定量指标权重，在审慎原则下注重定性指标的运用。根据国外经验，可适当增大一些定性指标的权重，如对企业成长的评价、对企业法人的评价等，制定出一个更加适合中小微企业的内部评级指标体系。其次，我国存在经济发展不平衡等问题，使用同一指标体系对不同地区小微企业评级，可能导致经济落后地区小微企业贷款被排斥到合格抵押品外。因此，央行在建立整体评级框架的同时，应允许地方分支机构制定因地制宜的评级指标，确保对不同地区的中小微企业进行合理的评级。

3. 让评级更加适应再贷款需求

针对央行内部评级有效期短于再贷款期限的问题，我国可以参考欧央行的做法。欧央行通过企业的季度财务报表、企业公布的公告以及相关新闻报道等多种信息渠道收集企业的信息,结合自有信息对企业进行资信评级,并按季度更新央行的内部评级结果。我国央行应借鉴国际经验,提高内部评级的频率,按季度或半年度的频率及时更新内部评级的结果,这样可以避免出现合格抵押品评级结果到期而再贷款未到期的情形。

第五章　授信尽职免责制度的
运作机理和效果评估

　　尽管中央银行试图通过定向降准、支小再贷款、新设货币政策工具、扩大合格抵押品等多种货币政策工具促使银行信贷资金更多地流向中小微企业，但中小微企业信贷业务的成本高、收益小、风险高的特点，使信贷人员缺乏服务中小微企业的积极性，因此需要银行出台并实施内部激励政策，调动信贷人员的积极性，才能真正将中小微融资扶持政策落到实处。银行内部激励措施有很多，例如推行内部资金转移价格优惠措施、细化小微企业贷款不良容忍度管理、完善授信尽职免责制度等。本章聚焦于授信尽职免责制度，首先介绍该制度出台的背景。其次引用银监会的定义，以及山东郓城农村商业银行和济宁农村商业银行对尽职免责的具体规定，对尽职免责进行详细界定。再次介绍了尽职免责的实施现状。最后指出存在的问题并提出政策建议。

第一节　授信尽职免责制度的实践及运作机理

一、授信尽职免责的制度背景

20 世纪 90 年代末以来,为了降低不良贷款率、提高信贷资产的质量,同时防范信贷从业人员谋取私利和责任心不强等道德风险,我国各家商业银行普遍创建了严苛的业务绩效考核的标准和不同程度的贷款法律责任追究制度,并且逐渐被推广成为不良贷款"终身责任制"。[①] 诚然,贷款责任终身追究制对于商业银行规范经营起到了积极的作用,然而这种信贷运作的硬性约束不仅缺乏法律法规的依据,而且在一定程度上打击了信贷人员的业务积极性,导致其"惜贷、惧贷"。[②] 又由于国有企业债务通常能够刚性兑付,而民营企业极具金融风险,合乎理性人假设的信贷经理自然倾向于将贷款投放给国有企业,进一步导致小微企业的融资困难。

进入 21 世纪以后,中小微企业在社会发展中的重要作用日益凸显,业界、学术界及监管层对"尽职免责"的呼声骤起。原银监会在广泛征求意见、充分借鉴国外银行监管有效做法的基础上,研究制定并于 2004 年发布了《商业银行授信工作尽职指引》,这是金融监管部门第一次对银行业信贷提出详尽的尽职要求和评价标准。次年 11 月,时任人民银行副行长的吴晓灵公开对当时商业银行普遍实行的贷款终身责任制提出了批评,并强调"如果某个信贷员工的程序合规、工作尽职,那应该免去他的个人责任"。2006

[①]　吕和平:《应提倡"贷款终身责任制"》,《现代金融》1999 年第 8 期。

[②]　刘国亮:《贷款终身责任制的不公平性与负效应》,《河北金融》2005 年第 1 期。

年银监会发布《商业银行小企业授信工作尽职指引》对中小微企业授信尽职免责进一步细化,并明确要求商业银行应该建立小企业授信尽职评价制度。此后,中央及各部委陆续出台了一系列关于小微授信尽职免责的方针政策。这在一定程度上卸下银行基层人员的思想包袱,有助于缓解小微企业融资难题。2018年以来,随着中美两国贸易摩擦的步步升级、全球经济发展的不确定因素增多,以及贸易保护主义的重新抬头,我国经济的下行压力进一步加大。尤其2020年以来,肆虐全球的新冠肺炎疫情使本就举步维艰的国内民营企业雪上加霜,"经营难、融资难"问题更加凸显。针对严峻的难以预料的国际、国内金融经济发展前景,党中央、国务院相继打出了减税降负、金融倾斜和货币量化宽松等组合拳。而要从根本上解决金融机构普遍存在的"重大、轻小、重国、轻民"的思维惯性,还应从政策、法规层面建立健全容错机制,把悬在信贷基层员工头上的"终身追究"这把"达摩克利斯之剑"收回匣中。让小微信贷尽职免责政策真正落到实处,并做到有法可依、有据可循,唯有如此,才能彻底打通小微企业融资的"最后一公里"。

二、我国小微企业授信尽职免责制度的界定

小微企业授信尽职免责制度的设计和确定,是我国经济发展的需要,也是对商业银行过往信贷政策的矫正,落实好这一惠企政策的前提是对"尽职"与"失职"进行准确的界定。

2016年年底出台的《中国银监会关于进一步加强商业银行小微企业授信尽职免责工作的通知》中对"小微企业授信尽职免责"做了以下定义:商业银行在小微企业授信业务出现风险后,经过有关工作流程,有充分证据表明授信部门及工作人员按照有关法律

法规、规章和规范性文件以及银行内部管理制度勤勉尽职地履行了职责的,应免除其全部或部分责任。同时明确了小微授信各环节的免责要求。但该文件只对小微授信尽职免责制度作出了方向上、概念上的表述,具体实践中可操作的细则还需各商业银行细化和酌情制定。

以山东郓城农村商业银行和济宁农村商业银行为例:山东郓城农商行是在郓城县农村信用合作联社基础上,以发起方式设立的股份有限公司;济宁农村商业银行是在原山东圣泰农村合作银行、济宁市任城区农村信用合作联社两家机构的基础上,经中国银行业监督管理委员会批准设立的具有独立企业法人资格的股份制地方性银行机构。目前,山东郓城农商行和济宁农商行依据山东省银监会通知精神,主要从对小微企业(单户余额 1000 万元及以下)授信业务所涉及的调查环节、审查审议审批、合同签订、贷款发放、押品管理、贷后管理、不良清收等环节确立了较为完备的小微信贷尽职免责实施方案(见表 5-1 和表 5-2)。该方案的执行为从事信贷工作的基层人员减轻了思想负担和工作压力。

表 5-1　郓城农商行尽职免责规定及具体细则

环节	规定	具体细则
调查环节	对借款人、担保人或其他还款义务人进行真实性调查	1. 借款人、担保人和其他还款义务人的信息资料真实、完整、有效 2. 根据调查核查情况,合理预测贷款风险程度 3. 评定客户信用等级,评估押品价值 4. 对贷款情况和担保条件等提出调查结论和风险防范措施

续表

环节	规定	具体细则
审查审议审批	依据相关规定,对调查人员提交的信贷资料进行审查、集体评议和审批	1. 对贷款调查人员提供的贷款情况和担保条件的合理性进行审查确认 2. 贷款审议人员及程序符合相关规定 3. 审批同意办理的贷款业务,应符合国家方针政策、金融法律法规和信贷规章制度 4. 对关系人申请的贷款业务,应申请回避 5. 应严格遵循客观、公正的原则,不受外部因素干扰信贷决策
合同签订	按合法、严谨的要求,对贷款业务合同进行规范化和标准化的签订活动	1. 在合同填写完整后,在正式签订前,对合同文本进行形式审查 2. 严格执行客户面签制度 3. 按要求落实限制性条款
贷款发放	遵循先落实条件、后发放贷款原则,对借款人贷款用途、支付方式等进行审核	1. 落实各项风险控制措施 2. 落实借款合同、担保合同约定的放款条件 3. 贷款资金坚持"谁的钱进谁的账" 4. 按照合同约定的支付方式支付贷款资金
押品管理	对押品进行接收、登记、保管、返还、处置等全流程管理	1. 落实抵质押专人登记 2. 按规定对押品权利证书进行集中保管 3. 对押品进行定期检查。押品市场价格、权属关系等发生重大变化的,及时进行风险预警并采取有效应对措施
贷后管理	按规定对借款人的借款用途和经营动态进行跟踪监测,发现影响贷款资金安全情形时,应及时报告并采取措施	1. 严格执行贷后检查制度,对贷款资金用途实施跟踪监督检查 2. 采用现场实地检查,按照规定的频率和内容对借款人的合同履行情况、生产经营情况等进行监督检查 3. 定期不定期核实保证人的财务和经营情况等,确认保证能力 4. 定期不定期核实抵质押物是否真实完整 5. 根据检查分析结果,按照贷款风险分类管理制度,提出贷款风险分类意见并及时进行风险预警提示 6. 及时催收逾期贷款本息
其他	无法通过上述信贷环节规避风险	1. 因自然灾害等不可抗力因素直接导致的不良资产形成 2. 贷款本金已结清,即使有少量欠息,相关工作人员无舞弊欺诈、违规违纪行为,并采取追索措施的 3. 对于贷款交接的,移交前已暴露风险的,接收人在风险化解及后续管理中无违规失职行为;移交前未暴露风险的,接收人及时发现风险并采取措施减少了损失的

资料来源:笔者调研结果。

表 5-2 济宁农商行不得免责的情形

环节	不得免责的情形
调查环节	1. 未对借款人、担保人的身份进行核实,导致出现冒名贷款、虚假贷款 2. 故意伪造、编造、虚构调查资料和调查报告 3. 对押品价值明显高估;故意隐瞒借款人重要不良信息 4. 信贷系统录入存在重大纰漏
审查审议审批	1. 审查、审议或审批通过违反国家方针政策、金融法律法规和内部规章制度的贷款 2. 授意、诱导或阻挠他人独立表决,致使委员意思表达不真实 3. 未回避关系人申请的贷款 4. 逆程序、超权限审批贷款
贷款发放	1. 风险防控措施未落实前发放贷款 2. 没有按照合同约定的支付方式支付贷款资金,导致贷款资金被挪用 3. 贷款资金没有坚持"谁的钱进谁的账"或没有按指定账户支付,导致资金被挪用 4. 抵质押登记虚假或存在重大法律缺陷
押品管理	1. 未落实抵质押专人登记或未按规定办理担保手续 2. 未按规定对押品权利证书进行集中保管 3. 未对押品进行定期检查,导致押品市场价格、实物形态等发生重大变化,没有及时进行风险预警并采取有效应对措施
贷后管理	1. 未按照规定的贷后检查频率进行贷后检查 2. 贷后检查走过场,对明显的风险信号不甄别、不预警,延误最佳处置时机 3. 对已经出现风险的贷款,不及时采取有效措施进行处置和化解,导致风险和损失的扩大 4. 押品被抽逃、转移、毁损、重要资产被查封,没有及时发现、及时采取有效应对措施 5. 未按照合同约定督促借款人履行分期付款义务 6. 未及时进行催收或依法起诉,导致贷款失去诉讼时效 7. 未按要求保管贷款档案,导致重要档案资料被人为篡改、损毁。丢失
不良清收	1. 未履行债权保全职责,导致债权时效丧失 2. 押品被抽逃、转移、毁损、重要资产被查封,没有及时发现、及时采取有效应对措施 3. 重要信贷资料遗失,导致主张债权难度加大,甚至落空 4. 抵债资产处置不及时,导致损失进一步扩大 5. 协助或变相协助借款人、担保人逃避债务

续表

环节	不得免责的情形
其他	1. 有证据证明,管理人员指使、教唆或命令经办人员故意隐瞒事实或违规办理业务,无论该管理人员是否参与授信流程不得免责 2. 有证据证明,管理人员或经办人员弄虚作假,与借款人内外勾结,编制虚假材料或故意隐瞒真实情况骗取授信 3. 经办人员存在重大失误,未及时发现借款人经营、管理、财务、资金流向等各种影响还款能力,且对贷款风险形成具有决定的因素 4. 向借款人索取或接受经济利益

资料来源:笔者调研结果。

通过对比分析我们可以发现,济宁农商行和郓城农商行都对以下三类情形予以免责:第一类,不良贷款率控制在容忍度以内的(郓城农商行要求不良容忍度低于2%,济宁农商行要求各支行的不良容忍度原则上不高于1.5%);第二类,由于自然灾害等不可抗力因素导致的不良贷款;第三类,由于政策调整造成的不良贷款。但郓城农商行和济宁农商行对小微授信尽职免责制度的规定也存在不同:一笔不良贷款发生时,郓城农商行要求相关责任人出示证据证明其按照标准化流程进行合规操作后,方可"免责";而济宁农商行规定只要无确切证据证明相关责任人未按照标准化流程开展业务,就可"免责"。

三、我国小微企业授信尽职免责制度的实践

(一)陆续出台与小微企业授信尽职免责有关的政策

2006年,银监会出台《商业银行小企业授信工作尽职指引(试行)》,要求商业银行建立小企业授信工作尽职评价制度以及相应的问责与免责制度。随后,监管部门陆续出台了一系列落实小微企业授信尽职免责制度的政策(见表5-3)。这些政策引导各商业银行制定各自的尽职免责实施细则,界定授信部门员工的责任范

围,建立更加科学规范的操作要求。监管政策和实施细则有利于打消信贷人员的惧贷心理、增强信贷人员的积极性,促使更多信贷资金流向小微企业,为小微企业健康发展保驾护航。

表5-3 2010—2021年有关小微信贷尽职免责制度的政策文件

发布日期	文号	文件名称	相关内容
2010年6月	银发〔2010〕193号	《关于进一步做好中小企业金融服务工作的若干意见》	"制定小企业信贷人员尽职免责机制,切实做到尽职者免责,失职者问责"
2013年8月	银监发〔2013〕37号	《关于进一步做好小微企业金融服务工作的指导意见》	"银行业金融机构应根据自身风险状况和内控水平,适度提高对小微企业不良贷款的容忍度,并制定相应的小微企业金融服务从业人员尽职免责办法" "银行业金融机构小微企业贷款不良率高出全辖各项贷款不良率2个百分点以内的,该项指标不作为当年监管评级的扣分因素"
2015年3月	银监发〔2015〕8号	《关于2015年小微企业金融服务工作的指导意见》	"商业银行应于第二季度末前制定小微企业业务尽职免责办法,并报送监管部门备案。尽职免责办法应对尽职免责的适用对象、审核程序、认定标准、免责事由、免责范围规定具体明确的操作细则"
2016年4月	银监发〔2016〕14号	《关于支持银行业金融机构加大创新力度开展科创企业投贷联动试点的指导意见》	"应当制定差异化的风险容忍政策,适当提高科创企业贷款不良容忍度""应当完善信贷尽职免责机制,符合制度和业务流程、因不可抗力等原因导致的信贷损失,相关人员应当免责"
2016年12月	银监发〔2016〕56号	《中国银监会关于进一步加强商业银行小微企业授信尽职免责工作的通知》	"小微企业授信尽职免责工作(以下简称小微尽职免责),是指商业银行在小微企业授信业务出现风险后,经过有关工作流程,有充分证据表明授信部门及工作人员按照有关法律法规、规章和规范性文件以及银行内部管理制度勤勉尽职地履行了职责的,应免除其全部或部分责任,包括内部考核扣减分、行政处罚、经济处罚等责任"

续表

发布日期	文号	文件名称	相关内容
2017 年 4 月	银监发〔2017〕4号	《关于提升银行业服务实体经济质效的指导意见》	"要按照相关监管政策要求,继续细化落实小微企业续贷和授信尽职免责制度"
2018 年 2 月	银监办发〔2018〕29 号	《关于 2018 年推动银行业小微企业金融服务高质量发展的通知》	"落实尽职免责"
2018 年 6 月	银发〔2018〕162号	《关于进一步深化小微企业金融服务的意见》	"要深化落实小微企业授信尽职免责办法"
2019 年 2 月	银保监发〔2019〕8 号	《关于进一步加强金融服务民营企业有关工作的通知》	"商业银行要尽快建立健全民营企业贷款尽职免责和容错纠错机制"
2019 年 4 月	中办发〔2019〕24 号	《关于促进中小企业健康发展的指导意见》	"细化小微企业贷款不良容忍度管理,完善授信尽职免责规定"
2020 年 4 月	银保监办发〔2020〕31 号	《关于做好 2020 年银行业保险业服务"三农"领域重点工作的通知》	"强化监管政策正向激励。对普惠型涉农贷款和精准扶贫贷款不良率高于自身各项贷款不良率年度目标 3 个百分点(含)以内的,可不作为监管评级和银行内部考核评价的扣分因素。各机构要做实涉农贷款和精准扶贫贷款尽职免责制度,营造信贷人员'敢贷、会贷、愿贷'的良好环境"
2020 年 6 月	银保监办发〔2020〕29 号	《关于 2020 年推动小微企业金融服务"增量扩面、提质降本"有关工作的通知》	"进一步落实风险管理和尽职免责相关制度,提高基层'敢贷、愿贷'积极性" "对受疫情影响发生的小微企业不良贷款,有充分证据证明的,可对经办人员和相关管理人员免予追究责任。对小微企业受疫情影响严重导致的贷款损失,适当简化内部认定手续,加大自主核销力度"

续表

发布日期	文号	文件名称	相关内容
2021年4月	银保监办发〔2021〕49号	《关于2021年进一步推动小微企业金融服务高质量发展的通知》	"要将授信尽职免责与不良容忍度有机结合,普惠型小微企业贷款实际不良率在容忍度以内的分支机构,对分支机构负责人、小微业务部门和从业人员,无违反法律法规和监管规范制度行为的,可免予追责"
2021年7月	银发〔2021〕176号	《关于深入开展中小微企业金融服务能力提升工程的通知》	"落实落细尽职免责制度。各银行业金融机构要建立健全尽职免责制度,制定针对性强、具备可操作性的实施细则,保障尽职免责制度有效落地。进一步提高小微信贷从业人员免责比例,适当提高不良贷款容忍度,鼓励建立正面清单和负面清单,明确界定基层员工操作规范,免除小微信贷从业人员的后顾之忧"
2021年9月	银保监办发〔2021〕97号	《关于印发支持国家乡村振兴重点帮扶县工作方案的通知》	"督促银行机构落实好尽职免责要求,不良贷款率在容忍度以内的,在无违法违规行为的前提下,不追究不良贷款经办人员责任"

资料来源:笔者整理。

(二)商业银行已基本建立小微企业授信尽职免责制度

目前,绝大多数商业银行已经建立了小微信贷激励机制,同时不少银行对不良贷款的容忍度实行弹性化管理,且地方法人银行的创新活力明显高于大型国有银行。

郓城农商行采取审计关口前移,对新增贷款以"借款主体真实""家庭资产真实""借款用途真实"为免责条件,全程监督跟踪贷款质量,对符合三个真实条件的贷款全部给予免责,并将认定结果及时反馈给信贷责任人,打消了客户经理对小微企业放贷的顾虑。对于存量不良贷款,该行正确把握业务发展与经营风险、管理能力与主观不作为、主观违规与过失的关系,对存量贷款划段管理,对于符合免责条件的贷款给予免责。同时,郓城农商行将不良容忍度提高到 2%。2019 年年初至同年 12 月中旬,郓城农商行共免责新增不良贷款 67 户,金额达 850 万元。[①]

笔者在调研济宁农商行中发现,该行一方面将各支行的不良贷款容忍度提高到 1.5%,并根据贷款投向、借款主体、产品特点,对不同贷款设置差异化的不良容忍度,如规定住房按揭类贷款原则上不高于 0.5%、汽车按揭类贷款原则上不高于 1%、城镇居民贷款原则上不高于 1%、农户贷款原则上不高于 1.5% 等;另一方面,刘信贷不良率控制在容忍度以内的支行,给予绩效奖励 2 万元。济宁农商行自制定和落实小微企业信贷免责细则以来,累计免责不良贷款 185 户,涉及金额 2890 余万元。大大缓解了一线授信员工的后顾隐忧,小微企业的放贷量有了明显增加。

各地银保监局积极出台政策,助力商业银行加快落实尽职免责制度,主要表现为以下几个方面:(1)在《中国银监会关于进一步加强商业银行小微企业授信尽职免责工作的通知》的基础上,进一步细化落实小微企业不良贷款容忍度和尽职免职政策,建立可操作的民营企业授信尽职免责"正面清单",重点明确分支机构和基层人员的尽职标准和免责条件,减少人为主观干预,为基层信贷员工吃下定心丸。[②] (2)进一步将尽职免责与不良贷款容忍度

---

① 解颉理:《山东郓城农商银行:"尽职免责"促信贷投放速度与质量"共赢"》,中国金融信息网(xinhua08.com)2019 年 12 月 13 日。

② 《中国银保监会山西监管局 中国人民银行太原中心支行 国家税务总局山西省税务局 山西省发展和改革委员会 山西省财政厅 山西省市场监督管理局 山西省地方金融监管局关于金融支持个体经济发展有关事项的通知》,银保监会网站,http://www.cbirc.gov.cn/branch/shanxi/view/pages/common/ItemDetail.html? docId=1003570&itemId=1361&generaltype5。

有机结合起来,明确小微企业不良贷款率不超过各项贷款不良率3个百分点,在不违反法律法规和监管规则的前提下,免于追究相关人员责任,完善内部问题申诉通道。[①] (3)如无明显证据表明失职的均应认定为尽职,激发基层人员开展小微信贷业务的积极性。[②] (4)将尽职免责主体从银行扩大到担保业。浙江省各级地方金融监管部门落实政府性融资担保业务尽职免责要求,支持省担保集团、各市县政府性融资担保机构与银行机构开展专项合作。(5)在新冠肺炎疫情等非常时期采取特殊政策。若有充分证据证明小微企业受疫情影响不能还款的,将被视为不可抗力,银行对经办人员和相关管理人员应该免予追究责任。对受新冠肺炎疫情影响严重地区的分支机构,适当提高其小微企业不良贷款容忍度。

四、授信尽职免责制度的运作机理

(一)减少信息不对称

在没有出台尽职免责之前,只要贷款出现损失,相关银行员工就会被追责,因此银行员工的理性选择是尽量少做高风险的业务,这样势必加剧中小微企业的资金紧张。在商业银行明确了尽职免责的具体情景和内容后,银行员工明晰了尽职与不尽职的界限,知

---

① 《中国银保监会海南监管局关于进一步加强民营企业金融服务的通知》,银保监会网站, http://www.cbirc.gov.cn/branch/hainan/view/pages/common/ItemDetail.html? docId = 934407&itemId=1592&generaltype=5。

② 《中国银保监会浙江监管局关于金融进一步助力市场主体纾困和经济高质量发展的通知》, http://www.cbirc.gov.cn/branch/zhejiang/view/pages/common/ItemDetail.html? docId = 961411&itemId=1173&generaltype=0。

晓自己的行为与处罚之间的关系,就会在努力遵守各项法律法规的基础上积极开拓业务,对发展前景良好但存在一定风险的中小微企业,认真履行尽职调查责任,加大对中小微企业的信贷投放,助力缓解中小微企业的融资困境。

(二)明确了风险及其承担主体

由于中小微企业大多处于成长阶段,虽然具有盈利潜力,但由于其规模小、缺乏市场信用纪录、可供担保的资产较少,风险较高,因此银行更偏向于向能够提供充足抵押物、风险较低的大企业放贷(林毅夫等,2001、2005)。尽职免责制度的出台,将企业违约风险划分为银行员工不尽职导致的风险以及企业自身的风险,明确在尽职履责条件下无须为企业自身风险承担责任,使银行员工增强了对中小微企业的放贷意愿,愿意主动为中小微企业提供金融服务。

(三)降低信贷人员的损失

很多银行明确规定若无明显证据表明失职的均应认定为尽职,就应该免责。由于银行对信贷各流程都有明确的规定,因此只要银行信贷等各部门员工严格按照流程规范操作,即使借款人违约,也不会追究相关人员的责任。在尽职条件下不追责,等于降低了银行员工所承担的经济成本和声誉损失。在收益不变时,净收益增加,因此会激发基层人员开展中小微信贷的积极性,促使更多信贷资金流入中小微企业。

第二节　授信尽职免责存在的问题和改进建议

一、我国小微信贷实施授信尽职免责存在的问题

（一）免责成本昂贵，银行免责动力不强

受国内外经济发展处于下行环境等因素影响，小微企业生产经营前景的不确定性加剧，小微授信免责制度使银行面临的潜在成本不断上升。尤其对于一些小型银行来说，免责成本更为昂贵：（1）虽然央行持续"开闸放水""定向滴灌"，扩大对小微企业的信贷投放，但奈何粥少僧多，尤其对中小型银行来说政策性资金来源只是杯水车薪——其资金大多来自储蓄存款、理财产品，本身运营成本就高。（2）尽职免责制度的实施需要中小型银行花费大量的人力和时间完成责任分析和认定工作，这让中小型银行承担了更大的压力。同时，金融助力小微仅仅靠政策动员和各项指标的硬性规定，难以激发中小型银行投放小微贷款和实施尽职免责的动力。

以郓城农商行为例，该行 2019 年对新增贷款全面实行尽职免责制度，并对符合"三个真实"的新增贷款全部给予免责认定。这在一定程度上卸下了信贷客户经理的思想包袱，促进基层员工积极地开拓市场：2019 年以来，该行零售类贷款业务快速增长，新增零售类贷款 21.76 亿元，零售类贷款余额达到 82.07 亿元，贷款户数增长 8203 户。[①] 但在信贷支持小微企业初显成效的同时，该行

[①] 解颉理：《山东郓城农商银行："尽职免责"促信贷投放速度与质量"共赢"》，中国金融信息网（xinhua08.com）2019 年 12 月 13 日。

2019 年上半年的不良贷款率高达 8.53%(标准值≤5%),中诚信国际信用评级有限责任公司也将其主体信用等级由 AA-下调为 A+。[①] 这对自负盈亏的农商行来说是一个不小的打击,在一定程度上挫伤了基层银行执行尽职免责的积极性。

(二)有关小微信贷尽职免责的政策条文存在一定冲突

1. 司法层面与银行内部监管层面对于"尽职免责"的标准有冲突

为了保障金融机构稳健运行,维护金融秩序,规范贷款行为,我国制定颁布了一系列金融法律法规,如《中华人民共和国商业银行法》《贷款通则》等,对有关贷款问题作出了规定。与此同时,银行内部也制定了一系列制度规定来规范其工作人员的行为。然而在实务中,司法层和商业银行对"尽职免责"的标准并不统一,常常引发争议(李玉敏,2019)。并且,小微授信尽职免责制度仅仅是监管部门出台的法规文件,其效力远小于法律文件。"尽职免责"免去的仅仅是银行机构内部的责任,而司法具有最终裁定权。

2018 年被凤城市人民法院作出有罪判决的基层信贷人员邹某某一案,引起了业内外人士的关注和思考。邹某某是中国工商银行丹东分行小微信贷中心的一名一线信贷员,他被追究刑事责任的缘由是,一家小企业向小贷公司借入 500 万元用之偿还银行贷款后,由于未能从银行获批新贷款,致使该小企业无法及时偿还小贷公司,小贷公司在追索债权时,邹某某受到牵连。检察院认

① 王小璟:《山东郓城农商行上半年末不良贷款率高达 8.53% 拨备覆盖率仅为 53.93%》,《每日经济新闻》2019 年 7 月 31 日。

为,一方面,邹某某未对发票进行认真审核,致使企业利用虚假增值税发票骗取贷款;另一方面,在对押品进行核查时,邹某某只是对企业的账目进行核对,并没有实地考量抵质押物的价值。因此,检方认定其存在"失职"行为,指控他犯有"违法发放贷款罪"。而工行表示,一是银行专门委托了第三方监管公司对抵质押进行监管,实地核实的责任已经委托给第三方,因此有无发票对该笔贷款发放并无实质影响;二是邹某某对于该笔贷款的调查与审核符合该行相关规定与流程,但由于查询系统存在的问题,使客观上无法发现发票造假;同时,这笔贷款也未给银行造成损失。因此,银行方认为,邹某某不存在违法放贷的行为,不应构成犯罪。尽管2020年二审已经宣布邹某某无罪,但自2014年被取保候审至宣布无罪,其间经过了6年时间,不仅对当事人本人及其家庭造成严重影响,而且进一步打击邹某某所在银行和国内其他银行开展小微信贷业务的积极性。可见,司法判断和行业规则的不同解读也是信贷员工"惧贷"的重要因素。①

2. 财政部与银保监会关于"尽职免责制度"的管理规定有冲突

近年来,银行业一直在加大不良贷款的处置力度。不良资产的处置方法包括催讨清收、诉讼执行、自主核销、贷款重组等传统处置方式和资产证券化、债转股等新兴处置方式。其中,催讨清收方式难度较大;诉讼方式周期长、成本高,因而效率较低;贷款重组方式风险较高;新兴处置方式虽然对不良贷款的清收起到较好的推动作用,但进展较慢,并不为银行等金融机构广泛使用。因此,

---

① 陈雪红:《商业银行尽职免责实施难:表现形式、主要原因及对策建议》,《南方金融》2019年第8期。

核销是当前银行业较为广泛使用的不良贷款处置方式。

但不良贷款的核销有两个最为重要的前提条件：一是银行或其分支机构应做到"应核尽核""账销案存"；二是要进行"问责"。

财政部《金融企业呆账核销管理办法（2013修订版）》中规定，"每核销一笔呆账，应在呆账核销后一年内完成责任认定和对责任人的追究（包括处理）工作……"。而《中国银监会关于进一步加强商业银行小微企业授信尽职免责工作的通知》中规定，"有充分证据表明授信部门及工作人员按照有关法律法规、规章和规范性文件以及银行内部管理制度勤勉尽职地履行了职责的，应免除其全部或部分责任"。二者的规定存在一定的分歧，这无疑会大大降低"尽职免责"在实践中的可操作性。笔者在调查中发现，面对上述政策上的冲突，一些银行会免去尽职者的行政处分和处罚，但仍会对其薪酬进行扣减。

（三）小微信贷尽职免责制度的落实效果不尽如人意

1. 尽职免责在银行机构的公信力较弱

小微授信尽职免责制度的初衷是减轻信贷从业人员授信小微企业的问责压力，提高其服务小微企业的积极性。然而，目前在该制度的实施中，只是各银行分别颁布了相关的行为规范，法律层面有所缺失，信贷人员对其公信力存在后顾之忧。在对济宁农商行信贷部门的走访过程中，许多信贷人员反映，"政策毕竟不是法律，随时可以更改""政策时松时紧，担心秋后算账"。同时，还存在一些银行由于担心员工的"道德风险"，而将标准定得过于严格。银行的基层员工头上的"达摩克利斯之剑"依旧高悬。

2. 银行尽职标准笼统，免责制度流于形式

虽然，在2016年年底出台的《中国银监会关于进一步加强商业银行小微企业授信尽职免责工作的通知》中基本厘清了小微信贷尽职免责的标准和要求。但银行在制定实施细则时，对"尽职"的界定较为模糊，并没有一个清晰的标准，尺度也时松时紧（赵景兰，2018）。同时，由于金融监管机构没有给出足够明确的、细化的尽职免责标准，"尽职"与"失职"的认定仍主要取决于当事银行，但银行多年来的信贷文化已经形成惯性，很容易再次回到以结果为导向的"老路"上。

3. 追责多集中于前台经办人员，后台中高层管理人员问责较少

我国商业银行普遍采用科层制的组织结构，每个层级都有确定的责任和权利。由于中高层管理人员拥有更多的权利和信息，较容易将责任转嫁给基层员工。同时，一些银行的尽职评议委员会由行长、副行长等高管组成，存在"既是运动员又是裁判员"的现象。例如，芜湖市金融机构对不良贷款认定全责和部分责任中，调查和贷后管理环节占比为73.2%，而在审批审议环节仅占4.7%。[①] 该数据表明，不良贷款追责多集中于前台信贷销售人员，而对后台的中高层管理者追责较少（金嘉捷、张琼斯，2018）。在前文所提到的邹某某案件中，邹某某只是前台经办人员之一，并不是发放贷款的决定者，在该案例中，同样也是基层经办人员成为问责主体，被追究刑事责任，而作为决定主体的中高层管理者并没有被问责。

---

① 中国人民银行芜湖市中心支行课题组：《银行业尽职免责制度实施现状及问题研究——以芜湖市为例》，《金融纵横》2016年第12期。

二、完善小微授信尽职免责的建议

(一)进一步完善小微授信尽职免责制度设计

1. 做好监管规则和司法的衔接

在邹某某一案中,之所以造成银行认为合规,司法却判定犯罪的状况,一部分原因在于违法放贷罪对金额的认定标准比较低。2010年出台的《最高人民检察院、公安部关于公安机关管辖的刑事案件立案追诉标准的规定(二)》,其中第四十二条规定违法发放贷款数额在一百万元以上或者造成直接经济损失数额在二十万元以上的应立案追诉。而《中华人民共和国银行业监督管理办法(2007年)》《中华人民共和国商业银行法(2015年修正)》《贷款通则(1996年)》等与尽职免责相关的现有法律法规出台时间较早,许多标准已经落后于高速发展的经济水平。为保证银行监管规定与司法条文的有效衔接、避免政策的冲突,法律法规制定部门应当对不适应小微信贷发展的条文进行修订。只有两者无缝衔接,才能解除信贷人员的后顾之忧,增加银行向小微企业放贷的积极性。

2. 出台更加清晰、可操作性更强的尽职免责模板

一方面应当出台小微信贷尽职免责的相关法律,让尽职免责的实施有法可依,解除基层从业人员头上的"紧箍咒"(闫宁锋,2018)。同时,推动各家商业银行因地制宜细化信贷各环节的尽职标准,可以借鉴美国大型商业银行"全流程标准化信贷管理"经验,构建多流程、多维度的小微信贷标准化管理系统,明确每个流程的岗位职责和责任边界,以及尽职的"合理"和"谨慎"尺度,并根据实际情况及时调整更新(农发行赴美国伊利诺伊大学培训班

课题,2018)。

3. 建立和完善信贷人员尽职免责的权利保障机制

为了防止银行追责力度过大,使免责流于形式,以及避免中高层管理者滥用职权转移责任、难保问责公平公正等问题,应当建立信贷人员尽职免责的权利保障机制(王玉珍,2004)。建议由政府牵头组建一个由法律精英、金融专家以及谙熟信贷套路的银行从业者等组成的第三方小微信贷争议仲裁机构,使信贷人员在对其责任认定和处罚有异议时申诉有门、甄别有据。

(二)加强小微信贷尽职免责的环境建设

1. 提高小微企业自身竞争力

引导小微企业建立现代企业制度、完善企业内部治理结构。规范小微企业经济活动中的财务程序,逐步提高企业财务状况的透明度和可信度。引导企业提高信用意识,完善信息披露制度。

2. 建立小微企业信息共享平台

充分发挥中国人民银行在小微企业信息收集、整理等方面的作用,整合小微企业注册登记、纳税缴费、用水用电、节能环保等各方面的信息资源,建立小微企业信息共享平台,实现信息动态共享机制,为金融机构充分提供小微企业的融资信息,降低信息不对称造成的风险。

(三)发展金融科技,助力尽职免责

小微授信尽职免责制度的实施可以和互联网、大数据、云计算、区块链相结合。例如,利用区块链技术实现的数据不可篡改性以及其数据追溯功能,建立小微信贷尽职免责的系统程序。将与尽职免责相关的企业财务数据、现场调查资料、审批和决策文件等上传至区块链网络,获取相关信息指纹后制作模板,并将计算得到的信息指纹与原始的信息指纹相对比,从而确认尽职结果。区块链、人工智能等金融科技将责任量化的同时,使信贷从业人员能够实时了解到系统对自己尽职情况的评价。

(四)提升履职能力,厚植尽职文化

1. 提升银行员工的业务能力

通过培训、研讨、典型示范、传帮带等多种形式,努力提高银行员工的业务水平,且员工要经过考核后才能上岗。例如,要求信贷部门人员熟悉法律、财务等知识,了解企业所属行业的特点,具备多维度尽职调查的能力。风控部门人员能够利用数据构建模型预警潜在的风险,通过事前防损、监控止损、合规控制来防范信贷风险(王晓,2018)。而信贷审批部门领导则需要有丰富的信贷经验和"见微知著,睹始知终"的判断力。

2. 厚植尽职文化

"尽职"既是一种能力体现,更是一种诚信文化。因此,应当大力培育银行从业人员的职业道德规范,贯彻企业价值准则,开展合规教育,厚植尽职文化,在提高经办人员信贷业务水平的同时,提升其尽职履责的主观能动性。通过厚植尽职文化,让整个授信流程在阳光下运行,让人情贷、关系贷无法遁形。让员工牢牢树立"命运共同体意识",深刻理解"尽职"所蕴含的爱岗敬业精神和"免责"所具备的基本条件,既为小微企业的发展添柴加薪,也为银行业自身的壮大贡献自己的力量。

第六章　银行资本监管政策的运作机理和效果评估

自 2013 年起，为了满足巴塞尔协议的资本监管要求，我国全面提高了银行资本充足率的监管标准。为了避免资本充足率提高可能累及小微企业，特意将小微企业贷款风险权重降至 75%，以引导银行信贷向小微企业倾斜。本章通过实证研究，检验资本充足率和贷款风险权重变化对小微企业融资的影响，以期客观评价政策效果。

第一节　银行资本监管政策演变及其运作机理

一、银行资本监管政策的演变

（一）国际资本监管政策的演变

随着布雷顿森林体系的瓦解，国际金融市场变得更加不稳定，给银行监管带来严峻挑战。1974 年赫斯塔银行和富兰克林国民银行倒闭后,国际清算银行在瑞士巴塞尔主持召开了由十国集团和瑞士、卢森堡等 12 个国家参加的会议,会议讨论研究了国际银行风险监管问题,并于 1975 年 2 月正式成立"巴塞尔银行监管委员会"。自此之后,巴塞尔委员会颁布了一系列银行监管的协议,成为全球银行监管的向导。

1.《巴塞尔协议Ⅰ》:提出资本充足率,统一银行风险监管标准

1988 年,《巴塞尔协议Ⅰ》发布,确立了全球统一的银行风险监管标准,强调了资本充足率的重要意义。其内容主要为:首先,将银行资本划分为核心资本和附属资本;其次,对银行资产的风险划分为五个等级;最后,规定资本充足率至少为 8%,核心一级资本充足率至少为 4%。1996 年,巴塞尔委员会颁布了《资本协议市场风险补充规定》,这次修正主要吸取了英国巴林银行和日本大和银行违规交易的教训,要求对市场风险进行量化并增加相应的资本要求。

2.《巴塞尔协议Ⅱ》:明确三大支柱,强调信息披露

2004 年 6 月,巴塞尔委员会正式公布了《巴塞尔协议Ⅱ》,在最低资本要求的基础上,提出了监管部门监督检查和市场约束的新规定,形成了资本监管的"三大支柱",以满足金融自由化与金融创新背景下对国际银行业稳健经营的要求:(1)第一大支柱是最低资本要求。仍然将资本充足率作为保证银行安全运行的核心指标,仍将银行资本分为核心资本和附属资本两类,但进行了两项重大创新:一是新增对操作风险的资本需求,即在资本充足率的计算公式中全面反映了信用风险、市场风险、操作风险的资本要求;二是引入了计量信用风险的内部评级法。银行既可以采用外部评

级结果确定风险权重,也可以用各种内部风险计量模型计算所需资本。(2)第二大支柱是监督检查。《巴塞尔协议Ⅱ》要求银行有科学可靠的内部评估方法和程序,使其能够准确地评估、判断自身所面临的风险敞口,进而及时准确地评估资本充足情况。为保证最低资本要求的实现,《巴塞尔协议Ⅱ》要求监管当局可以采用现场和非现场检查等方法核查银行的资本充足情况。在银行资本水平较低时,监管当局要及时采取措施予以纠正。(3)第三大支柱是市场约束,旨在通过市场力量来约束银行。其运作机制主要是利益相关者(包括银行股东、存款人、债权人等)关注其利益所在银行的经营和风险状况,并在自身利益受损时采取必要措施来约束银行。由于利益相关者关注银行的主要途径是银行所披露的信息,因此,《巴塞尔协议Ⅱ》特别强调提高银行的信息披露水平,即要求银行及时、全面地提供准确信息,加大信息透明度,以便利益相关者作出判断和采取措施。市场约束是对第一支柱、第二支柱的补充。

3.《巴塞尔协议Ⅲ》:提高资本充足率标准,监管流动性风险

2008年国际金融危机爆发,使《巴塞尔协议Ⅱ》备受挑战,完善银行监管就显得十分迫切。从2009年被提出,到2010年11月《巴塞尔协议Ⅲ》就被通过,体现了监管改革的紧迫性。《巴塞尔协议Ⅲ》主要修改了以下内容:(1)强化资本充足率监管标准。其核心内容在于提高全球银行业的最低资本监管标准,主要的变化有:一级资本充足率下限由4%上调至6%,核心一级资本充足率由2%提高到4.5%。增设总额不得低于银行风险资产的2.5%的"资本防护缓冲资金"和0—0.25%的逆周期资本缓冲区间。(2)引入杠杆率监管标准,作为资本充足率的补充。规定自2011

年年初按照3%的标准(一级资本/总资产)开始监控杠杆率的变化,2013年年初开始进入过渡期,2018年正式纳入第一支柱框架。(3)建立流动性风险量化监管标准。巴塞尔委员会于2010年12月发布了《巴塞尔协议Ⅲ:流动性风险计量标准和监测的国际框架》,提出并要求流动性覆盖率(Liquidity Covered Ratio,LCR)和净稳定资金比例(Net Steady Finance Ratio,NSFR)这两项监管指标不得低于100%。

(二)国内资本监管政策的演变

2007年2月28日,中国银监会发布了《中国银行业实施新资本协议指导意见》,标志着我国正式启动了实施《巴塞尔协议Ⅱ》的工程。按照我国商业银行的发展水平和外部环境,短期内我国银行业尚不具备全面实施《巴塞尔协议Ⅱ》的条件,中国银监会确立了分类实施、分层推进、分步达标的基本原则。2012年6月7日,中国银监会根据《巴塞尔协议Ⅲ》的新要求,在《巴塞尔协议Ⅲ》的基础上推出了"中国版的巴塞尔协议Ⅲ",发布了新的《商业银行资本管理办法(试行)》(以下简称"新办法"),并于2013年1月1日起实施,这成为我国商业银行资本充足率监管的基础性文件,开启了我国银行资本充足率严格监管的新阶段。"新办法"实施后,我国大型银行和中小银行的资本充足率监管要求分别为11.5%和10.5%,符合巴塞尔最低监管标准。

根据国内银行资本充足率水平,并考虑资本监管对信贷供给和经济发展的影响,"新办法"设定了6年的资本充足率达标过渡期。商业银行应于2018年年底前全面达到相关资本监管要求,并鼓励有条件的银行提前达标。过渡期内,未达标的银行将制定并实施分阶段达标规划,银监会将根据银行达标规划的实施进展,采取相应监管措施,而不是硬性要求在"新办法"开始实施时就立即达标。

2013年正式施行的"新办法"中全面规定了商业银行的资本监管要求,下面,从资本充足率要求、资本构成、风险加权资产、优惠风险权重四个方面介绍《商业银行资本管理办法(试行)》。

1. 资本充足率的要求

"新办法"将商业银行资本充足率监管要求分为四个层次:第一层次为最低资本要求,即核心一级资本充足率、一级资本充足率和资本充足率分别为5%、6%和8%;第二层次为储备资本要求和逆周期资本要求,分别为2.5%和0—2.5%;第三层次为系统重要性银行附加资本要求,为1%;第四层次为根据单家银行风险状况提出的第二支柱资本要求。"新办法"实施后,我国大型银行和中小银行的资本充足率监管要求分别为11.5%和10.5%,符合巴塞尔最低监管标准。资本充足率、一级资本充足率、核心一级资本充足率的定义如式(6-1)、式(6-2)和式(6-3)所示。

$$资本充足率 = (总资本 - 对应资本扣减项)/风险加权资产$$

$$(6-1)$$

$$一级资本充足率 = (一级资本 - 对应资本扣减项)/风险加权资产$$

$$(6-2)$$

$$核心一级资本充足率 = (核心一级资本 - 对应资本扣减项)/风险加权资产$$

$$(6-3)$$

2. 资本构成

资本充足率的分子项——总资本,包括核心一级资本、其他一级资本与二级资本。核心一级资本主要包括实收资本或普通股、资本公积与盈余公积、未分配利润、一般风险准备、少数股东资本可计入部分。其他一级资本主要包括其他一级资本工具及其溢价、少数股东资本可计入部分。二级资本主要包括二级资本工具及其溢价、超额贷款损失准备、少数股东资本可计入部分。对应的资本扣除项主要有商誉、其他无形资产(土地使用权除外)、由经营亏损引起的净递延税资产、贷款损失准备缺口、资产证券化销售利得、确定受益类的养老金资产净额、直接或间接持有本银行的股票、对资产负债表中未按公允价值计量的项目进行套期形成的现金流储备、商业银行自身信用风险变化导致其负债公允价值变化带来的未实现损益、银行间通过协议相互持有的各级资本工具等。

3. 风险加权资产

资本充足率的分母项为风险加权资产。根据不同类别资产的风险性质确定不同的风险系数,以风险系数为权重对各类资产进行加权平均即可求得风险加权资产。风险加权资产可分为信用风险加权资产、市场风险加权资产和操作风险加权资产。

(1)信用风险加权资产

根据规定,商业银行采用权重法或内部评级法计量信用风险加权资产。权重法下,根据资产的不同类型,给予不同的风险权重。银行将资产规模与风险权重相乘,便可计算相应的风险资产数值。权重法下信用风险加权资产为银行账户表内资产信用风险加权资产与表外项目信用风险加权资产之和。对于表内资产,应首先从资产账面价值中扣除相应的减值准备,然后乘以风险权重。对于表外项目应将表外项目名义金额乘以信用转换系数得到等值的表内资产,再按表内资产的处理方式计量风险加权资产。

在计算信用风险加权资产时,除了权重法外,还有内部评级法,内部评级法允许银行测算各个风险要素。内部评级法又分为初级法和高级法,其中,初级法仅允许银行测算与每个借款人相关的违约概率,其他数值由监管部门提供。高级法则允许银行测算其他必需的数值。商业银行分别计量未违约和已违约风险暴露的风险加权资产:对于未违约非零售风险暴露的风险加权资产计量基于单笔信用风险暴露的违约概率、违约损失率、违约风险暴露、相关性和有效期限;对于未违约零售类风险暴露的风险加权资产计量基于单个资产池风险暴露的违约概率、违约损失率、违约风险暴露和相关性;对于已违约风险暴露的风险加权资产计量基于违约损失率、预期损失率和违约风险暴露。

(2)市场风险加权资产

市场风险指因利率、汇率、股票价格和商品价格等的不利变动而使商业银行表内和表外业务发生损失的风险。市场风险资本计量应覆盖商业银行交易账户中的利率风险和股票风险,以及全部汇率风险和商品风险。商业银行可以采用标准法或内部模型法计量市场风险资本要求:标准法下,应分别计量利率风险、汇率风险、商品风险和股票风险的资本要求,并单独计量以各类风险为基础的期权风险的资本要求。内部模型法下,其一般市场风险资本要求为一般风险价值与压力风险价值之和。商业银行市场风险加权资产为市场风险资本要求的 12.5 倍,即市场风险加权资产=市场风险资本要求×12.5。

(3)操作风险加权资产

操作风险是指由不完善或有问题的内部程序、员工和信息科技系统,以及外部事件所造成损失的风险,包括法律风险,但不包括策略风险和声誉风险。商业银行可采用基本指标法、标准法或高级计量法计量操作风险资本要求。商业银行操作风险加权资产为操作风险资本要求的 12.5 倍,即操作风险加权资产 = 操作风险资本要求×12.5。

4. 调降优惠风险权重

在 2013 年开始施行的《商业银行资本管理办法(试行)》中,将商业银行对一般企业债权的风险权重设定为 100%。为了引导商业银行发放小微企业贷款,将商业银行对符合条件的小微企业债权的风险权重调降至 75%,这些条件包括:符合国家规定的小微企业认定标准、对单家小微企业的风险暴露不超过 500 万元、单家小微企业的风险暴露占本行信用风险暴露总额的比例不超过 0.5%。

二、我国银行资本充足率和中小微企业融资的现状

图 6-1 为资本充足率与银行业小微企业贷款额增速,其中图 6-1 左侧为银行业小微企业贷款余额增速,右侧为资本充足率水平。为了满足更严格的资本监管要求,我国商业银行的资本充足率大体呈上升趋势。从短期来看,每一次资本充足率的上升阶段都对应着银行小微企业贷款增速的下降阶段,初步判断资本充足率对银行小微企业信贷规模增速的影响为负。

2012 年度银行业小微企业贷款金额为 165576.75 亿元,与 2011 年度相比增长了 5.87%。在 2013 年"新办法"施行的第一个年末,银行业金融机构小微企业贷款余额就跃升至 183819.71 亿元,比 2012 年增加了 18242.96 亿元,增长率高达 11.02%。自 2013 年"新办法"正式施行后,银行业金融机构小微企业贷款余额已经从 2013 年年初的 167815.15 亿元增长到了 2020 年的 42.70

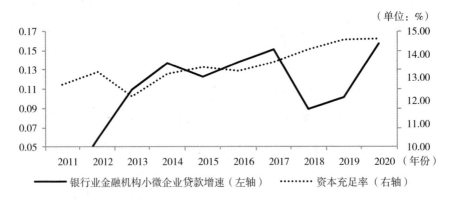

图 6-1　2011—2020 年资本充足率与银行业小微企业贷款增速

资料来源:银监会、Wind。

万亿元。截至 2021 年 11 月末全国小微企业贷款余额已达 49.45 万亿元。2013—2017 年,小微企业贷款增速震荡上行,2017 年达到阶段性高点 15.14%,受中美贸易摩擦等负面冲击,2018 年小微企业贷款增速下降至 8.94%,但随后在国家政策的大力支持下,小微企业贷款增速不断上升,预计 2021 年增速可能会创出历史新高。尽管从短期来看,每一次资本充足率的上升阶段可能对应着银行业小微企业贷款增速的下降阶段,但是总体来看,2013 年以后银行业小微企业贷款增速较为平缓,表明尽管资本充足率提高,银行业小微企业贷款增速没有明显下降,说明提高资本充足率对小微企业贷款增速的不利影响因素受到了抑制,这可能是由于 2013 年正式施行的“新办法”对符合条件的小微企业贷款采取 75% 的优惠风险权重,而一般企业仍旧保持 100% 的贷款风险权重所致。当小微企业信贷风险权重降低时,银行的总风险加权资产就会下降,从而在留存资本保持不变时,资本充足率提高,银行更容易满足最低资本充足率的监管要求。同时,风险权重越低,银行需要为此预留的资本就越少,从而促使银行更偏向小微企业贷款。

由此可见,"新办法"对于小微企业贷款风险权重的调整有望降低商业银行在小微企业信贷方面的资金成本,引导商业银行加强对小微企业的信贷支持,有效服务实体经济。

三、资本监管政策对中小微企业融资影响的研究假说

(一)资本约束假说

资本约束是指通过对各类风险的识别、计量和报告程序,加强资本管理,对银行信贷发展规模和速度、资产质量与结构、风险覆盖能力等形成的内在或外在的约束,从而保证资本增长和资产增长之间的有效平衡。商业银行的信贷资产作为其最重要的资产,同时也伴随着很大的风险,而资本监管的目的是防范风险,这会对商业银行的信贷资产产生影响。帕克(Park,1999)提出的商业银行满足资本监管标准的两种方式备受关注,这两种方式分别是:(1)通过外部资本市场融资来补充资本金,即分子策略;(2)减少风险权重系数较高的资产,即分母策略。但是银行的盈利信息往往不够透明,银行外部的投资者很难知道隐含的真正盈利水平,因此,想要从外部资本市场进行融资对于银行来说具有一定的困难。所以通常情况下,银行为了满足资本监管当局规定的资本监管标准通常会选择分母策略:缩减贷款规模和减持风险权重系数较高的贷款。当同步缩减各类贷款规模时,小微企业贷款规模也会随之减少。此外,由于小微企业贷款风险通常高于大型企业贷款,因此在贷款风险权重相同时,当资本充足率监管要求提高时,银行更倾向于降低小微企业贷款规模来降低风险资产(江曙霞、刘忠璐,2016)。由此提出假设6-1。

假设 6-1：资本充足率监管要求越高，银行越需要降低风险资产规模，进而导致小微企业信贷规模下降。

（二）大小银行异质性假说

提高资本充足率理论上可能会限制银行小微企业的信贷规模，但是否会对不同资产规模的银行小微企业信贷产生不同的影响？事实上，我国一些大银行热衷于发展大中型企业信贷业务，却对小微企业的发展前景持观望态度，忽视了小微企业的贷款需求，这就造成了小微企业融资难。小微企业大多处于成长阶段，虽然具有盈利潜力，但由于规模小、缺乏市场信用纪录、可供担保的资产较少，大银行倾向于向能够提供充足抵押的企业或项目放贷，不愿意为小微企业提供服务（林毅夫等，2001、2005）。而地方性中小银行具有为小微企业融资的意愿与优势：中小银行资本相对薄弱，无力为大企业融资，从而更关注小微企业融资；同时，地方性的中小银行主要为小微企业服务，在长期的合作中，二者之间的信息不对称得到缓解，从而中小银行在为小微企业融资方面具有信息上的优势。

伯格等（Berger 等，2005）通过大量的实证研究发现，小银行比大银行更加倾向于向小微企业放贷，并提出了"小银行优势"假说，并对"小银行优势"假说作出了进一步解释，发现大银行偏好于交易型贷款技术，与之相对应的小银行则在关系型贷款上表现出较强的倾向性。基于小银行与小微企业这样的内在联系，伯林、麦斯特（Berlin 和 Mester，2006），胡国晖、陈秀琴（2019）认为，关系型借贷是基于银企长期互动中银行了解到被放贷企业的资信状况、经营业绩、发展前景和企业主品质等关键性的信息后形成的一种偏好于小微企业的贷款流程,它具有信息较对称、交易成本低、合作关系稳定、办理手续简单等特点,深受中小金融机构和小微企业的欢迎和信赖。杨小凯(1999)认为,大银行与小银行各自拥有相对比较优势,是不同规模和目标函数各异的银行在信贷市场上专业化分工的结果。以上观点分别从不同角度阐述了"小银行优势",迎合和满足了小微企业的融资需求。

当资本充足率要求提高时,通常情况下,银行为了满足资本监管当局规定的资本监管标准通常会缩减贷款规模和减持风险权重系数较高的贷款。大银行为满足资本监管当局规定的资本监管标准,在缩减贷款规模时可以同时缩减大型企业贷款规模和中小微企业贷款规模。小银行为满足资本监管当局规定的资本监管标准,也需要通过降低风险资产数量来满足监管要求。由于小银行主要发放的是中小微企业贷款,因此小银行只能通过大量压缩中小微企业贷款规模来满足资本充足率的监管要求,由此提出假设6-2。

假设6-2:资本充足率监管要求提高后,相比于大银行,小银行缩减小微企业贷款规模的幅度更大。

(三)国有和非国有银行异质性假说

根据马科维茨(Markowitz,1952)给出的风险与收益的最优匹配原则,一个风险规避的理性投资者,其行为选择应是在给定的风险水平下追求更高的收益,或者是在给定的收益水平下承担更低的风险。商业银行在经营过程中,要坚持审慎经营的原则,兼顾流动性、安全性与盈利性,积极应对面临的风险。小微企业大多处于成长阶段,虽然具有盈利潜力,但由于规模小、缺乏市场信用纪录、可供担保的资产较少,且较少受到市场关注,信息更为不透明,因而小微企业贷款会使银行承担更高的风险。而对于大规模企业,由于资本雄厚、在市场上具有一定的信誉、信息相对透明,故而大企业贷款使银行承担的风险较小(白俊、连立帅,2012)。

从产权性质上区分,我国商业银行可以分为国有商业银行与非国有商业银行。非国有商业银行在规模、经营管理等方面与国有银行存在较大差异。对于国有商业银行来讲,资本实力雄厚,国资股东背景使其更容易获得国有大型企业的项目,这些项目发展前景较好且有政府的隐形担保,虽然贷款收益较低但同时风险也较低,加之贷款规模大,因此国有银行能在低风险、低收益下获取高额利润(李学峰、茅勇峰、张舰,2018)。对于非国有银行而言,由于自身规模较小与大企业资金需求量大、吸收存款成本较高和大企业议价能力强之间的矛盾,加之与政府关系较弱,与国有商业银行相比在大企业贷款上处于劣势。因此,非国有商业银行面对规模小和高成本的劣势,更倾向于向小微企业提供贷款。同时,考虑到小微企业信贷风险较高,以及相对于小微企业话语权更大,非国有银行能够对小微企业索要更高的贷款利率,从而通过承担较高的信贷风险而获取更高收益。因此,当资本充足率要求提高时,银行为了满足资本监管标准通常会缩减贷款规模和减持风险权重系数较高的贷款。国有银行可以同时缩减大型企业和中小微企业的贷款规模,而非国有银行只能通过大量压缩中小微企业贷款规模来满足资本充足率的监管要求,由此提出假设6-3。

假设6-3:资本充足率监管要求提高后,相比于国有银行,非国有银行缩减小微企业贷款规模的幅度更大。

（四）上市和非上市银行异质性假说

同样地，商业银行有上市与非上市之分，这种差异是否会对银行小微企业贷款规模产生不同的影响？由于可以向广大不特定投资者募集资金，加之丰富多样的金融工具，因此上市银行融资渠道大幅拓宽，募资能力明显增强。当提高资本充足率监管要求后，为了维系和原来客户的良好关系，提高在市场中的竞争力，上市银行可以通过配股、定向增发、发行永续债等多种形式增加资本，在加权风险资产不变下通过增加资本来满足资本充足率要求，即在分母不变下通过扩大分子来实现提高资本充足率的目标。相比于上市银行，非上市银行的融资渠道较窄，当资本充足率监管标准提高后，非上市银行不能够及时补充资本，只能通过缩减企业贷款规模来满足监管要求。而相较于大型企业，小微企业的违约风险更高，因此降低小微企业贷款规模成为非上市银行的理性选择。由此提出假设6-4。

假设6-4：资本充足率监管要求提高后，相比于上市银行，非上市银行缩减小微企业贷款规模的幅度更大。

（五）资产配置倾斜效应假说

2013年施行的资本充足率监管框架，对一般企业贷款仍旧采用100%的风险权重，但却将小微企业贷款的风险权重从100%调降至75%。当小微企业贷款风险权重降低时，银行的总风险加权资产就会下降，从而在所持有的留存资本保持不变时，银行资本充足率水平会提高，银行更容易满足最低资本充足率的监管要求。当商业银行受惠于小微企业贷款风险权重下降，面临着相对宽松的资本充足率监管时,其释放的流动性自然会向小微企业信贷倾斜,从而调整其信贷资产配置,将原本更有可能提供给大型企业的信贷资产配置给小微企业,从而缓解小微企业信贷融资约束(刘忠璐,2018)。在资产配置效应下,银行小微企业信贷规模会增加。由此提出假设6-5。

假说6-5:优惠风险权重政策通过降低资本充足率,激励银行将信贷资源向小微企业倾斜,增加了小微企业的信贷规模。

第二节 银行资本监管政策对中小微企业融资的影响

一、变量选取

本节的变量选取主要借鉴黄宪(2009)和彭继增、吴玮(2014)的相关论文,主要变量如下:

(一)被解释变量

由于2018年6月以后不再披露中小企业贷款数据,而普惠型小微企业贷款数据自2018年3月才开始披露,因此这两类数据不适于研究。而小微企业贷款数据连续完整,加之优惠贷款风险权重政策只针对小微企业,故选择银行小微企业贷款余额的对数值(*loan*)作为被解释变量,以衡量资本充足率政策对小微企业融资的影响。另外,为了保证结果的稳健性,本节还用小微企业贷款额占总贷款的比率(*rloan*)作为政策效果的替代性指标。

（二）主要解释变量

考虑到数据的可得性，本节以银行核心一级资本充足率（ $fcar$ ）作为代理变量，检验资本充足率对小微企业贷款的影响。另外，为了保证结果的有效性，本节还用核心一级资本充足率与监管要求之差（ $dfcar$ ）作为资本充足率政策的替代指标。

（三）其他控制变量

表 6-1 展示了本节所选变量的含义及具体计算方法，其中控制变量有三类：

（1）银行方面的代理变量 $BANK$ 。考虑到商业银行的规模和资产负债状况会影响其风险承担和经营状况，进而直接影响银行的资本充足率和对小微企业的贷款量。本节将表示银行自身经营特征的变量考虑进来，选取的主要指标包括：①银行资产规模（ $size$ ），用总资产的对数作为代理变量。②银行盈利能力，用资产收益率（ roa ）以及成本收入比（ cir ）作为代理变量。③银行的流动性水平，由于本节研究的是银行贷款行为，因此银行流动性更多地表现为负债层面的充足性，故选取存贷比（ ldr ）来衡量银行流动性水平。④银行风险水平，因为研究的是贷款水平，所以本节选择银行的不良贷款率（ npl ）来衡量银行的风险水平。

（2）宏观经济方面的代理变量 ME 。由于宏观经济环境和经济周期状态也会对小微企业的融资效果产生影响，因此将宏观经济层面的因素也加以考虑。参考余晶晶等（2019）引入以下变量：①经济增长率（ GDP ），其中国有及股份制银行采用全国 GDP 增长率，城商行以及农商行采取各自地区的 GDP 增长率。②通货膨胀率（*CPI*），国有及股份制银行采用全国消费价格指数，城商行以及农商行采取各自地区的 *CPI* 增长率。

（3）货币政策方面的代理变量 *MP*。政策环境对经济运行和企业资本运作会产生较大影响，并且尽管国内存贷款利率已经完全放开，但市场资金定价机制和利率传导机制并不健全，故不能照搬国外发达国家常用的货币市场短期利率作为货币政策工具变量。本节以 1 年期贷款基准利率（*lr*）来作为货币政策工具的代理变量。

表 6-1　变量设定、含义和计算方法

变量类型	变量符号		变量含义	变量计算方法
被解释变量	*loan*		银行小微企业贷款余额的对数值	银行小微企业贷款取对数
	rloan		小微企业贷款占总贷款的比重	小微企业贷款/总贷款
解释变量	*fcar*		核心一级资本充足率	（核心一级资本-对应扣减项）/风险加权资产
	dfcar		核心一级资本充足率与监管要求之差	核心一级资本充足率-监管要求的核心一级资本充足率
控制变量	微观银行方面 *BANK*	*size*	资产规模	总资产的对数
		ldr	资源配置水平	各项贷款余额/各项存款余额
		roa	资产收益率	净利润/资产总额
		cir	成本收入比	业务及管理费/营业收入
		npl	对小微企业的不良贷款率	不良贷款余额/总贷款余额
	宏观经济方面 *ME*	*GDP*	GDP 增长率	GDP 的同比增长率
		CPI	通货膨胀率	消费者价格指数同比增长率
	货币政策方面 *MP*	*lr*	1 年期贷款基准利率	中国人民银行发布给商业银行的 1 年期贷款指导性利率

二、数据来源和模型设定

(一)样本数据来源

剔除了大型国有商业银行股份制改造前的数据,同时考虑到2019 年及之后披露小微企业贷款数据的银行数量不断减少,选择2011—2019 年中国商业银行年度数据,分析银行资本充足率水平对银行小微企业贷款的影响。各变量数据主要来源于银行年报。部分解释变量和控制变量数据来源于 Wind、中国人民银行官网和国家统计局网站。剔除政策性银行、外资银行、港资银行、台资银行以及多数数据缺失的银行样本,最终选取了 31 家商业银行,包含大型国有商业银行共 5 家、全国性股份制商业银行共 11 家、城市商业银行共 14 家、农村商业银行共 1 家。本节所用数据为平衡面板数据。

(二)模型设定

本节借鉴彭继增和吴玮(2014)的实证研究模型,设计以下基准模型研究资本充足率对银行小微企业信贷规模的影响。

$$loan_{it} = \alpha_0 + \beta_1 fcar_{it} + \gamma_1 MP_{it} + \omega_1 ME_{it} + \lambda_1 BANK_{it} + \varepsilon_{it}$$

$$(6-4)$$

其中, $i (= 1, \cdots, N)$ 表示商业银行个体; t 表示时间; $loan$ 表示小微企业贷款余额; $fcar$ 表示核心一级资本充足率; MP 为货币政策工具代理变量,包括 1 年期贷款基准利率(lr); ME 表示宏观经济层面的代理变量,包括经济增长率(GDP)和通货膨胀率(CPI),其作用是控制经济周期影响; $BANK$ 是代表微观银行特征的控制向量,由银行规模($size$)、资产收益率(roa)、成本收入比(cir)、存贷比(ldr)和不良贷款率(npl)构成;ε_{it}为随机扰动项。

在做回归分析之前,首先要通过豪斯曼(Hausman)检验来判断是选用固定效应还是随机效应。使用豪斯曼检验的原假设为"个体效应与解释变量不相关"(采用随机效应模型),当豪斯曼检验统计量对应的p值大于0.05,则不能拒绝原假设,应该选用随机效应模型;相反,当豪斯曼检验统计量对应的p值小于0.05,则拒绝原假设,应该选用固定效应模型。考虑到截面相关和异方差问题,本节使用豪斯曼检验 test 3 方法进行模型选择,结果表明拒绝随机效应模型的原假设,应该选用固定效应模型进行回归分析。进一步检验后,双向固定效应的显著性更强,能够更好地解释变量间的关系。因此,本节主要采用双向固定效应模型对式(6-1)进行估计,以判断银行资本充足率对小微企业融资的影响。但为了使结论更加可信,本节在主回归模型中也将混合效应模型和随机效应模型的结果一并列出。

(三)样本数据的描述性统计

本节运用 Stata 15 软件进行数据处理和实证分析。为了确保指标数据的可信度,我们首先对这些指标进行描述性统计分析。结果见表6-2,首先是被解释变量小微企业贷款余额的均值为3091.49亿元,最大值为22196亿元,最小值为25亿元,标准差高达4567.69亿元,这说明我国各商业银行对小微企业贷款在绝对数值上存在相当大的差距,其原因在于我国大中型商业银行(国有制及股份制)在资本规模上具有绝对优势,地方性银行在资本规模上存在巨大劣势。然而就现实来讲,尽管大规模商业银行向小微企业提供信贷的绝对量上有优势,但是由于信息不对称,大规模商业银行并没有足够动力向小微企业提供信贷。其次是解释变量核心一级资本充足率,我国商业银行核心一级资本充足率均值为9.92%,最大值为14.94%,这在一定程度上说明我国的银行资本充足率已经完全符合《巴塞尔协议Ⅲ》以及我国新资本监管改革要求。再次是银行层面的控制变量,无论是银行的资本规模、盈利能力,还是流动性水平、风险水平均处于较为良好状态,其中存贷比、成本收入比的标准差均偏大,说明银行经营状况多样化,这与本节选择不同规模的商业银行样本有关。最后是我国的宏观环境方面,经济增长率的均值为9.57%,说明全国以及地方的经济增长处于较为稳健的中高速水平。通货膨胀率的均值为2.53%。

表6-2　变量描述性统计

变量名	均值	标准差	最小值	中位数	最大值
小微企业贷款余额(亿元)	3091.49	4567.69	25.00	1049.00	22196.00
小微企业贷款余额对数值(亿元)	7.03	1.54	3.23	6.96	10.01
小微企业贷款占银行总贷款比重(%)	26.35	18.63	3.18	19.80	89.65
核心一级资本充足率(%)	9.91	1.44	7.50	9.50	14.94
核心一级资本充足率与监管要求之差(%)	4.70	1.55	1.87	4.37	9.94
银行资产规模(亿元)	9.36	1.77	6.04	9.58	12.62
资产收益率(%)	0.92	0.28	0.07	0.92	1.63
成本收入比(%)	31.78	5.33	19.98	30.97	50.78
存贷比(%)	70.78	13.59	29.02	71.08	122.09
不良贷款率(%)	1.31	0.50	0.10	1.36	2.99
GDP 增长率(%)	9.57	2.80	5.50	9.54	18.49

变量名	均值	标准差	最小值	中位数	最大值
通货膨胀率(%)	2.53	1.14	0.87	2.18	5.90
1年期贷款基准利率(%)	5.41	0.76	4.35	4.35	6.56

三、实证结果分析

(一)基准模型:资本充足率对银行小微企业贷款的影响

分别采用混合效应模型、随机效应模型和固定效应模型对式(6-4)进行回归,回归结果见表6-3,核心一级资本充足率($fcar$)的系数分别为 -0.041、-0.0595 和 -0.075,说明从整体上看,银行核心一级资本充足率每增加1个单位,银行小微企业贷款规模将分别降低4.1%、5.95%以及7.5%。因此,结果支持假设6-1:提高资本充足率对银行小微企业信贷规模的影响显著为负,即资本充足率监管要求越高,银行越需要降低风险资产规模,进而导致小微企业信贷规模下降。从银行层面来看,资产规模、资产收益率、成本收入比的系数显著为正,只有随机效应模型和混合效应模型中存贷比的系数不显著,这说明银行的资产规模越大、盈利能力越强、流动性水平越高,其提供给小微企业的信贷规模越大。存贷比对银行小微企业信贷规模的影响尽管显著为负,但系数的绝对值很小,表明存贷比对银行小微企业贷款的影响力度较弱。从宏观环境来看,我国经济增长率的系数在三种模型中都显著为负且不显著。固定效应模型中经济增长的系数表明经济增长每提高1%,银行小微企业信贷规模会减少2.89%。这主要是因为在本书所选数据期间,我国经济发展出现明显的"脱实向虚"现象,因此经济高速发展却未能带来企业贷款量的增长。此时,当企业盈利状况恶化后,银行会进一步收缩信贷,市场就会缺乏流动性,致使银行只能够满足大型企业的资金需求,对于小微企业则会明显地惜贷慎贷,严重的甚至会出现抽贷,使小微企业面临着更为严峻的"融资难、融资贵"的问题。

表6-3　资本充足率对银行小微企业贷款影响的基准模型回归结果

变量名	混合回归(ols)	随机效应(re)	固定效应(fe)
核心一级资本充足率	−0.0410*	−0.0595***	−0.0750***
	(0.0231)	(0.0220)	(0.0181)
银行资产规模	0.8067***	0.8408***	0.6780***
	(0.0240)	(0.0482)	(0.0981)
资产收益率	0.6383*	0.4934***	0.6731***
	(0.3244)	(0.1488)	(0.1701)
成本收入比	0.0116*	0.0113*	0.0160*
	(0.0064)	(0.0065)	(0.0080)
存贷比	−0.0014	−0.0002	−0.0043**
	(0.0051)	(0.0025)	(0.0015)
不良贷款率	0.3164**	0.2757***	0.2487***
	(0.1164)	(0.0650)	(0.0546)
GDP	−0.0567***	−0.0293**	−0.0289***
	(0.0148)	(0.0114)	(0.0077)
通货膨胀率	0.0587	0.0241	−0.0229
	(0.0612)	(0.0265)	(0.0437)
1年期贷款基准利率	−0.1390*	−0.1378**	0.0590
	(0.0817)	(0.0571)	(0.1722)

注:括号内为稳健标准误差,***、**、*分别表示在1%、5%、10%水平下显著。以下各表同,本节后文不再重复。

（二）异质性分析：基于银行规模、产权性质和上市与否的差异性分析

前面基准模型的回归结果表明资本充足率提高对银行小微企业贷款有负向作用。那么，不同类型银行的资本充足率对小微企业贷款是否存在差异？本节将样本银行按照经营规模、产权性质及上市与否进行分组检验，考察不同类型银行的资本充足率对小微企业贷款是否存在异质性。

1. 基于银行规模差异的分析

为分析资本充足率对小微企业贷款影响在不同银行间的差异，本节基于资产规模对银行进行分组。其中，将5家大型国有商业银行和11家全国性股份制商业银行划分为大规模商业银行，其余15家城市商业银行和农村商业银行划分为小规模商业银行，即分为大规模银行和小规模银行两类。并基于式（6-4）的静态面板基准模型，采用固定效应模型分别对这两类银行数据进行实证检验，具体估计结果见表6-4的列（1）。

表6-4　基于银行规模、产权性质和上市与否的差异性分析

变量名	（1）		（2）		（3）	
	大规模	小规模	国有制	非国有制	上市	非上市
核心一级资本充足率	-0.1046**	-0.1359***	-0.0662**	-0.0686***	-0.0359	-0.1387***
	(0.0457)	(0.0444)	(0.0251)	(0.0209)	(0.0335)	(0.0331)
银行资产规模	1.2631***	0.8185***	1.5215	0.6733***	0.8390***	0.5480***
	(0.2313)	(0.0517)	(0.9567)	(0.1281)	(0.0539)	(0.0868)
资产收益率	0.8371**	0.6769	0.5912	0.6837***	0.3499	0.6865
	(0.3956)	(0.3929)	(0.9644)	(0.1649)	(0.5682)	(0.3875)

变量名	（1）		（2）		（3）	
	大规模	小规模	国有制	非国有制	上市	非上市
成本收入比	0.0188	0.0275**	0.0712*	0.0155**	0.0001	0.0331
	(0.0162)	(0.0112)	(0.0261)	(0.0073)	(0.0071)	(0.0210)
存贷比	−0.0067*	−0.0008	−0.0094	−0.0041**	−0.0005	−0.0008
	(0.0037)	(0.0030)	(0.0065)	(0.0017)	(0.0033)	(0.0036)
不良贷款率	0.1561	0.3637***	0.0348	0.2541***	0.2456	0.4081**
	(0.1605)	(0.1019)	(0.2020)	(0.0479)	(0.2140)	(0.1542)
GDP 增长率	−0.0119	−0.1059*	−0.4083	−0.0267**	−0.0515***	−0.0874***
	(0.0206)	(0.0499)	(0.5517)	(0.0101)	(0.0156)	(0.0237)
通货膨胀率	0.0455	0.0358	1.4835	−0.0244	0.0736	0.0437
	(0.0585)	(0.0383)	(2.2387)	(0.0431)	(0.0613)	(0.0527)
1 年期贷款基准利率	−0.2022	−0.1011**	−1.7531	0.0400	−0.1041	−0.1769
	(0.1413)	(0.0468)	(2.1392)	(0.1666)	(0.1218)	(0.1137)

表 6-4 的列（1）是对假设 6-2 的验证，由估计结果可知，无论是对于大规模的银行还是对于小规模的银行，固定效应模型的资本充足率的系数均显著为负，说明资本充足率越高，其小微企业信贷规模增长率越小，符合假设 6-1。通过对资本充足率的系数进行比较发现，小规模银行的系数绝对值要大于大规模银行的系数绝对值。究其原因，在于不同规模银行的小微企业贷款占比不同，城商行和农商行明显高于国有银行和股份制银行。当资本充足率提高后，为满足更为严格的资本监管要求，城商行和农商行等小规模银行只能通过大量减持小微企业贷款来达到监管要求，而国有和股份制银行则可以通过同时减持小微企业贷款和大型企业贷款达到监管要求。由此证实了假设 6-2 的成立，资本充足率监管要

求提高后,相比于大银行,小规模银行缩减小微企业贷款规模的幅度更大。

2. 基于不同产权性质的差异分析

为分析资本充足率对小微企业贷款额的影响在不同产权性质银行间的差异,本节基于产权性质将样本分为国有制银行和非国有制银行两类。其中,国有制银行有 5 家,非国有制银行有 26 家。基于式(6-4)的静态面板模型,采用固定效应模型方法对这两类银行数据进行实证检验,具体估计结果见表 6-4 的列(2)。

表 6-4 的列(2)是对假设 6-3 的验证,由估计结果可知,国有制银行与非国有制银行的资本充足率的系数均显著为负,说明资本充足率越高,其小微企业信贷规模增长率越小,符合假设 6-1。进一步通过对两者资本充足率系数的比较,发现非国有制银行资本充足率系数的绝对值要大于国有制银行,说明提高资本充足率对非国有制银行小微企业贷款的负向影响更大。由此证实了假设6-3 的成立,资本充足率监管要求提高后,由于非国有银行小微企业的贷款占比更大,非国有银行为满足更为严格的监管要求,相比于国有制银行缩减小微企业贷款规模的幅度更大。

3. 基于上市与否的差异分析

为分析资本充足率对小微企业贷款额的影响在上市与未上市银行间的差异性,本节将样本银行分为上市银行和非上市银行两类。其中,上市银行有 22 家,非上市银行有 9 家。基于式(6-4),采用双向固定效应模型分别对这两类银行数据进行实证检验,具体估计结果见表 6-4 的列(3)。

表 6-4 的列(3)是对假设 6-4 的验证。由估计结果可知,上市银行与非上市银行的资本充足率的系数均显著为负,说明资本

充足率越高,其小微企业信贷规模增长率越小,验证了假设 6-1。进一步观察,上市银行的资本充足率系数并不显著,说明提高资本充足率并没有显著降低上市银行对小微企业的信贷供给。再通过对两者资本充足率系数的绝对值进行比较,发现非上市银行要大于上市银行,说明提高资本充足率会显著降低非上市银行的小微企业信贷规模。这进一步证实了假设 6-4 的成立,即由于上市后的赋能效应,使上市银行能够获得更多的资本,从而规避资本充足率提高对小微企业贷款的抑制作用。而非上市银行由于缺乏补充资本的渠道,严格资本监管会导致其对小微企业贷款规模下降。

(三)资产配置效应检验

为检验小微企业信贷风险权重下调是否会对银行小微企业信贷规模产生资产配置效应,本节引入风险权重变量(rw)与资本充足率的交乘项,实证检验 2013 年"新办法"中针对小微企业贷款采取 75% 的优惠风险权重的政策效果。如表 6-5 所示,其中列(1)为 2011—2012 年商业银行信贷风险权重没有调整,即全部银行小微企业信贷风险权重均为 100%。列(2)为自 2013 年开始实行"新办法"后,小微企业贷款风险权重由 100% 下降至 75%。由表 6-5 可知,商业银行信贷风险权重调整后,资本充足率的系数仍然显著为负,从而印证了假说 6-1。从交乘项来看,核心一级资本充足率与风险权重交乘项的系数在 1% 的水平下显著为正,且与资本充足率的符号相反,说明下调小微企业贷款风险权重后,银行小微企业贷款额与资本充足率之间的负向关系弱化了。可能的解释是:调降小微企业贷款风险权重后,银行资本充足率提高,银行用于贷款的资本增加,进而增加了对小微企业的信贷支持。表明优惠信贷风险权重政策通过资产配置的倾斜效应,促使银行将更多信贷资源配置给小微企业,证实了假设6-5的成立。

表6-5 基于风险权重调整的资产配置效应检验

变量名	（1）	（2）
	风险权重100%	风险权重75%
核心一级资本充足率	−0.0750***	−0.0506**
	（0.0181）	（0.0249）
风险权重	—	0.9763***
		（0.1387）
核心一级资本充足率×风险权重	—	0.6465***
		（0.1659）
银行资产规模	0.6780***	0.0155**
	（0.0981）	（0.0068）
资产收益率	0.6731***	−0.0014
	（0.1701）	（0.0024）
成本收入比	0.0160	0.2706***
	（0.0080）	（0.0673）
存贷比	−0.0043**	−0.0224*
	（0.0015）	（0.0114）
不良贷款率	0.2487***	0.0573**
	（0.0546）	（0.0281）
GDP增长率	−0.0289***	−0.0793
	（0.0077）	（0.0687）
通货膨胀率	−0.0229	0.9763***
	（0.0437）	（0.1387）
1年期贷款基准利率	0.0590	0.6465***
	（0.1722）	（0.1659）

注:括号中为稳健标准误差;***、**、*分别表示在1%、5%、10%的水平下显著。

（四）稳健性检验

1. 替换被解释变量：小微企业贷款占比

为验证结论的稳健性，将被解释变量小微企业贷款对数值 *loan* 替换为小微企业贷款额与贷款总额的比值 *rloan*，双向固定效应回归结果见表 6-6 的列（1），结果与基准回归大体一致，资本充足率的系数显著为负，表明资本充足率越高，小微企业信贷规模占比越小，证实了假设 6-1。

表 6-6　稳健性检验：替换变量和分阶段回归

变量名称	（1）替换被解释变量	（2）替换解释变量	（3）以 2013 年为界分阶段	
	小微企业贷款占比	核心一级资本充足率与监管要求之差	2011—2012 年	2013—2019 年
核心一级资本充足率	-1.5291***	—	-0.0313	-0.0697**
	(0.5820)	—	(0.0658)	(0.0291)
核心一级资本充足率与监管要求之差	2.9718	-0.0687***	—	—
	(4.3138)	(0.0242)	—	—
银行资产规模	8.4242**	0.6962***	-0.9932	0.9528***
	(3.9630)	(0.1810)	(0.8864)	(0.2572)
资产收益率	0.1906	0.6852***	-0.7221	0.6496***
	(0.1627)	(0.1666)	(0.6352)	(0.2130)
成本收入比	-0.2978***	0.0159**	-0.0358	0.0055
	(0.0751)	(0.0068)	(0.0304)	(0.0078)
存贷比	1.2473	-0.0040	-0.0097	-0.0034
	(1.6569)	(0.0032)	(0.0223)	(0.0028)
不良贷款率	-0.2111	0.2476***	-0.0857	0.1593*
	(0.3125)	(0.0696)	(0.1904)	(0.0853)

续表

变量名称	（1）替换被解释变量	（2）替换解释变量	（3）以2013年为界分阶段	
	小微企业贷款占比	核心一级资本充足率与监管要求之差	2011—2012年	2013—2019年
GDP增长率	−1.5677	−0.0279**	−0.0186	−0.0275
	(1.5447)	(0.0131)	(0.0154)	(0.0188)
通货膨胀率	−0.4943	0.0132	0.0399	−0.0142
	(4.1337)	(0.0648)	(0.2717)	(0.0879)
1年期贷款基准利率	−1.5291***	−0.3631**	−0.6943	−0.2219
	(0.5820)	(0.1776)	(1.5602)	(0.1501)

注：括号中为稳健标准误差；*** 、** 、* 分别表示在1%、5%、10%的水平下显著。

2. 替换核心解释变量：核心一级资本充足率与监管要求之差

在考察银行资本充足率对小微企业贷款的影响时，之前的检验用到了核心一级资本充足率fcar变量。为验证研究结论的稳健性，本节选取核心一级资本充足率与监管要求之差dfcar变量替代核心一级资本充足率，以衡量资本充足率政策变化对小微企业融资的影响，回归结果见表6—6的列（2）。固定效应模型的回归结果与基准回归基本一致，核心一级资本充足率与监管要求之差对银行小微企业信贷规模的影响显著为负，表明当实际资本充足率高于监管标准的幅度越大，银行小微企业的信贷规模越小。实证结果表明，在2013年正式实施资本充足率新规定后，商业银行逐步提高资本充足率甚至远远超过监管标准，宁愿让部分资本闲置也未将其配置到小微企业贷款中，造成了一定程度的资源浪费。可见，该回归结果进一步佐证了假设6—1，即银行资本充足率水平越高，其小微企业信贷规模越低。

3. 以新资本监管实施年份 2013 年为界进行分阶段回归

新资本监管政策应该会对银行资本充足率产生直接影响,进而影响小微企业贷款额。因此本节以 2013 年新资本监管实施年份为分界点,将文中所研究的时间跨度分为两个阶段,并分别考察资本充足率对银行小微企业贷款的影响,具体回归结果见表 6-6 的列(3),分样本回归中资本充足率的系数都是负的,表明核心一级资本充足率对银行小微企业信贷规模的影响显著为负,证实了假设 6-1。在 2013 年新资本监管实施之前,资本充足率系数为 -0.0313,新资本监管改革之后资本充足率系数为 -0.0697,其系数的绝对值明显上升,表明随着新资本监管改革,商业银行面临着更为严峻的资本约束,不断提高自身的资本充足率,致使银行小微企业信贷规模下降。即随着我国商业银行资本充足率监管不断加强,银行小微企业信贷受到了显著的负向冲击,这也是造成小微企业融资环境恶化的一个重要原因。

四、研究结论与政策建议

(一)研究结论

本节首先实证检验了资本充足率对银行小微企业信贷规模的影响,其次基于银行资产规模、产权性质和上市与否等维度研究了资本充足率对银行小微企业信贷规模的差异化影响,最后引入风险权重变量与资本充足率的交乘项进行资产配置效应检验。本节主要结论如下:(1)资本充足率对银行小微企业信贷规模的影响是显著为负的,即资本充足率水平越高,银行小微企业信贷规模越小。这主要是由于银行为了满足监管要求通常会选择缩减贷款规模和减持风险较高的贷款,因而资本充足率监管要求越高,银行越需要降低风险资产规模,进而导致小微企业信贷规模下降。(2)资本充足率监管要求提高后,相比于大银行,小银行缩减小微企业贷款规模的幅度更大。这主要是因为相对于大规模银行,小银行没有优势吸引优质大客户,所以发放的中小微企业贷款占比更大,因此面对更为严格的资本监管要求,小规模银行只能通过大量压缩中小微企业贷款规模来满足资本充足率的监管要求。(3)资本充足率监管要求提高后,相比于国有银行,非国有银行缩减小微企业贷款规模的幅度更大。这主要是因为相对于国有制银行,非国有制银行发放的中小微企业贷款占比更大,在面对更为严格的资本监管要求,非国有制银行只能通过大量压缩中小微企业贷款规模来满足资本充足率的监管要求。(4)资本充足率监管要求提高后,相比于上市银行,非上市银行缩减小微企业贷款规模的幅度更大。这是因为相比于上市银行,非上市银行的融资渠道较窄,当资本充足率监管标准提高后,非上市银行不能够及时补充资本,只能通过缩减企业贷款规模来满足监管要求。而相较于大型企业,小微企业的违约风险更高,因此降低小微企业贷款规模成为非上市银行的理性选择。(5)降低小微企业贷款风险权重后,通过资产配置的倾斜效应,能够促使银行将更多信贷资源配置给小微企业,增加了小微企业的信贷规模。

(二)政策建议

1. 拓宽商业银行资本补充渠道

资本不足是制约银行发放小微企业贷款的重要因素,因此,应拓宽商业银行的资本补充渠道,加大商业银行一级资本与二级资本的规模。银行核心一级资本补充方式主要包括新股首次公开募股、可转债、定增、配股等,其他一级资本的补充渠道包括永续债和优先股等。对于未上市银行,可通过股份制改造在条件成熟时通过首次公开募股增加普通股。此外,广西壮族自治区抓住政策契机,在全国首创以转股协议存款形式补充地方法人银行资本的做法非常值得未上市银行借鉴。[1] 对于已上市银行,可通过发行可转债、定向增发等补充资本,例如 2021 年 9 月重庆银行公开履行不超过 130 亿元可转换债券,并在债券投资者转股后按照监管要求计入核心一级资本。但也应看到,资质较好的银行多已上市,未上市银行普遍盈利能力差和风险较高,为此应通过兼并重组、引入战略投资者、加强公司治理、引入新管理层等方式出清风险后,再通过注资、地方政府介入等增强其市场竞争能力,最后再择机上市。对于已上市银行,2021 年年底股价多低于净资产,导致通过增发补充资本面临困难,为此应鼓励公募基金、券商资管、保险资金等机构投资者秉承价值理念,积极遴选被低估的银行股进行投资,为银行通过定向增发等方式补充资本创造良好的二级市场环境。

2019 年以来,发行永续债等各类债券成为银行补充资本的重要渠道。所谓永续债,是指没有明确到期日或期限非常长的债券,具有一定损失吸收能力,可计入银行其他一级资本。中国银行、农业银行、邮储银行等数十家银行先后通过发行永续债补充资本。除了使用永续债补充资本外,地方政府通过发行专项债为辖区内中小银行补充资本。二级资本的补充工具有二级资本债等。但也

---

① 浙江银保监局、安徽银保监局、山东银保监局、广西银保监局:《金融支持各地经济高质量发展》,中国银保监会网站,2021 年 4 月 8 日,http://www.cbirc.gov.cn/cn/view/pages/ItemDetail.html?docId=975836&itemId=920&generaltype=0。

应看到市场对中小银行发行的永续债的认可程度不高,广大中小银行发债补充资本的绝对金额较小,因此,中小银行要努力提升自身实力的同时,央行要加大中小银行永续债与央行票据互换的力度,通过央行增信助力中小银行通过永续债补充资本。

2. 利用闲置资本加大对小微企业的金融支持

在2013年正式实施资本充足率新规定后,商业银行逐步提高资本充足率甚至远远超过监管标准,宁愿让部分资本闲置也未将其配置到小微企业贷款中,造成了一定程度的资源浪费。针对上述情况,银保监会指出,从2020年中小银行指标来看,资本充足率保持在12%—13%,流动性覆盖率和净稳定资金比率都在100%以上,有能力为中小微企业进一步提供融资和其他金融服务的能力。[①] 为此,应激励资本充足率过高的银行充分地利用闲置资本,加大对小微企业的支持。监管当局可出台一些政策让商业银行的闲置资本运转起来,例如构建资本和小微企业贷款之间的考核指标,加大对小微企业贷款占比较高银行的奖励等。商业银行应通过大数据、云计算、人工智能、区块链等金融科技手段,降低银企之间的信息不对称,创新融资担保方式,不折不扣地实现小微企业增速不低于全年贷款平均增速的目标,在稳健经营的前提下加大对小微企业的金融支持力度。

3. 发展小规模银行、非国有制银行与非上市银行

小规模银行、非国有制银行和上市银行是小微企业贷款的生力军,因此,首先,需要降低这类银行的资本充足率监管力度,建立适用于小规模银行、非国有制银行和上市银行的资本充足率监管

---

① 张末冬:《银保监会:将继续支持中小银行提高服务中小微企业的能力》,《金融时报》2020年2月27日。

制度,建立更加科学的评价体制。其次,要降低这类银行的存款准备金率,加大对其再贷款再贴现的支持力度,提升这类银行多渠道补充资本的能力。再次,地方政府应大力支持地方性银行的发展,通过税收优惠和财政补贴等手段,完善财政性资金存款调度机制,鼓励其拓展与创新小微企业信贷业务。最后,构建多层次的银行服务体系。一方面鼓励和引导大规模商业银行服务小微企业,另一方面继续扶持小规模商业银行的发展,构建对小微企业的差异化金融服务体系,提高金融普惠性,促进产业结构调整与升级(白俊、连立帅,2012)。

同时,小规模银行、非国有银行和上市银行必须了解自身的优势和劣势,在竞争中扬长避短。小微企业是中小银行最坚实的盟友,因此,中小银行在经营中不能一味觊觎那些风险低、效益高的大公司,而是要以小微企业金融服务为中心,为小微企业量身定制金融技术、金融产品、金融服务。中小银行要充分利用自身的地域优势和信息优势,与小微企业建立长久稳定的战略伙伴关系。商业银行可以要求企业提供特定私有化消息换取宽松的抵押条件,这种以信申贷可促使银行发挥"关系型"贷款的优势,从根本上缓解融资约束,提高贷款可得性(陈飞翔,2007)。

第七章　银行资产质量监管政策的运作机理和效果评估

第一节　银行资产质量监管政策的实践及其运作机理

本节为银行资产质量监管政策的理论介绍部分,包括该政策出台的背景、具体指标工具、历史政策运用回顾以及其影响中小微企业融资的运作机理分析。

一、银行资产质量监管政策概述

银行资产质量监管政策的提出源自宏观审慎评估体系,然而其具体政策指标工具早已存在。这部分阐述了该监管政策的出台背景,并详细介绍了不良贷款率和拨备覆盖率政策指标的相关内容。

(一)资产质量监管政策出台的背景

2008 年的次贷危机使国际社会越发意识到传统的微观审慎

监管无法防范可能发生的系统性风险,因此各国加强了对宏观审慎监管政策的研究(王春丽,2019)。宏观审慎监管关注的是给定时点上风险跨机构之间的分布及整个系统中风险的跨时间分布,即包括横向与时间两个维度。2016年,中国人民银行将原有的差别准备金动态调整和合意贷款管理机制进行了升级和完善,提出了宏观审慎评估体系,以此来防范系统性风险,为维护金融体系稳定保驾护航。[①] 宏观审慎评估体系中的指标体系设置,包括资本和杠杆情况、资产负债情况、流动性、定价行为、资产质量、跨境融资风险、信贷政策执行7个维度,又细分为16个二级指标项,如表7-1宏观审慎评估指标体系所示。其中,资产质量主要包括两个政策工具——不良贷款率和拨备覆盖率,央行通过这两项政策工具的结合使用,可以在控制各商业银行风险的同时,调节各银行机构贷款规模。

表7-1　宏观审慎评估指标体系

一级指标	二级指标	一级指标	二级指标
资本和杠杆情况	资本充足率	流动性	遵守准备金制度情况
	杠杆率	定价行为	利率定价
	总损失吸收能力	资产质量	不良贷款率
资产负债情况	广义信贷		拨备覆盖率
	委托贷款	跨境融资风险	跨境融资风险加权资产余额
	同业负债	信贷政策执行	信贷政策评估结果
流动性	流动性覆盖率		信贷政策执行情况
	净稳定资金比例		央行资金运用情况

资料来源:中国人民银行。

---

① 尹振涛:《宏观审慎评估体系(MPA)概念之由来》,《金融博览》2016年第2期。

（二）不良贷款率

我国的贷款风险分类方法经历了多次变化。财政部在1993年《金融保险企业财务制度》中，根据借款人是否按期足额偿付本息，把贷款划分为四类：正常、逾期、呆滞、呆账，后三类合称不良贷款，即"一逾两呆"。1998年，中国人民银行制定《贷款风险分类指导原则》，开始试点国际通行标准下的五级分类制度。2001年12月，中国人民银行发布《关于全面推行贷款质量五级分类管理的通知》，决定从2002年1月1日起，我国各类银行全面施行贷款质量五级分类管理。

五级分类标准的划分核心是贷款归还的可能性。根据贷款五级分类标准，按风险大小不同将贷款分为正常、关注、次级、可疑和损失五类。正常类贷款定义为借款人能够履行合同，没有足够理由怀疑贷款本息不能按时足额偿还。关注类贷款定义为尽管借款人目前有能力偿还贷款本息，但存在一些可能对偿还产生不利影响的因素。次级类贷款定义为借款人的还款能力出现明显问题，完全依靠其正常营业收入无法足额偿还贷款本息，即使执行担保，也可能会造成一定损失。可疑类贷款的定义为借款人无法足额偿还贷款本息，即使执行担保，也肯定要造成较大损失。损失类贷款定义为在采取所有可能的措施或一切必要的法律程序之后，本息仍然无法收回，或只能收回极少部分。对各项贷款进行分类后，不良贷款包括后面的次级、可疑和损失三类贷款，其本质是银行经营中的一种潜在损失或者成本。

不良贷款率指金融机构不良贷款占总贷款余额的比重，是评价金融机构信贷资产安全状况的重要指标。其计算公式为：不良贷款率＝(次级类贷款＋可疑类贷款＋损失类贷款)/各项贷款×100%。不良贷款率越高,可能无法收回的贷款占总贷款的比例越大,银行的风险越大。因此,应该界定不良贷款率的警戒比率,以确保银行经营的稳健性。

不良贷款率的警戒比率指的是商业银行作为金融企业,在保证利润率大于0的目标下,其不良贷款在总贷款中所能达到的最高比率。超过这一比率,商业银行就会出现亏损,这时就必须使用银行自有资本金对冲亏损或者从外部重新注资,否则就会进一步引发金融安全问题甚至是金融危机。国际银行业的众多实践已经表明,一家银行的不良贷款率在4%以内比较正常,超过6%就很危险。[①]

(三)拨备覆盖率

拨备覆盖率指标首见于2004年2月银监会发布的《股份制商业银行风险评级体系(暂行)》。拨备覆盖率(也称为"拨备充足率")是贷款损失准备对不良贷款的比率,主要反映商业银行对贷款损失的弥补能力和对贷款风险的防范能力。其计算公式为:拨备覆盖率＝(一般准备＋专项准备＋特种准备)/(次级类贷款＋可疑类贷款＋损失类贷款)×100%。公式的分母部分包括次级类贷款、可疑类贷款以及损失类贷款,这三类贷款合并在一起即为不良贷款。公式的分子部分,贷款损失准备包括一般准备、专项准备和特种准备。这三项准备的目的根据《银行贷款损失准备计提指引》,即银行应当按照谨慎会计原则,合理估计贷款可能发生的损失,及时计提贷款损失准备。其中,一般准备是根据全部贷款余额的一

---

① 王丹娜:《关于降低我国商业银行不良贷款率的思考——基于不良贷款警戒率的分析》,《金融与经济》2010年第2期。

定比例计提的用于弥补尚未识别的可能性损失的准备,按季计提且其年末余额不得低于年末贷款余额的1%。专项准备是指对贷款进行风险分类后,按每笔贷款损失的程度计提的用于弥补专项损失的准备。[①] 特种准备指针对某一国家、地区、行业或某一类贷款风险计提的准备,由银行根据不同类别贷款的特种风险情况、风险损失概率及历史经验,自行确定按季计提比例。

拨备覆盖率是衡量商业银行贷款损失准备金计提是否充足的一个重要指标,其考察的是银行财务是否稳健及风险是否可控,反映的是商业银行抵御信用风险的一种能力。然而拨备覆盖率仅能在一定程度上反映银行抵御信用风险的能力,在特定范围内,高覆盖率比低覆盖率好,但并不是在所有情况下高拨备覆盖率都比低覆盖率好,更不是越高越好。这是由拨备覆盖率指标本身所具有的局限性决定的。拨备覆盖率表明的是实际所提取的拨备资金能够覆盖多少不良贷款。换句话说,就是所提取的拨备资金能冲销多少不良贷款损失。对于两家银行而言,只有其不良贷款的结构相同,拨备覆盖率才具有可比性,否则就不具有可比性,即并不一定是哪家银行的拨备覆盖率高,其抵御信用风险的能力就一定比拨备覆盖率低的银行强。此外,在单独衡量某家银行时,也不能简单地说比率越高就越好。因为由于拨备覆盖率自身的局限,商业银行可以通过调节该指标,实现资金在贷款损失准备金与利润之间的转移。然而,拨备覆盖率的变化一定会影响银行可贷资金的总量,因此通过比较单个银行的拨备覆盖率的增减,可以判断银行

---

① 根据我国《银行贷款损失准备计提指引》的规定,银行可以参照以下比例按季计提专项准备:对于次级类贷款,计提比例为25%;对于可疑类贷款,计提比例为50%;对于损失类贷款,计提比例为100%。其中,次级和可疑类贷款的损失准备,计提比例可以上下浮动20%。

流动性的变化。①

二、银行资产质量监管政策回顾

银行资产质量监管政策包括不良贷款率和拨备覆盖率两个政策工具,本小节回顾了与中小企业融资相关的不良贷款率和拨备覆盖率政策及其演变,按照时间顺序分为 2015 年之前、2015—2019 年和 2020 年及之后三个阶段。

(一)不良贷款率政策回顾

1. 2015 年之前的不良贷款率政策

2011 年,在东南部地区的一些中小微企业因资金紧张而"陷入危机"之时,同年 5 月 23 日印发的《中国银监会关于支持商业银行进一步改进小企业金融服务的通知》,出台了十项优惠政策"松绑"小企业贷款。同时,对小企业不良贷款比率实行差异化考核,适当提高小企业不良贷款比率容忍度,但在具体提高程度上,银监会要求对小企业业务占比不同的银行实行差异化政策。

2013 年 9 月 5 日,为落实国务院支持小微企业发展的政策,发布了《银监会关于进一步做好小微企业金融服务工作的指导意见》,规定了 15 条具体措施进一步推进小微企业金融服务。提出各银监局应适度提高对小微企业不良贷款容忍度,银行业金融机构小微企业贷款不良率高出全辖各项贷款不良率 2 个百分点以内的,该项指标不作为当年监管评级的扣分因素。银监会在该文件

---

① 彭建刚、邹克、张倚胜:《不良贷款率对银行业影响的统计关系检验》,《湖南大学学报(社会科学版)》2015 年第 5 期。

中首次明确了小微企业不良贷款的容忍度要求,这一方面是落实国家政策对小微企业金融服务的鼓励,另一方面也是希望银行能够控制小微企业的不良贷款风险。

2. 2015—2019 年的不良贷款率政策

2018 年 1 月 1 日,修订后的《中华人民共和国中小企业促进法》正式施行。针对中小微企业税费高、融资难、用工贵、人才缺的情况,该法案在税收、融资、创办等领域进一步明确了促进中小微企业发展的优惠措施,要求国务院银行业监督管理机构对金融机构开展小型微型企业金融服务应当制定差异化监管政策,采取合理提高小型微型企业不良贷款容忍度等措施,引导金融机构增加小型微型企业融资规模和比重,提高金融服务水平。

2019 年 3 月 13 日,银保监会发布《关于 2019 年进一步提升小微企业金融服务质效的通知》,放宽普惠型小微企业贷款不良率至各项贷款不良率 3 个百分点以内,落实授信尽职免责与不良容忍制度有机结合的制度举措,对小微企业不良贷款率未超过容忍度标准的分支机构,在无违法违规行为的前提下,对相关业务责任人可免予追责,以切实增加银行信贷在小微企业融资总量,带动小微企业融资成本整体下降。

3. 2020 年及其后的不良贷款率政策

2020 年年初,突如其来的新冠肺炎疫情对住宿、旅游、餐饮等行业的中小微企业的正常经营造成了一定程度的困扰。中小微企业能否确保资金链安全,熬过疫情造成的发展困境,对我国实体经济健康发展尤为重要。我国央行及相关监管部门及时出台了进一步提高金融机构对中小微企业不良贷款容忍度的措施,同时部分地方政府积极配合和加强政策引导,出台了一系列政策制度。

2020 年 2 月 7 日,银保监会副主席周亮在国务院应对新冠肺炎疫情联防联控机制举行的新闻发布会上表示,要求提高小微企业不良贷款容忍度,建立健全敢贷、能贷、愿贷的长效机制,并通过一系列措施,解决中小微企业"融资难、融资贵"问题。①

2020 年 2 月 18 日,广东省银保监局印发了《关于在疫情防控期间推动复工复产,全力服务经济社会发展的通知》,鼓励银行机构对受疫情影响较大行业的小微企业,适度提高不良贷款容忍度,具体措施如下:对疫情期间出现逾期或欠息 90 天以上的抵质押类小企业贷款,不强制要求划入不良,对部分行业及企业适当延后还款期限;对受疫情影响严重的小微企业的信用证、商业汇票、保函等在到期日未能及时兑付的,且企业经营正常、有发展前景的,支持银行机构先垫款后续贷,不强制要求调整贷款五级分类结果;对于受新冠肺炎疫情影响较大的批发零售、住宿餐饮、物流运输、文化旅游、商贸会展等行业以及有发展前景但受新冠肺炎疫情影响暂遇困难的企业,各银行机构不得盲目抽贷、断贷、压贷;落实免责容错机制,对有充分证据表明小微企业受新冠肺炎疫情影响不能还款的,银行机构对经办人员和相关管理人员应该免予追究责任。

与此同时,其他地区银保监局也纷纷采取措施提高不良贷款容忍度。四川省银保监局表示,要提高风险容忍度,对受疫情影响新增的逾期贷款,要根据企业实际情况,酌情处理,可在计算逾期时间时扣除疫情时期。上海市银保监局称,对受疫情影响暂时失去收入来源的企业,可依调整后的还款安排报送信用记录,不强制要求此类逾期 90 天或 60 天以上的贷款归为不良。江苏省银保监

---

① 欧阳洁:《政策协同　助力疫情防控(国务院联防联控机制发布会)》,《人民日报》2020 年 2 月 8 日。

局提出,监管部门将酌情进一步放宽疫情影响期间小微企业不良贷款容忍度,并对 2020 年核销的小微企业不良贷款进行还原统计考核。[①] 这些举措有助于消除银行的后顾之忧,提高其支持小微企业的积极性,助力优质中小微企业渡过难关。

(二)拨备覆盖率政策回顾

1. 2015 年之前的拨备覆盖率政策

自 2008 年国际金融危机以来,银监会对拨备覆盖率的重视程度与日俱增。2009 年 7 月,在银监会召开的第三次经济金融形势通报会上,银监会主席明确指出,要严守拨备覆盖率底线,在年内必须将拨备覆盖率提高到 150% 以上。

中国银监会 2010 年 10 月 10 日下发文件,要求银行将之前的银信理财合作业务中,所有表外资产在 2010 年和 2011 年两年全部转入表内,并按 150% 的拨备覆盖率计提拨备。在 2011 年 4 月 27 日颁布的《关于中国银行业实施新监管标准的指导意见》中,银监会明确规定拨备覆盖率不能低于 150%。

2. 2015—2019 年的拨备覆盖率政策

2018 年 2 月 28 日,银监会印发了《关于调整商业银行贷款损失准备监管要求的通知》,将拨备覆盖率监管要求由 150% 下调至 120%—150%。2019 年 9 月 26 日,财政部在《金融企业财务规则(征求意见稿)》[②]的说明中提道:“为真实反映金融企业经营成果,防止金融企业利用准备金调节利润,对于大幅超提准备金予以规范。以银行业金融机构为例,监管部门要求的拨备覆盖率基本

---

① 欧阳剑环:《银行业应对不良有底气》,《中国证券报》2020 年 2 月 13 日。
② 《金融企业财务规则》于 2007 年 1 月 1 日正式实施,2019 年财政部对其进行修订。

标准为150%,对于超过监管要求2倍以上,应视为存在隐藏利润的倾向,要对超额计提部分还原成未分配利润进行分配。"财政部设定拨备覆盖率上限为300%,希望通过对拨备率的限制,释放银行隐藏利润,增加可贷资金总量。

3. 2020年及其后的拨备覆盖率政策

为了应对新冠肺炎疫情的冲击,2020年4月21日国务院常务会议确定将中小银行拨备覆盖率监管要求阶段性下调20个百分点。调整后,对银行拨备覆盖率监管要求变化为100%—130%。由于近几年不良贷款认定趋严,部分银行将逾期60天以上贷款也计入不良贷款,银行业不良贷款率更加真实,因此,即使中小银行拨备覆盖率下调降至100%,基本上也能够覆盖不良贷款损失。阶段性下调拨备覆盖率有利于中小银行核销不良贷款、提升抵御风险的能力,同时释放信贷资源,更好服务中小微企业。

三、银行资产质量监管政策影响中小微企业融资的机理分析

这部分主要包括两个方面的内容:一是通过对银行资产质量监管的两个政策工具和小微企业贷款规模的相关数据进行研究,从中初步分析三者的变化趋势关系;二是进一步讨论不良贷款率和拨备覆盖率政策指标对中小微企业融资规模的具体传导机制。

(一)银行不良贷款率影响中小微企业融资的机理分析

1. 银行不良贷款率与贷款规模的关系

不良贷款率不仅会影响银行资产质量,也会影响银行发放贷款数量。东南亚金融危机以后,我国政府和银行开始高度重视不良贷款问题,除了采取成立资产管理公司、资产置换等方式来解决

历史遗留的不良贷款之外,防范新增不良贷款成了银行贷款管理的核心,很多银行对不良贷款的容忍度下降到了零。由于任何人都无法担保所发放的贷款一定能够收回,银行信贷人员的理性选择必然是尽可能减少贷款。

这种做法造成了 1999—2001 年因贷款增速显著下降而出现了通货紧缩的趋势,以至于中国人民银行在 2002 年第一季度的《货币政策报告》中明确提出了以下建议:"对不良贷款的责任要客观公正地评价和认识,对凡是符合信贷原则、严格按照信贷程序发放的贷款,如果是由于不可预见的市场风险或非人为因素而造成的损失,就不应追究信贷人员的个人责任,不要提出诸如新增贷款不良率必须为零的不切实际的要求。"自此之后,人们对不良贷款率的认识变得更为理性,也能更加科学地把控这一指标。适当地提高不良贷款率,即适度提升不良贷款容忍度,有利于增加总信贷规模或增速以刺激经济发展。

图 7-1 表示的是我国 2015—2021 年各季度不良贷款率和小微企业贷款余额的关系图。从图 7-1 中可以看出,我国商业银行不良贷款率在 2015 年第四季度均呈上升趋势,2016 年和 2017 年相对稳定,维持在 1.75% 左右。而从 2018 年开始,银行的整体不良贷款率又出现小幅上涨,这可能与中美贸易摩擦升级以及新冠肺炎疫情的负向冲击有关。2021 年 11 月末,银行业金融机构不良贷款率为 1.89%,较年初下降 0.04 个百分点。整体来看,近年来我国不良贷款率呈上升趋势,而小微企业贷款量也是逐年稳步增加的,两者表现出一定的正相关关系。可以初步猜想,当宏观经济面临不利冲击时,监管部门适当放宽小微企业不良贷款容忍度,激励金融机构加大对小微企业的资金支持,既促使小微企业贷款规模增加,也造成小微企业不良贷款率上升。

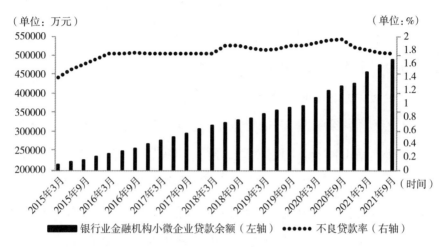

（单位：万元）　　　　　　　　　　　　　　　　　　（单位：%）

■■■ 银行业金融机构小微企业贷款余额（左轴）　●●●● 不良贷款率（右轴）

图 7-1　2015 年 3 月—2021 年 9 月不良贷款率与小微企业贷款余额

资料来源：Wind 数据库、中国银保监会。

2. 银行不良贷款率政策对中小微企业融资的传导机制

不良贷款率政策对银行的影响存在以下四种传导机制：一是风险传导机制；二是贷款意愿影响机制；三是成本收益影响机制；四是市场信号与预期传导机制。其中，对中小微企业贷款量产生较大直接影响的是第二种传导机制，并且第一种传导机制会减少中小微企业的融资，而后三种机制会通过定向提高不良率的政策增加中小微企业融资量。

一是风险传导机制。平均来看，中小微企业规模相对较小，经营管理粗放，抗风险能力较差，因经营不善导致企业资金链断裂的风险较高，致使中小微企业贷款风险较高。同时，由于中小微企业贷款金额较小，若贷款审批过严将导致综合成本过高，若下放贷款审批权限则可能由于审批人员的能力不够和道德风险等问题使问题企业获得贷款，加大银行风险，因此银行会降低对中小微企业的贷款量。当收紧不良贷款率标准后，银行信贷人员会尽可能地减少高风险的中小微企业贷款,以避免不良贷款的发生。当放松不良贷款率标准后,若银行认为中小微企业贷款风险过高,其收益不足以弥补其违约成本,也不会增加对中小微企业的信贷支持。

二是贷款意愿影响机制。不良贷款容忍度的高低会影响银行的放贷意愿,进而影响银行的信贷水平。当增加银行中小微企业贷款的不良率即提高不良贷款容忍度时,银行会增强对中小微企业的贷款意愿,这便会有利于定向提高中小微企业的融资规模。与此相反,设置过低的不良贷款率,银行会过度关心自身的资产质量以满足监管部门的要求,这会导致贷款意愿的降低,进而减少对中小微企业的放贷量。所以,定向适度地提升不良贷款容忍度可以最终促使银行信贷资金精准地投放到中小微企业中,以增强其实体经济服务水平。

三是成本收益传导机制。在市场经济条件下,无论是商业性金融机构,还是一般性工商企业,都遵循成本收益原则进行理性决策与行为。定向放宽中小微企业的不良贷款率,意味着同样的不良贷款率,若放款给中小微企业,信贷人员被追责的概率降低,即失误成本较小。加之中小微企业贷款利率较高,因此基于成本收益的考量,信贷人员更愿意发放中小微企业贷款。在资金支持下中小微企业的经营状况得到改善,其收入和利润增加,进而降低了银行贷款风险,促使银行进一步加大对中小微企业的信贷支持力度,导致中小微企业业绩进一步提升,进而形成中小微企业信贷增加和业绩提升的良性循环。

四是市场信号与预期传导机制。央行会根据经济形势与政策目标的要求,公告货币政策工具的操作信息,通过政策沟通与窗口指导给市场主体传递经济结构调整的信号,以影响市场预期。若央行提高对中小微企业贷款的不良率容忍度,这便给出了支持中小经济体发展的信号。以商业银行为主的金融机构积极领悟央行的政策调整意图,增加对中小微企业的资金投放,这也会改变整个金融市场资金的流向,从而进一步扩大中小微企业的实际融资规模。

图7-2显示定向提高不良贷款率通过四个传导机制发挥作用,主要体现在两个方面:一方面,放宽不良贷款率监管标准,在风险传导机制下中小微企业贷款规模不受影响。但在贷款意愿机制、成本收益机制、市场信号与预期机制的共同作用下,银行中小微企业贷款意愿和规模增加,因此整体来看定向放宽不良贷款率有利于增加中小微企业贷款规模。另一方面,由于中小微企业贷款风险较高,当中小微企业贷款规模越多,银行承受的风险越大。

图7-2　定向提高不良贷款率的作用机制

基于以上传导机制的理论层面分析,提出以下研究假设:

假设7-1:不良贷款率的提高会增加银行对中小微企业贷款量。

假设7-2:不良贷款率的提高会加大银行自身整体的风险水平。

(二)银行拨备覆盖率影响中小微企业融资的机理分析

1. 银行拨备覆盖率与贷款规模的关系

为弥补传统拨备制度本身的顺周期性缺陷,国际金融危机之后,中国顺应国际金融监管规则和理念,自 2008 年便开始探索动态拨备的适用性和可行性,随后在 2010 年加快了动态拨备制度的建设步伐,并在 2011 年通过颁布《商业银行贷款损失准备管理办法》,明确规定允许商业银行根据其自身整体经营状况以及经济所处的发展阶段动态调整贷款损失拨备,但拨备覆盖率不得低于150%,从而正式建立了动态拨备制度。

然而一直以来,其中的拨备覆盖率政策指标的监管标准并不固定,不是一直维持在某一比例水平上,而是监管部门根据经济变化形势进行调整的,表现出一定的逆周期特征。拨备覆盖率政策工具的核心是在进行拨备计提时保证具有充足的前瞻性及逆经济周期特征,从而作为一种"以丰补歉"的机制弱化拨备和信贷行为的周期性特征(段丙蕾、陈冠霖,2016)。例如,在经济繁荣时,可适度提高监管标准,多积累拨备准备;在经济衰退时,适当调低监管标准,释放经济上行期积累的拨备金,以增强银行抵抗经济下行压力的能力。这其中最重要的就是如何根据宏观经济政策、产业政策、商业银行整体贷款分类偏离度、贷款损失变化趋势等因素,进行经济周期状态的预判。

从图 7-3 中可以看出,2015 年四个季度的拨备覆盖率是明显递减的,并在 2016 年第一季度到达一个低点,而随后两年的拨备率变化相对平稳。受中美贸易摩擦和新冠肺炎疫情等负面冲击,2018 年和 2020 年的拨备覆盖率曾经出现过上升。2021 年 11 月,拨备覆盖率为 192.9%,较年初上升 10 个百分点。总体来看,随着动态拨备制度的不断扩大和深化,通过动态调节拨备覆盖率有利于保持经济稳健运行(段丙蕾、陈冠霖,2016)。近些年,我国银行的拨备率大体呈下降趋势,而小微企业贷款量是稳步逐年增加的,这表明两者之间存在一定的反向变动相关关系。可以初步判断，在风险可控的情况下，银行拨备覆盖率的降低可以增加对中小微企业发放的贷款量。

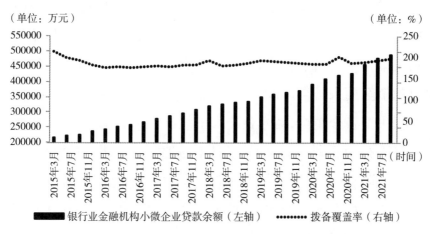

图 7-3　2015 年 3 月—2021 年 7 月拨备覆盖率与小微企业贷款余额
资料来源：中国银保监会、Wind 资讯。

同时观察图 7-1 和图 7-3 可以发现，从总体上看，不良贷款率和拨备覆盖率的变动呈现相反方向，即由于提升了对不良贷款的容忍度而导致不良贷款率的上升，而拨备覆盖率的调整却是大体下降的，同期小微企业的贷款量稳步增加。这是因为不良贷款率和拨备覆盖率对贷款量的影响都比较直接，我国金融监管部门在科学判断经济形势后，综合使用了这两种政策工具，使中小微企业贷款增量不断增加。

2. 银行拨备覆盖率政策对中小微企业融资的传导机制

拨备覆盖率政策工具对金融机构的影响主要存在四种传导机制：一是风险传导机制；二是利润调节机制；三是可贷资金规模影响机制；四是市场信号与预期机制。其中，能对中小微企业贷款量产生较大影响的是第三种作用机制，并且第一种传导机制会减少中小微企业的融资规模,而后三种机制会通过降低银行拨备覆盖率要求的政策增加中小微企业融资量。

一是风险传导机制。虽然直接比较不同银行的拨备率大小不一定能看出其风险防范水平,但拨备覆盖率体现的是银行防范风险的谨慎程度,一般情况下,拨备覆盖率越高说明银行提取了更多的损失准备金,其抵御风险的能力就越强,当银行出现坏账时,有足够的资金用来抵御风险的冲击;而拨备覆盖率越低说明银行留存的损失准备金越少,对不良贷款的缓冲能力越弱,那么当银行面对经济下行的不利冲击时,其很难平稳地渡过危机,进而可能面临流动性风险,甚至引发系统性风险。所以,降低拨备覆盖率虽有助于缓解中小微企业融资困境,增加其实际融资规模,但拨备覆盖率过低,则可能会降低银行风险承担能力。

二是利润调节机制。拨备资金来自银行的利润,净利润和拨备资金存在此消彼长的关系,所以拨备很容易成为银行利润的调节器:当银行财务状况恶化时,为了给人以利润丰厚的印象,有些银行就少提拨备;而当银行财务状况很好的时候,为了将一些利润留到下一年,或不愿给股东分红,银行也可以多提拨备。对于银行来说,由于多提的拨备仍留在行内,而少提拨备也不至于影响银行正常运营,这使拨备覆盖率成为其调节利润的工具。由此可以看出,拨备率的调节可以对金融机构利润起到平滑的作用。降低拨备率的政策可使银行不得不减少拨备金的提取,并且转移至账面利润,改善银行经营状况。这在经济运行稳定的情况下,使更多的资金用于经营流通,从而可以促进银行可贷资金规模的进一步扩大,进而增加中小微企业的贷款数量。

三是可贷资金规模影响机制。对于正常经营的银行,拨备率不仅可以调节利润量,也可以在银行经营平稳时直接改变资本存量,并且进一步影响可贷资金的规模,体现出该政策工具的逆周期调节特性。高拨备覆盖率意味着银行可能将更多的资本隐藏起来,其自身的流动性相对降低,从而减少了可贷资金规模。而低拨备覆盖率则意味着银行将自身的资本释放出来,进而增加其可贷资金量,这有助于减轻银行的资本压力,也有利于银行降低募集资本的成本。这样银行可腾出更多信贷资源,实现对整个经济注入流动性的同时,也会增加对中小微企业的贷款总额,从而提升服务实体经济的能力。

四是市场信号与预期机制。降低拨备覆盖率的政策会给各经济主体传达出放松市场环境的信号,他们会认为央行有刺激经济的倾向,从而会预期未来市场上有更多的流动性。在央行政策的引导下,各金融机构为增加盈利水平,会主动释放资金。而中小微企业则预测未来的市场环境会更好,公司销售水平会更高,从而增大投资需求。银行的资金供给与中小微企业的资金需求相匹配,从而使整个金融市场更加活跃,增加中小微企业的实际融资规模。

图7-4显示降低拨备覆盖率通过四个传导机制发挥作用,主要体现在两个方面:一方面,拨备覆盖率降低会减少银行的隐藏利润,从银行内部释放出流动性,减少其外部融资成本,从而改善账面经营状况。隐藏利润的减少可以增加银行可贷资金总额,使社会总体经济运行环境趋于宽松,中小微企业也会顺势从中受益而获得更多的融资。另一方面,降低拨备率会导致银行计提的不良贷款损失准备金减少,即银行事前应对风险所做的准备充分度下降,这直接降低了其在面对风险时的抵御能力,不利于金融系统的稳定。因此,和不良贷款率政策工具一样,对于拨备覆盖率政策的

效果,我们也是不仅要关注其对中小微企业贷款的影响,也要考察其对银行风险水平的影响。

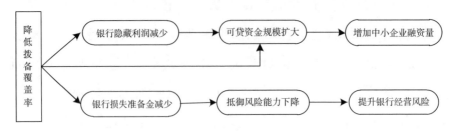

图 7-4　降低拨备覆盖率的作用机制

基于以上传导机制的理论层面分析,本节提出另外两个研究假设:

假设 7-3:拨备覆盖率的降低会增加银行对中小(或小微)企业贷款量。

假设 7-4:拨备覆盖率的降低会提升银行自身整体的风险水平。

第二节　银行资产质量监管政策对
中小微企业融资的影响

本节运用多元线性回归模型和双向固定效应面板模型实证检验银行资产质量监管政策对中小微企业融资的影响,包括所选变量、模型和数据的介绍,以及整体样本基准回归结果分析、不同类型银行政策效果异质性分析和稳健性检验,最后总结出各实证检验的结论,并提出了有针对性的政策建议。

一、变量选取

(一)被解释变量

根据已有的理论分析,本节主要研究的是银行资产质量监管政策对中小微企业融资的影响,应以小微及中小微企业的相关贷款数据进行衡量。为了保证数据形式和结果的一致性,同时考虑到数据的准确性和可得性,本节选择银行对小微企业贷款余额的对数值($lnloan_s$)作为该监管政策对中小微企业融资效果的主要衡量指标。另外,为了保证结果的稳健性,本节还用银行对中小微企业贷款余额的对数值($lnloan_m$)和小微企业贷款额占总贷款的比率($rloan$)对被解释变量进行重新度量。

资产质量监管政策除了对中小微企业融资产生影响外,其对商业银行经营风险的作用也不可忽视,并且由此产生的风险也会对中小微企业融资造成影响。当前,常用的商业银行风险水平指标有:Z值(徐明东、陈学彬,2012)、预期违约率(Expected Default Frequency,EDF)(牛晓健、裴翔,2013)和商业银行风险加权资产相对总资产的比值(江曙霞、陈玉婵,2012)。然而,现阶段我国银行信贷违约数据缺乏,无法准确获取商业银行的预期违约率数据;Z值通常用来衡量破产风险,中国商业银行由于有政府隐性担保,破产风险较低,所以Z值也不能很好地测度现今中国商业银行的风险水平。因此,本节选择银行风险加权资产占总资产的比值($risk$)作为衡量商业银行风险水平的指标。

(二)主要解释变量

银行资产质量监管政策对中小微企业贷款融资的影响,主要是通过对中小微企业不良贷款率和整体拨备覆盖率的调节而进行的。各商业银行对其中小或小微企业贷款的不良率容忍度的相关信息披露不充分,考虑到数据的可得性,本节以银行整体不良贷款率(npl)近似替代不良贷款容忍度,进一步检验该政策对中小微企业融资的影响。另一个主要解释变量可用各商业银行的拨备覆盖率(pcr)进行衡量。

(三)其他控制变量

在考虑解释变量对被解释变量的作用时,为得到比较准确的估计结果,通常是将其他的一些可能对被解释变量有显著影响的因素也加入模型中,而实现对这些相关因素所造成的影响进行"控制"的目的,这些相关因素就是通常所讲的控制变量。表7-2是本节所选变量表示的符号、含义及具体计算方法,其中控制变量有三类:(1)货币政策方面的代理变量 MP 。货币政策环境对经济运行和企业资本运作会产生较大影响,并且尽管国内存贷款利率已经完全放开,但市场资金定价机制和利率传导机制并不健全,故不能照搬国外发达国家常用的货币市场短期利率作为货币政策工具变量。目前,国内学者常使用货币供应量 M_1 或 M_2、法定存款准备金率等来表示货币政策实施情况,故本节以广义货币供应量的对数值($\ln M_2$)作为货币政策工具的代理变量。(2)宏观经济方面的代理变量 ME 。由于宏观经济环境和经济周期状态对中小微企业的融资效果和银行风险水平的影响均不可忽略,所以需要将宏观经济层面的因素也加以考虑。参考余晶晶等(2019)的研究,本节引入了 GDP 增长率和通货膨胀率作为宏观经济的代理变量,其中,大型国有商业银行和全国股份制商业银行采用全国的数据,城商行和农商行选择各地区的数据。(3)微观银行方面的代理变量 $BANK$ 。考虑到商业银行的规模和资产负债状况会影响其风险承担和经营状况,进而直接影响银行的风险水平和对中小微企业的贷款,本节将表示银行自身经营状况的变量也考虑进来,并选取了几个主要指标:银行规模 $size$ 、资源配置水平 $alloc$ 、信贷周期 la 、流动性大小 liq 、资产收益率 ROA 、权益资本率 ea 、资本充足率 car 。

表7-2　变量设定、含义和计算方法

变量类型	变量符号		变量含义	变量计算方法(或来源)
被解释变量		$\ln loan_s$	银行对小微企业贷款余额的对数值	取对数
		$risk$	银行风险水平	银行风险加权资产/总资产
解释变量	银行资产质量监管 AQS	npl	中小微企业的不良贷款率	不良贷款余额/总贷款余额(以银行整体不良贷款率替代)
		pcr	拨备覆盖率	贷款损失准备金/不良贷款余额
控制变量	货币政策方面 MP	$\ln M_2$	广义货币供应量的对数值	对货币供应量 M_2 取对数
	宏观经济方面 ME	GDP	GDP 增长率	GDP 的同比增长率
		CPI	通货膨胀率	消费者价格指数同比增长率
	微观银行方面 $BANK$	$size$	银行规模	银行总资产的对数
		$alloc$	资源配置水平	存贷比
		la	信贷周期	贷款总额/总资产的滞后一期
		liq	流动性大小	流动性资产/总资产
		ROA	资产收益率(盈利水平)	净利润/总资产
		ea	权益资本率	权益性资产/总资产
		car	资本充足率	资本充足率=(总资本-对应资本扣减项)/风险加权资产

二、数据来源和模型设定

(一)样本数据来源

综合考虑数据的可得性和政策的适用性,剔除了大型国有商业银行股份制改造前的数据。根据宏观审慎评估体系的实施时间,选择2011—2019年中国商业银行年度数据,分析由宏观审慎评估体系引出的银行资产质量监管政策的实施效果。主要变量数据来源于银行年报数据、银行社会责任报告,除此之外,部分解释变量数据和控制变量数据来源于 Wind 数据库、中国人民银行官网和国家统计局网站。样本选择剔除政策性银行以及多数数据缺失的商业银行,最终选取了51家商业银行,包含大型国有商业银行共6家(包括邮政储蓄银行)、全国性股份制商业银行共12家、城市商业银行共20家、农村商业银行共13家。本节所用数据为非平衡面板数据,采用多元线性回归和双向固定效应估计方法进行实证检验。

(二)模型设定

从已有的文献资料来看,对银行监管政策有效性进行实证检验的方法主要有两种:一种是采用双重差分模型,如李义举(2018)的做法,但由于商业银行都是银行资产质量的监管对象,无法选取能与其相匹配的控制组,因此采用这个模型来进行实证检验不具备可行性;另一种是采用多元线性回归模型,如徐长生(2018)、廖岷(2014)等在对宏观审慎监管政策进行有效性评估时采取了这种做法。多元线性回归模型的可操作性更强,对于银行资产质量监管政策效果的评价来说是相对实用的选择。对此,我们设定的回归模型如下：

$$\ln loan_{sit} = \alpha_0 + \alpha_1 AQS_{it} + \alpha_2 MP_{it-1} + \alpha_3 ME_{it} + \alpha_4 BANK_{it} + \varepsilon_{it}$$

$$(7-1)$$

$$risk_{it} = \alpha_0 + \alpha_1 AQS_{it} + \alpha_2 MP_{it-1} + \alpha_3 ME_{it} + \alpha_4 BANK_{it} + \varepsilon_{it}$$

$$(7-2)$$

式(7-1)用来检验银行资产质量监管对中小微企业贷款的影响，式(7-2)用来检验不良贷款率、拨备覆盖率对银行风险水平的影响程度。其中，i ($= 1, \cdots, N$)表示商业银行个体；t 表示时间；$\ln loan_s$ 表示银行小微企业贷款余额水平；$risk$ 表示商业银行的风险水平；AQS 表示银行资产质量监管政策的相关变量，包括不良贷款率 npl 和拨备覆盖率 pcr 这两个核心代表变量，其中 npl 是用各银行整体的不良贷款率进行近似替代的；MP 为货币政策工具代理变量，即 $\ln M_2$，考虑货币政策调控的影响具有明显的滞后性，因此使用货币政策滞后项；ME 表示宏观经济层面的代理变量，包括 GDP 和 CPI，其作用是控制经济周期影响；$BANK$ 是代表微观银行特征的控制变量向量，由银行规模、资源配置水平、信贷周期、流动性水平、资产收益率、权益资本率和资本充足率构成；ε_{it} 为随机扰动项。

$$\ln loan_{sit} = \alpha_0 + \alpha_1 AQS_{it} + \alpha_2 MP_{it-1} + \alpha_3 ME_{it} + \alpha_4 BANK_{it} + \lambda_i + \mu_t + \varepsilon_{it}$$

$$(7-3)$$

$$risk_{it} = \alpha_0 + \alpha_1 AQS_{it} + \alpha_2 MP_{it-1} + \alpha_3 ME_{it} + \alpha_4 BANK_{it} + \lambda_i + \mu_t + \varepsilon_{it}$$

$$(7-4)$$

通过相关检验，本节采用多元线性回归方法对式(7-1)、式(7-2)进行估计，以初步判断银行资产质量监管政策对小微企业融资的影响效果。另外，考虑到面板数据自身特点，为使实证结果更加准确,本节采用面板模型进行实证分析,考虑了银行个体效应 λ_i 和年份时间效应 μ_t,如式(7-3)、式(7-4)所示,并采用双向固定效应方法对研究结论进行进一步检验。

(三)样本数据的描述性统计

本节运用 Stata 15 软件进行数据处理和实证分析。我们首先对这些指标进行描述性统计分析,结果见表 7-3,$\text{ln}loan_s$ 和 $risk$ 的均值分别为 6.65 和 64.93,且 $risk$ 的标准差较大,表明虽然在政策引导下各商业银行均重视对中小微企业的贷款,但不同银行在执行过程中风险水平差异明显。银行资产质量监管政策的两个代表指标中,pcr 的均值水平较高,且由于管理相对宽松,在剔除极端值后,其原始数据的标准差仍然过大,这表明各银行抵御风险的能力存在较大差异。此外,微观银行层面的变量 $alloc$、la 和 liq 的标准差均大于10,说明银行间经营状况的多样化,这与本节选择不同规模商业银行作为样本有关。货币政策层面和宏观经济层面的变量的标准差均相对较小,与近些年我国经济运行较为稳定有关。

表 7-3 变量描述性统计

变量名称	变量符号	均值	标准差	最小值	中位数	最大值
小微企业贷款余额	$lnloan_s$	6.6471	1.5373	2.50	6.47	10.01
风险资产比率	$risk$	64.9280	14.0261	32.45	63.66	203.87
不良贷款率	npl	1.4326	0.7471	0	1.37	8.73
拨备覆盖率	pcr	248.0023	99.8709	100.02	220.19	778.59
广义货币供应量对数值	lnM_2	14.1303	0.2658	13.65	14.15	14.5
GDP 增长率	GDP	9.0783	2.8245	-2.50	8.85	18.49
通货膨胀率	CPI	2.4391	1.1054	0.87	2.10	5.90
银行规模	$size$	8.8486	1.8116	3.63	8.535	12.62

续表

变量名称	变量符号	均值	标准差	最小值	中位数	最大值
资源配置水平	*alloc*	68.3056	13.8313	0	68.81	122.09
信贷周期	*la*	51.7453	10.5315	5.78	52.405	87.77
流动性大小	*liq*	50.8797	13.1615	27.60	48.76	109.25
资产收益率	*ROA*	0.8989	0.2933	0.05	0.90	1.66
权益资本率	*ea*	6.7766	1.4023	2.98	6.565	12.19
资本充足率	*car*	12.8238	1.4949	9.00	12.61	17.59

（四）样本数据的相关性分析

考虑到数据可能存在的多重共线性问题,进行了方差膨胀因子(VIF)检验。其中,小微企业贷款、银行风险水平与不良贷款率、拨备覆盖率两两进行回归时,方差膨胀因子最大值为3.37,而方差膨胀因子平均值为2.04,远远小于10,因此不必担心存在多重共线性问题。

三、基准模型实证结果分析

在整体样本进行回归之前,本节对静态面板模型的估计策略进行选择。首先,从混合回归模型和固定效应模型中选择:F检验的p值均小于0.01,因此拒绝不存在个体效应的原假设,选择固定效应模型;其次,从混合回归模型和随机效应模型中选择:由于拉格朗日乘数检验(LM检验)的p值均小于0.01,同样拒绝不存在个体效应的原假设,因此选择随机效应模型;最后,从固定效应模型和随机效应模型中进行选择:根据豪斯曼(Hausman)检验的p值,选择固定效应模型。本节同时考虑了时间效应,最终选择式(7-3)和式(7-4)所表示的双向固定效应模型进行面板估计。但为了检验模型选择的科学性和实证结果的稳健性,本书中也对式(7-1)和式(7-2)所表示的混合回归模型进行多元线性回归分析。

(一)多元线性回归分析

针对银行资产质量监管政策对小微企业贷款和银行风险水平影响的一系列研究假说,首先对式(7-1)和式(7-2)进行了多元线性回归,相关回归结果见表7-4。其中,列(1)、列(2)的解释变量为不良贷款率 npl ,列(3)、列(4)的解释变量为拨备覆盖率 pcr 。

表7-4　银行资产质量监管政策对小微企业贷款和
银行风险水平的影响(多元线性回归)

变量	(1) 小微企业贷款余额对数值	(2) 风险资产比率	(3) 小微企业贷款余额对数值	(4) 风险资产比率
不良贷款率	0.0582	−1.9042***	—	—
	(0.0363)	(0.7391)	—	—
拨备覆盖率	—	—	−0.0009***	−0.0010
	—	—	(0.0002)	(0.0046)
广义货币供应量对数值	8.7638	−107.7057	7.9008	−95.5828
	(7.2894)	(148.1625)	(7.1544)	(149.5554)
GDP 增长率	−0.0163	0.0652	−0.0123	0.0519
	(0.0103)	(0.2107)	(0.0102)	(0.2135)
通货膨胀率	−0.0113	1.5046	−0.0177	1.6741
	(0.0621)	(1.2632)	(0.0609)	(1.2738)
银行规模	0.3758***	−40.3270***	0.3620***	−40.1491***
	(0.0799)	(1.6255)	(0.0784)	(1.6404)

续表

变量	（1）小微企业贷款余额对数值	（2）风险资产比率	（3）小微企业贷款余额对数值	（4）风险资产比率
资源配置水平	−0.0041	0.1740 ***	−0.0057 **	0.1481 ***
	(0.0025)	(0.0515)	(0.0025)	(0.0527)
信贷周期	0.0021	−0.2100 ***	0.0013	−0.2130 ***
	(0.0027)	(0.0541)	(0.0026)	(0.0548)
流动性大小	0.0008	−0.0452	0.0007	−0.0563
	(0.0017)	(0.0343)	(0.0016)	(0.0345)
资产收益率	0.3774 ***	2.9580	0.3668 ***	5.2520 **
	(0.1213)	(2.4672)	(0.1124)	(2.3540)
权益资本率	0.0282	1.9500 ***	0.0328	1.7903 ***
	(0.0247)	(0.5020)	(0.0240)	(0.5031)
资本充足率	−0.0315	−2.2819 ***	−0.0315 *	−2.0972 ***
	(0.0196)	(0.4019)	(0.0190)	(0.4008)
常数项	−114.8103	2005.177	−102.4632	1833.028
	(99.5789)	(2024.038)	(97.7306)	(2043.007)

注:括号中为稳健标准误差;*** 、** 、* 分别表示在 1%、5%、10%的水平下显著。

根据之前的理论分析,不良贷款率 npl 上升和拨备覆盖率 pcr 下降会导致银行对中小(小微)企业的贷款增加。从回归结果中可以看出,在控制相关变量后, npl 与 $lnloan_s$ 为正相关关系,但结果并不显著,而 pcr 与 $lnloan_s$ 呈显著负相关。这表明我国银行资产质量监管政策整体上可以促进小微企业融资,但其政策效果不是十分明显,需要做进一步检验。当银行风险水平为被解释变量时, npl 与之呈显著负相关,即不良贷款容忍度的增加并未导致风险水平的提高,说明该政策工具较为成功。而 pcr 与 $risk$ 呈负相关,虽然这种关系并不显著,但也表明降低拨备覆盖会提高银行风险水平。综合来看,提高小微企业不良贷款容忍度和降低拨备覆盖率,可以在一定程度上实现促进小微企业融资的政策初衷,但在银行自身风险水平控制方面存在问题。

此外,从回归结果中也可以看出,货币政策和宏观经济的代表变量大部分是不显著的。当货币供应量增加时,即实施宽松的货币政策,可以促使小微企业贷款量增加,同时降低银行风险水平;而当货币供应量减少时,即实施紧缩的货币政策,会造成小微企业贷款的减少和银行风险水平的提升。GDP 与 $lnloan_s$ 呈负相关,这主要是因为在本书中所选数据期间,我国经济发展出现明显的"脱实向虚"现象,因此经济的高速发展未能带来小微企业贷款量的提高;GDP 与 risk 呈正相关,这可能是因为经济繁荣期的资金更易流向其他高风险、高回报的行业,导致风险水平的提高。不过,无论是货币供应量还是 GDP 均对小微企业贷款、风险资产比率的影响并不显著。银行微观层面的控制变量的符号符合经济学常识且大多显著,银行规模越大,经营管理越科学,对小微企业提供的贷款量越大,自身风险水平越低。

(二)双向固定效应回归分析

本节进一步采用双向固定效应模型进行研究分析。此外,为了解决随机扰动项存在的异方差和自相关问题,采用德里斯科尔-克雷(Driscoll-Kraay)标准误差对式(7-3)和式(7-4)进行估计,相关回归结果见表7-5。表7-5 中前两列的银行资产质量监管政策工具变量为 npl ,后两列的政策工具变量为 pcr ,每个政策变量均与小微企业贷款量和银行风险水平的代表变量进行回归分析。

表 7-5　银行资产质量监管政策对小微企业贷款和银行
风险水平的影响(固定效应模型)

变量	(1) 小微企业贷款余额对数值	(2) 风险资产比率	(3) 小微企业贷款余额对数值	(4) 风险资产比率
不良贷款率	0.0482*	-1.4679*	—	—
	(0.0258)	(0.7938)	—	—
拨备覆盖率	—	—	-0.0007***	-0.0041*
	—	—	(0.0001)	(0.0022)
广义货币供应量对数值	7.9266***	-72.8268	6.9203***	-70.7358
	(2.8783)	(62.6362)	(2.5743)	(66.4807)
GDP 增长率	-0.0157***	0.0326	-0.0120***	0.0406
	(0.0031)	(0.3511)	(0.0036)	(0.4038)
通货膨胀率	-0.0094	1.4204**	-0.0137	1.5682**
	(0.0483)	(0.6929)	(0.0472)	(0.7149)
银行规模	0.3698***	-40.0856***	0.3563***	-40.0129***
	(0.0732)	(4.0378)	(0.0642)	(3.9236)
信贷周期	0.0005	-0.1419*	-0.0008	-0.1593**
	(0.0023)	(0.0727)	(0.0017)	(0.0772)
流动性大小	0.0008	-0.0441	0.0006	-0.0552
	(0.0011)	(0.0381)	(0.0010)	(0.0373)
资产收益率	0.3549***	3.8939***	0.3444***	5.8092***
	(0.0352)	(0.9301)	(0.0626)	(0.9046)
权益资本率	0.0180	2.3818***	0.0178	2.1777***
	(0.0219)	(0.4468)	(0.0254)	(0.3977)
资本充足率	-0.0295**	-2.3565***	-0.0283	-2.1742***
	(0.0144)	(0.6831)	(0.0139)	(0.7250)
常数项	-105.305**	1396.749	-91.1154**	1365.079
	(39.9062)	(868.5948)	(35.6935)	(920.01)
样本量	406	406	406	406

注:括号中为稳健标准误差;***、**、*分别表示在1%、5%、10%的水平下显著。

可以看出,采用双向固定效应回归模型后,其结果与多元线性回归结果相比,显著性得到进一步提高。其中,npl 与小微企业贷款显著正相关,pcr 与小微企业贷款仍呈显著负相关,进一步证明了银行资产质量监管政策能够有效增加对小微企业的贷款,证实了假设 7—1 和假设 7—3。同时,这两个政策工具指标与银行风险水平的关系与之前的结论也基本相同,npl 与银行风险代表变量显著负相关,pcr 与银行风险显著负相关。因此,在提高不良贷款率以增加对小微企业贷款的同时,银行还能有效防范自身风险,该结果从另一个角度表明不良贷款率政策的有效性,否定了研究假设 7—2;拨备覆盖率降低虽然会促进小微企业贷款额增加,但同时也会进一步提升银行风险水平,从而证实了假设 7—4。从整体来看,我国银行资产质量监管政策的实施可以有效改善小微企业融资困境,但同时也可能增加银行经营风险,影响金融体系安全。

各控制变量中,货币政策层面和宏观经济层面的代表变量对小微企业贷款和银行风险水平的影响效果也同之前的检验结果类似,且显著性得到提高。微观银行层面的控制变量同样表明规模较大、对小微企业的信贷支持力度越大,同时能很好地控制自身风险水平。

四、分组回归检验分析

以上实证研究分析了各银行资产质量监管政策对小微企业贷款和其自身风险的影响情况,结果表明我国银行资产质量监管政策基本实现了其增加小微企业贷款数量的政策目标,但需要注意维持银行系统的稳定。那么,不同类型特征的银行之间政策实施效果是否存在差异?对这个问题的研究对于精准施策以及进一步促进中小微企业融资是非常必要的。本节将整体样本银行按照经营规模、上市情况及外资持股比例的不同进行分组检验,考察不同类型银行实施资本质量监管政策的效果是否存在异质性。

(一)不同规模银行的政策实施效果分析

为分析不同规模银行对资产质量监管政策的执行情况以及在政策实施中的效果差异,本节将所选取的 51 家商业银行进行分组。其中,将 6 家大型国有商业银行(包括邮政储蓄银行)及 12 家全国性股份制商业银行划分为大中型商业银行,其余的城市商业银行和农村商业银行划分为小型商业银行,即分为大中型银行和小型银行两类。并基于式(7-3)和式(7-4)的双向固定效应模型,分别对这两类银行数据进行实证检验,具体估计结果见表 7-6 和表 7-7。

表 7-6 不同规模银行的资产质量监管政策对小微企业贷款余额的影响

变量	大中型银行		小型银行	
	(1)	(2)	(3)	(4)
	小微企业贷款余额对数值	小微企业贷款余额对数值	小微企业贷款余额对数值	小微企业贷款余额对数值
不良贷款率	0.2243 **	—	0.0210	—
	(0.0964)	—	(0.0271)	—
拨备覆盖率	—	-0.0005 ***	—	-0.0009 ***
	—	(0.0002)	—	(0.0002)
广义货币供应量对数值	0.6158 ***	0.7346 ***	7.8539 ***	7.4471 ***
	(0.0466)	(0.0600)	(2.0214)	(1.9984)
GDP 增长率	0.0374 **	-0.1340 ***	-0.0077	-0.0077
	(0.0133)	(0.0241)	(0.0052)	(0.0068)
通货膨胀率	-0.2647 ***	0.0779 **	0.0230	0.0186
	(0.0701)	(0.0353)	(0.0535)	(0.0497)

续表

变量	大中型银行		小型银行	
	（1）	（2）	（3）	（4）
	小微企业贷款余额对数值	小微企业贷款余额对数值	小微企业贷款余额对数值	小微企业贷款余额对数值
资源配置水平	−0.0069	−0.0060	0.0010	−0.0030
	（0.0052）	（0.0046）	（0.0027）	（0.0035）
信贷周期	0.0006	0.0002	0.0038***	0.0032***
	（0.0079）	（0.0075）	（0.0014）	（0.0011）
流动性大小	0.0004	0.0001	0.0023***	0.0024***
	（0.0044）	（0.0045）	（0.0006）	（0.0006）
资产收益率	0.8000***	0.7452***	0.2593***	0.3051***
	（0.2149）	（0.1792）	（0.0438）	（0.0478）
权益资本率	0.0282	0.0534	−0.0006	0.0039
	（0.0769）	（0.0863）	（0.0159）	（0.0218）
资本充足率	−0.0997**	−0.1033**	0.0074	0.0087
	（0.0425）	（0.0478）	（0.0160）	（0.0130）
样本量	154	154	252	252

注：括号中为稳健标准误差；***、**、*分别表示在1%、5%、10%的水平下显著。

　　表7-6反映的是大中型银行和小型银行分别以不良贷款率和拨备覆盖率作为银行资产质量监管政策变量时，与小微企业贷款量对数值进行回归分析的结果。从表7-6中可以看出，两类银行的不良贷款率政策指标与小微企业贷款变量均为正相关关系，但小型商业银行的这种关系并不显著；而两类银行的拨备覆盖率与小微贷款均呈显著负相关。上述结果表明，通过合理实施资产质量监管政策，大中型银行能够明显增加小微企业贷款量，而小型银行虽然也能在一定程度上改善小微企业融资难现状，但未能充分发挥不良贷款率政策工具的作用。因此，规模越大的银行更好

地发挥资产质量监管政策对小微企业的扶持作用,这与之前的分析结果一致。

表 7-7 展示的是两类银行的不良贷款率和拨备覆盖率指标对其自身风险水平代表变量的回归分析结果,可以体现出在实施差异化资产质量监管政策以增加小微企业贷款融资规模的同时,对银行风险的影响情况。其中,大中型银行不良贷款率与风险水平呈正相关但不显著,拨备覆盖率与风险呈显著负相关关系,表明大中型银行通过资产质量监管政策为小微企业提供贷款的同时,并没能很好地控制自身风险。虽然小型银行的不良贷款率与风险变量为显著负相关关系,表明其通过调整不良贷款相关政策,不仅可以促进小微企业发展,也使自身风险得到控制,但根据之前的分析,这可能是由于小型银行通过不良贷款率政策指标为小微企业提供的贷款相对大中型银行而言较少,使其潜在风险较低。拨备覆盖率变化对小型银行的风险无显著影响。综合来看,提高不良贷款率和降低拨备覆盖率的政策,提高了大中型银行的风险水平,但却并没有增加小银行的风险。

表 7-7　不同规模银行的资产质量监管政策对其风险水平的影响

变量	大中型银行		小型银行	
	(1)	(2)	(3)	(4)
	风险资产比率	风险资产比率	风险资产比率	风险资产比率
不良贷款率	1.0904	—	-3.3272**	—
	(0.6951)	—	(1.2731)	—
拨备覆盖率	—	-0.0073***	—	0.0133
	—	(0.0017)	—	(0.0111)

变量	大中型银行		小型银行	
	（1）	（2）	（3）	（4）
	风险资产比率	风险资产比率	风险资产比率	风险资产比率
广义货币供应量对数值	2.5697 ***	2.3748 ***	−540.7196 *	−511.6553
	（0.5287）	（0.6116）	（314.9066）	（320.8667）
GDP 增长率	0.1002	0.6768 ***	1.0784	0.9083
	（0.1466）	（0.1713）	（1.0860）	（1.0593）
通货膨胀率	−0.2038	−1.0113 **	−7.5400	−7.0747
	（0.6456）	（0.4431）	（5.8395）	（5.9927）
资源配置水平	0.0180	0.0174	0.4137	0.4129
	（0.0157）	（0.0161）	（0.4244）	（0.3990）
信贷周期	0.0441	0.0257	−1.3459 *	−1.3267 *
	（0.0427）	（0.0443）	（0.7441）	（0.7486）
流动性大小	0.0419	0.0327	−0.4057 ***	−0.4257 ***
	（0.0425）	（0.0435）	（0.1239）	（0.1226）
资产收益率	9.8481 **	8.3545 *	10.6799	14.6134 **
	（4.5021）	（4.2878）	（6.4240）	（6.3517）
权益资本率	5.9083 ***	6.2173 ***	1.2880	0.9465
	（0.4369）	（0.5463）	（1.7759）	（1.8507）
资本充足率	−2.2705 ***	−2.1635 ***	−2.7825	−2.4614
	（0.4010）	（0.4290）	（3.0129）	（3.0360）
样本量	154	154	252	252

注：括号中为稳健标准误差；***、**、*分别表示在1%、5%、10%的水平下显著。

（二）上市情况不同的银行政策实施效果分析

根据银行是否上市，将整体样本数据划分为上市银行和非上市银行两个子样本。上市银行与非上市银行相比，具有更广泛的融资方式和资金来源,理论上可以划拨出较多的资金支持弱势企业发展,但上市银行所受监管更为严格,因此其也不一定愿意为中小微企业提供过多贷款而承担更多风险。同样,非上市银行虽因自身实力,为中小微企业提供贷款额度有限,但由于监管相对宽松,且可以从中获得合理利息收入和扩展业务规模,也可能对中小微企业起到更强的支持作用。下面,对这两个子样本银行数据分别进行实证检验,具体估计结果见表7-8和表7-9。

表7-8　上市情况不同的银行资产质量监管政策对小微企业贷款余额的影响

变量	上市银行		非上市银行	
	（1）	（2）	（3）	（4）
	小微企业贷款余额对数值	小微企业贷款余额对数值	小微企业贷款余额对数值	小微企业贷款余额对数值
不良贷款率	0.0602	—	0.1205 ***	—
	(0.0569)	—	(0.0266)	—
拨备覆盖率	—	-0.0005 ***	—	-0.0012 ***
	—	(0.0001)	—	(0.0002)
广义货币供应量对数值	0.3270 ***	0.3440 ***	15.2817 ***	12.7316 ***
	(0.0420)	(0.0399)	(3.3634)	(3.2659)
GDP 增长率	-0.0179 ***	-0.0167 ***	-0.0292 **	-0.0210 *
	(0.0049)	(0.0044)	(0.0120)	(0.0113)
通货膨胀率	-0.0038	0.0036	-0.1332 ***	-0.1435 ***
	(0.0458)	(0.0451)	(0.0421)	(0.0479)
银行规模	0.2691 ***	0.2703 ***	1.4874 ***	1.2182 ***
	(0.0517)	(0.0464)	(0.1834)	(0.1911)
资源配置水平	-0.0002	-0.0010	-0.0183 ***	-0.0187 ***
	(0.0014)	(0.0014)	(0.0027)	(0.0032)

续表

变量	上市银行		非上市银行	
	（1）	（2）	（3）	（4）
	小微企业贷款余额对数值	小微企业贷款余额对数值	小微企业贷款余额对数值	小微企业贷款余额对数值
信贷周期	0.0006	0.0005	0.0116***	0.0074**
	（0.0038）	（0.0031）	（0.0036）	（0.0030）
流动性大小	0.0025	0.0017	0.0001	0.0008
	（0.0037）	（0.0034）	（0.0009）	（0.0010）
资产收益率	0.5288***	0.5007***	0.2550***	0.1413*
	（0.1119）	（0.1618）	（0.0731）	（0.0775）
权益资本率	−0.0247	−0.0256	0.0889***	0.0918***
	（0.0382）	（0.0467）	（0.0157）	（0.0236）
资本充足率	−0.0458**	−0.0428*	−0.0336	−0.0391
	（0.0195）	（0.0211）	（0.0207）	（0.0234）
样本量	240	240	166	166

注：括号中为稳健标准误差；***、**、*分别表示在1%、5%、10%的水平下显著。

表7-8体现的是两类银行通过实施资产质量监管政策对小微企业贷款的影响程度，可以看出，上市银行的不良贷款率与小微企业贷款数量正相关，但并不显著，非上市银行的不良贷款率与小微企业贷款数量呈显著正相关关系；两类银行的拨备覆盖率与小微企业贷款数量均为显著负相关关系。整体来看，非上市银行通过实施资产质量监管政策可以明显提高对小微企业的贷款量，而上市银行在该方面起到的作用较小。

从表7-9中可以看出，上市与非上市银行在通过资产质量监管政策支持小微企业发展的同时，对其自身风险水平的影响。其中，非上市银行的不良贷款率与其风险为负相关关系，但不显著，而拨备覆盖率指标与风险呈显著负相关,这说明非上市银行在政策实施过程中未能控制好自身风险。上市银行的两个政策指标与风险水平相关变量分别呈显著负相关、显著正相关,表明通过提高不良贷款率和降低拨备覆盖率以增加小微贷款量的同时,其能够很好地控制自身风险以维持运营。上市银行风险控制得当,这可能是由于融资方式相对灵活,内控更加严格,使其本身风险相对较低。此外,根据前面的结果,这也可能是由于其对小微企业发展支持力度较低,而未能充分发挥资产质量监管政策效果,从而较少地承担了由小微企业转嫁而来的风险。

表 7-9　上市情况不同的银行资产质量监管政策对其风险水平的影响

变量	上市银行		非上市银行	
	（1）	（2）	（3）	（4）
	风险资产比率	风险资产比率	风险资产比率	风险资产比率
不良贷款率	−6.9171***	—	−0.2120	—
	(2.4281)	—	(1.1236)	—
拨备覆盖率	—	0.0130***	—	−0.0122***
	—	(0.0041)	—	(0.0041)
广义货币 供应量对数值	84.3788***	83.7829***	−5.4043	−18.1556
	(4.3235)	(4.1380)	(61.4321)	(51.8484)
GDP 增长率	0.6630	0.7122	−0.2130	−0.2463
	(0.7116)	(0.6965)	(0.2480)	(0.3563)
通货膨胀率	−3.1415	−3.0409	0.6465	0.6998
	(1.9129)	(1.9649)	(0.5319)	(0.7079)
银行规模	−108.0594***	−108.213***	−8.2441***	−9.2344***
	(6.9677)	(6.8054)	(2.2013)	(1.9873)
资源配置水平	0.3395***	0.3127***	0.1616***	0.1248***
	(0.0854)	(0.0869)	(0.0392)	(0.0316)

变量	上市银行		非上市银行	
	（1）	（2）	（3）	（4）
	风险资产比率	风险资产比率	风险资产比率	风险资产比率
信贷周期	−0.7276***	−0.7420***	−0.0449	−0.0799
	（0.1755）	（0.1845）	（0.0321）	（0.0468）
流动性大小	0.0356	0.0265	−0.0518	−0.0503
	（0.0872）	（0.0815）	（0.0308）	（0.0293）
资产收益率	32.8274***	36.4205***	−0.3327	0.5213
	（7.7431）	（7.3417）	（2.0794）	（0.8580）
权益资本率	−10.4252***	−10.7898***	3.7794***	3.7404***
	（2.2566）	（2.2399）	（0.2247）	（0.3069）
资本充足率	−3.0950*	−3.1138*	−1.7226***	−1.5851***
	（1.7343）	（1.6591）	（0.2052）	（0.1588）
样本量	240	240	166	166

注：括号中为稳健标准误差；***、**、*分别表示在1%、5%、10%的水平下显著。

（三）外资持股比例不同的银行政策实施效果分析

根据外资持股比例的不同，本节将整体样本划分为外资持股银行和无外资持股银行两类。其中，银行前十大股东中如有外资持股，则为外资持股银行；前十大股东若无外资持股，则为无外资持股银行。外资持股银行一方面可能因为有国外资本支持而实力雄厚，因此有能力为中小微企业提供更多贷款；另一方面也可能因外资股东对银行风险的严格要求而控制对弱势企业提供贷款的业务。同理，无外资持股银行可能监管相对宽松，对弱势企业排斥力度较小，但缺乏外资支持。除大型国有银行外，该类银行大多规模较小且数量较多，因此限制了其对小微企业的资金支持力度。

下面对这两类银行的数据分别进行实证检验,具体估计结果见表 7-10 和表 7-11,这两个表分别展示了该政策实施对小微企业贷款及银行风险水平的影响程度。从表 7-10 和表 7-11 中可以看出,两类银行的不良贷款率和拨备覆盖率与小微企业贷款量分别为正相关和负相关关系,但无外资持股银行结果显著,而外资持股银行结果不显著。这说明无外资持股银行对资产质量监管政策的执行力度更大,从而可以更好地服务于小微企业。

表 7-10　外资持股比例不同的银行资产质量监管政策对小微企业贷款余额的影响

变量	外资持股银行		无外资持股银行	
	（1）	（2）	（3）	（4）
	小微企业贷款余额对数值	小微企业贷款余额对数值	小微企业贷款余额对数值	小微企业贷款余额对数值
不良贷款率	0.0479	—	0.0621[*]	—
	(0.0737)	—	(0.0321)	—
拨备覆盖率	—	-0.0003	—	-0.0012[***]
	—	(0.0002)	—	(0.0002)
广义货币供应量对数值	13.0415[***]	12.2881[***]	0.2911[***]	0.3616[***]
	(4.3555)	(4.3634)	(0.0669)	(0.0446)
GDP 增长率	-0.0249[***]	-0.0244[***]	-0.0235[*]	-0.0208
	(0.0055)	(0.0044)	(0.0127)	(0.0143)
通货膨胀率	0.0663	0.0677	-0.0402	-0.0564
	(0.0461)	(0.0478)	(0.0653)	(0.0605)
银行规模	1.0625[***]	1.0579[***]	0.2301	0.2083
	(0.1519)	(0.1583)	(0.0516)	(0.0463)
资源配置水平	-0.0056[**]	-0.0057[**]	-0.0090[***]	-0.0146[***]
	(0.0025)	(0.0028)	(0.0031)	(0.0042)

变量	外资持股银行		无外资持股银行	
	（1）	（2）	（3）	（4）
	小微企业贷款余额对数值	小微企业贷款余额对数值	小微企业贷款余额对数值	小微企业贷款余额对数值
信贷周期	0.0120**	0.0115**	0.0026	0.0018
	（0.0056）	（0.0051）	（0.0025）	（0.0020）
流动性大小	0.0019	0.0016	−0.0009	−0.0002
	（0.0035）	（0.0034）	（0.0009）	（0.0010）
资产收益率	0.4911**	0.4587**	0.1939***	0.1887***
	（0.2170）	（0.1955）	（0.0695）	（0.0571）
权益资本率	0.0872**	0.0897**	0.0189	0.0316
	（0.0397）	（0.0395）	（0.0241）	（0.0315）
资本充足率	−0.0663*	−0.0645*	−0.0076	−0.0094
	（0.0346）	（0.0352）	（0.0187）	（0.0144）
样本量	213	213	193	193

注：括号中为稳健标准误差；***、**、*分别表示在1%、5%、10%的水平下显著。

表7-11　外资持股比例不同的银行资产质量监管政策对其风险水平的影响

变量	外资持股银行		无外资持股银行	
	（1）	（2）	（3）	（4）
	风险资产比率	风险资产比率	风险资产比率	风险资产比率
不良贷款率	0.8600	—	−4.7329***	—
	（0.6997）	—	（0.9772）	—
拨备覆盖率	—	−0.0026	—	−0.0011
	—	（0.0023）	—	（0.0107）
广义货币供应量对数值	225.2152***	216.7752***	63.4859***	62.4011***
	（44.8283）	（44.9691）	（3.5445）	（3.8103）
GDP增长率	0.0271	0.0270	0.7569**	0.4348
	（0.1200）	（0.1183）	（0.3335）	（0.5834）

续表

变量	外资持股银行		无外资持股银行	
	（1）	（2）	（3）	（4）
	风险资产比率	风险资产比率	风险资产比率	风险资产比率
通货膨胀率	0.1725	0.1618	5.6460**	6.7219**
	(0.4643)	(0.4760)	(2.6901)	(2.6424)
银行规模	2.4042	2.3024	−119.751***	−119.5604***
	(1.9603)	(1.9481)	(6.8741)	(7.0723)
资源配置水平	−0.0041	−0.0016	0.1831	0.0707
	(0.0205)	(0.0183)	(0.1917)	(0.1861)
信贷周期	0.1370***	0.1346***	−0.2587*	−0.2442
	(0.0279)	(0.0282)	(0.1272)	(0.1457)
流动性大小	0.0599*	0.0588*	−0.2106***	−0.2317***
	(0.0305)	(0.0295)	(0.0673)	(0.0604)
资产收益率	8.3657***	7.8574***	3.5091	10.7836***
	(2.5660)	(2.3455)	(3.2352)	(2.6868)
权益资本率	5.0347***	5.0777***	−2.1438**	−2.5932***
	(0.4643)	(0.4764)	(0.9887)	(0.9137)
资本充足率	−2.3370***	−2.3362***	0.5318	1.1848
	(0.4910)	(0.5015)	(0.8339)	(1.0397)
样本量	213	213	193	193

注:括号中为稳健标准误差;***、**、*分别表示在1%、5%、10%的水平下显著。

五、稳健性检验

为了进一步验证实证结果的有效性,还进行了以下稳健性检验:

（一）以中小微企业贷款作为被解释变量分析政策效果

通过以上分析可知,我国银行资产质量监管政策的实施可以改善小微企业融资情况,但也可能会使银行整体风险控制出现问题,影响金融体系的稳定。考虑到数据可得性,上述检验均采用银行小微企业贷款相关变量。鉴于本节考察资产质量监管政策对中小微企业贷款的影响,由此在原有银行样本的基础上,删除中小微企业贷款缺失值较多的银行样本(删除标准同总样本选择),最终得到 28 家商业银行样本,并以中小微企业贷款余额对数值 $\ln loan_m$ 替代小微企业贷款余额对数值 $\ln loan_s$,分别与不良贷款率和拨备覆盖率政策变量构建双向固定效应模型,同时考虑该政策实施过程中银行风险控制情况,相关回归结果见表 7-12。

表 7-12 以中小微企业贷款作为被解释变量分析政策效果

变量	（1）中小微企业贷款余额对数值	（2）风险资产比率	（3）中小微企业贷款余额对数值	（4）风险资产比率
不良贷款率	0.2183***	0.6037	—	—
	(0.0430)	(1.7427)	—	—
拨备覆盖率	—	—	-0.0008***	-0.0160***
	—	—	(0.0002)	(0.0058)
广义货币供应量对数值	0.4338***	80.5417***	0.5025***	81.4908***
	(0.0408)	(4.4516)	(0.0413)	(3.9684)
GDP 增长率	-0.0084	0.4635	-0.0087**	0.5370
	(0.0062)	(0.5838)	(0.0043)	(0.6020)
通货膨胀率	-0.0741	5.6032***	-0.1223	5.1878***
	(0.0896)	(1.6728)	(0.0926)	(1.5733)
银行规模	0.1810**	-114.6907***	0.1747**	-114.7568***
	(0.0711)	(7.4626)	(0.0679)	(7.3039)
资源配置水平	-0.0093***	-0.1025	-0.0079**	-0.1531
	(0.0031)	(0.1267)	(0.0031)	(0.1144)

续表

变量	（1） 中小微企业贷款余额对数值	（2） 风险资产比率	（3） 中小微企业贷款余额对数值	（4） 风险资产比率
信贷周期	−0.0007	−0.6317***	−0.0030	−0.6822***
	（0.0027）	（0.0923）	（0.0024）	（0.0888）
流动性大小	−0.0005	−0.3104**	−0.0008	−0.3244**
	（0.0013）	（0.1288）	（0.0017）	（0.1302）
资产收益率	0.3986***	11.2624***	0.1948***	11.2616***
	（0.0780）	（2.7415）	（0.0624）	（2.7876）
权益资本率	0.1091***	−1.7006*	0.1193***	−1.5353*
	（0.0357）	（0.8465）	（0.0429）	（0.7680）
资本充足率	−0.0720**	−3.4941**	−0.0669*	−3.4556**
	（0.0330）	（1.3182）	（0.0350）	（1.2936）
样本量	224	224	224	224

注：括号中为稳健标准误差；***、**、*分别表示在1%、5%、10%的水平下显著。

可以看出，不良贷款率与中小微企业贷款呈显著正相关，且拨备覆盖率指标与中小微企业贷款呈显著负相关，这表明增加不良贷款容忍度及降低拨备覆盖率，均可以增加银行中小微企业贷款规模，从而实现信贷资金向中小微企业倾斜的政策目标。此外，不良贷款率和拨备覆盖率与银行风险水平变量分别呈正相关、显著负相关，说明该政策的实施可能会加大银行风险，影响银行稳健运营。因此，关于对中小微企业贷款影响的实证结果与之前小微企业的结果一致，从而进一步证明了研究假设。

（二）以小微企业贷款占比作为被解释变量分析政策效果

在考察银行资本质量监管政策对小微企业贷款的影响时，之前的检验用到了小微企业贷款额对数值 $lnloan_s$ 变量。为进一步验证相关政策效果结论的稳健性,本节选择了小微企业贷款占比 $rloan_s$ 变量,即银行小微企业贷款额与银行贷款总额的比值,替代对数值变量,以衡量小微企业获得银行融资支持程度,回归结果见表 7-13。其中,不良贷款率指标与小微企业贷款占比变量为正相关关系,拨备覆盖率与其为负相关关系,且结果均显著,表明资产质量监管政策能够增大银行对小微企业的支持力度,这与之前的政策效果分析结论一致,进一步提高其可信度。另外,由于银行风险水平的相关衡量变量和样本数值均未改变,因此此处不再进行重复检验。

表 7-13 以小微企业贷款占比作为被解释变量分析政策效果

变量	(1) 小微企业贷款余额占比	(2) 小微企业贷款余额占比
不良贷款率	0.0739**	—
	(0.0287)	—
拨备覆盖率	—	-0.0006**
	—	(0.0003)
广义货币供应量对数值	142.2245***	141.1419***
	(35.1388)	(34.6407)
GDP 增长率	0.0149	0.0179
	(0.0173)	(0.0189)
通货膨胀率	-0.2143	-0.2238
	(0.1363)	(0.1379)
银行规模	0.7337***	0.7176***
	(0.2418)	(0.2341)

续表

变量	（1）	（2）
	小微企业贷款余额占比	小微企业贷款余额占比
资源配置水平	0.0026	0.0017
	(0.0037)	(0.0039)
信贷周期	−0.0116***	−0.0125***
	(0.0042)	(0.0035)
流动性大小	−0.0038**	−0.0038*
	(0.0018)	(0.0019)
资产收益率	0.8332***	0.7641***
	(0.0853)	(0.0883)
权益资本率	0.1509***	0.1583***
	(0.0260)	(0.0286)
资本充足率	−0.0911***	−0.0931***
	(0.0326)	(0.0342)
样本量	401	401

注:括号中为稳健标准误差;***、**、*分别表示在1%、5%、10%的水平下显著。

(三)宏观审慎评估体系实施前后的政策效果分析

随着国际上对宏观审慎监管重视程度的提升,我国宏观审慎相关政策也在不断完善。2011年,我国引入了"差别准备金动态调整和合意贷款管理机制",并由此传递出央行对金融机构逆周期监管的意图。但该机制所涉及的一些做法,例如实现"一行一率"的弹性机制,使其更偏向于对单个金融机构的监管,而对于金融业务创新所引起的混业经营监管及跨部门监管的作用发挥有限。2015年,为适应金融市场快速发展和金融机构业务创新,更好地体现宏观审慎监管意图,中国人民银行提出自2016年起,将原有的监管框架进行升级和完善,实行融合跨部门和逆周期调节思路的宏观审慎监管框架——"宏观审慎评估体系",以此来防范系统性金融风险,为维护金融体系稳定保驾护航。

宏观审慎监管政策的变化应该会对以不良贷款率和拨备覆盖率为代表的银行资产质量监管政策的实施效果产生直接影响,因此本节以我国宏观审慎监管框架升级时间为分界点,将本书中所研究的时间跨度分为 2011—2015 年和 2016—2019 年两个阶段,并综合考察银行资本质量监管政策发挥作用的情况,具体回归结果见表 7-14 和表 7-15。

表 7-14　宏观审慎评估体系实施前后银行资产监管政策对小微企业贷款的影响

变量	2011—2015 年		2016—2019 年	
	（1）	（2）	（3）	（4）
	小微企业贷款余额对数值	小微企业贷款余额对数值	小微企业贷款余额对数值	小微企业贷款余额对数值
不良贷款率	0.1415 ***	—	0.0089	—
	(0.0258)	—	(0.0136)	—
拨备覆盖率	—	-0.0005 ***	—	-0.0006 ***
	—	(0.0001)	—	(0.0001)
广义货币供应量对数值	0.0437	0.1692	13.5660 ***	12.9638 ***
	(0.1113)	(0.1071)	(4.8828)	(4.4107)
GDP 增长率	-0.0139 **	-0.0141 ***	-0.0111 **	-0.0110 *
	(0.0058)	(0.0049)	(0.0052)	(0.0057)
通货膨胀率	-0.0701 **	-0.0943 ***	0.0321 ***	0.0323 ***
	(0.0317)	(0.0241)	(0.0097)	(0.0080)
银行规模	0.6856 ***	0.5509 ***	0.6170 ***	0.6452 ***
	(0.1664)	(0.1609)	(0.1738)	(0.1584)

续表

变量	2011—2015 年		2016—2019 年	
	（1）	（2）	（3）	（4）
	小微企业贷款余额对数值	小微企业贷款余额对数值	小微企业贷款余额对数值	小微企业贷款余额对数值
资源配置水平	−0.0040 ***	−0.0035 ***	−0.0067	−0.0076 *
	（0.0010）	（0.0011）	（0.0040）	（0.0042）
信贷周期	−0.0019 *	−0.0024 **	0.0063 ***	0.0066 ***
	（0.0010）	（0.0009）	（0.0024）	（0.0022）
流动性大小	−0.0024 ***	−0.0020 **	−0.0036 ***	−0.0038 ***
	（0.0007）	（0.0009）	（0.0010）	（0.0010）
资产收益率	0.2143 ***	0.0437	0.3049 ***	0.3746 ***
	（0.0692）	（0.0532）	（0.0659）	（0.0702）
权益资本率	0.0869 ***	0.0937 ***	0.0105	0.0135 *
	（0.0167）	（0.0197）	（0.0076）	（0.0076）
资本充足率	−0.0168	−0.0197 *	−0.0603 ***	−0.0586 ***
	（0.0126）	（0.0114）	（0.0129）	（0.0099）
样本量	217	217	189	189

注:括号中为稳健标准误差;***、**、*分别表示在1%、5%、10%的水平下显著。

其中,表7-14反映的是在宏观审慎评估体系实施前后,银行资产质量监管政策对小微企业贷款融资支持的变化情况。从表7-14中可以看出,虽然在宏观审慎评估体系实施后(2016—2019年),不良贷款率与小微企业贷款余额对数值的关系不显著,但在研究的两个时间段内,两者均为正相关关系,说明提高不良贷款容忍度确实可以增加银行小微企业贷款。此外,拨备覆盖率与小微企业贷款量呈显著负相关,表明降低拨备覆盖率能够增加小微企业贷款,且效果相对稳定。综合来看,我国银行资产质量监管政策能够促进商业银行发放小微企业贷款,但也应重视进一步充分发挥不良贷款率指标的作用。

表 7-15 为宏观审慎评估体系实施前后,资产质量监管政策对银行自身风险的影响。其中,在宏观审慎评估体系实施前(2011—2015 年),不良贷款率与银行风险资产比率呈显著正相关,拨备覆盖率与银行风险资产比率呈显著负相关;在宏观审慎评估体系实施后(2016—2019 年),不良贷款率与银行风险资产比率为显著负相关关系,拨备覆盖率与银行风险资产比率为显著正相关关系。这表明,在我国宏观审慎监管框架升级之前,资产质量监管政策通过差异化提高不良贷款率和降低拨备覆盖率以增加小微企业贷款融资的同时,会提升银行风险水平,从而不利于金融系统稳定。而宏观审慎评估体系实施后,银行资产质量监管政策既可以支持小微企业发展,又可以有效控制自身风险,说明我国宏观审慎监管框架的完善有利于银行资产监管政策更好地发挥作用。

表 7-15　宏观审慎评估体系实施前后银行资产质量监管政策对自身风险的影响

变量	2011—2015 年		2016—2019 年	
	(1)	(2)	(3)	(4)
	风险资产比率	风险资产比率	风险资产比率	风险资产比率
不良贷款率	3.1515***	—	-2.7621***	—
	(0.6519)		(0.1607)	
拨备覆盖率	—	-0.0090***	—	0.0068**
		(0.0020)		(0.0032)
狭义货币供应量对数值	4.3138***	7.2080***	-462.297***	-464.173***
	(1.5399)	(1.2990)	(49.2294)	(26.8062)
GDP 增长率	0.3680***	0.3496***	-0.3109***	-0.7481***
	(0.0975)	(0.1037)	(0.0646)	(0.0779)

变量	2011—2015 年		2016—2019 年	
	（1）	（2）	（3）	（4）
	风险资产比率	风险资产比率	风险资产比率	风险资产比率
通货膨胀率	−0.1540	−0.7664	0.7506 **	0.4987
	(0.8693)	(0.8410)	(0.3117)	(0.6064)
银行规模	−2.4830	−5.6050 ***	−4.8085 *	−2.9548 **
	(2.0619)	(1.8217)	(2.5819)	(1.1172)
资源配置水平	0.0479	0.0572 **	0.2159 ***	0.2015 ***
	(0.0294)	(0.0224)	(0.0352)	(0.0487)
信贷周期	−0.0022	−0.0152 *	−0.2620 ***	−0.2623 ***
	(0.0109)	(0.0087)	(0.0850)	(0.0913)
流动性大小	−0.0036	0.0047	−0.0557 ***	−0.0528 ***
	(0.0194)	(0.0258)	(0.0096)	(0.0133)
资产收益率	3.5649 ***	−0.1831	−4.2554 ***	−1.3775
	(0.9811)	(0.3291)	(1.1935)	(1.7040)
权益资本率	4.7843 ***	4.8871 ***	4.2234 ***	4.2032 ***
	(0.2725)	(0.3079)	(0.2297)	(0.3320)
资本充足率	−1.8594 ***	−1.9233 ***	−2.3659 ***	−2.0476 ***
	(0.1756)	(0.1637)	(0.1166)	(0.1331)
样本量	217	217	189	189

注:括号中为稳健标准误差;*** 、** 、* 分别表示在 1%、5%、10% 的水平下显著。

(四)剔除农商行的政策效果分析

由于农村商业银行规模相对较小,且数据缺失值较多,因此其可能对政策效果检验产生影响。本节剔除农商行,最后得到 38 家商业银行样本,对资产质量监管政策的小微企业融资支持效果和其自身风险控制效果进行进一步考察,具体回归结果见表 7-16。

表 7-16　剔除农商行的政策效果分析

变量	（1）小微企业贷款余额对数值	（2）风险资产比率	（3）小微企业贷款余额对数值	（4）风险资产比率
不良贷款率	0.1597 ***	2.2479 ***	—	—
	（0.0276）	（0.3618）	—	—
拨备覆盖率	—	—	-0.0008 ***	-0.0056 ***
	—	—	（0.0001）	（0.0011）
狭义货币供应量对数值	-0.2534 ***	4.3766 ***	-0.1672 *	5.3849 ***
	（0.0716）	（0.9504）	（0.0849）	（0.8742）
GDP 增长率	-0.0178 ***	0.0236	-0.0151 ***	0.0428
	（0.0039）	（0.2638）	（0.0047）	（0.2583）
通货膨胀率	0.0148	-0.5590	-0.0178	-0.9583
	（0.0507）	（0.6395）	（0.0378）	（0.7413）
银行规模	1.0549 ***	-0.5065	1.0017 ***	-1.2830
	（0.1181）	（1.4017）	（0.1415）	（1.4208）
资源配置水平	-0.0070 ***	0.0043	-0.0070 **	0.0203
	（0.0022）	（0.0145）	（0.0028）	（0.0153）
信贷周期	0.0081 **	0.0358 *	0.0068 **	0.0290
	（0.0038）	（0.0192）	（0.0031）	（0.0177）
流动性大小	0.0024	-0.0097	0.0021	-0.0094
	（0.0016）	（0.0193）	（0.0013）	（0.0208）
资产收益率	0.3913 ***	1.9974	0.2600 ***	0.2029
	（0.0327）	（1.2338）	（0.0522）	（1.0312）
权益资本率	0.0637 **	5.1758 ***	0.0729 **	5.2834 ***
	（0.0249）	（0.2585）	（0.0277）	（0.3068）
资本充足率	-0.0242	-2.5497 ***	-0.0246	-2.6260 ***
	（0.0199）	（0.3145）	（0.0203）	（0.3519）
样本量	343	343	343	343

注：括号中为稳健标准误差；*** 、** 、* 分别表示在 1%、5%、10%的水平下显著。

从表 7-16 中可以看出,在剔除农商行相关数据后,不良贷款率与小微企业贷款对数值呈显著正相关,而拨备覆盖率与小微企业贷款对数值呈显著负相关,这表明通过实施银行资产质量监管政策,提高不良贷款容忍度或降低拨备覆盖准备,可以增加银行小微企业贷款融资规模,从而改善小微企业融资困境。此外,不良贷款率指标与银行风险水平变量为显著正相关关系,拨备覆盖率指标与其为显著负相关关系,同样说明该政策的实施会使银行风险控制出现问题。通过上述一系列检验,其结果均证明了本书中实证结论具有较强的稳健性。因此,在通过银行资产质量监管政策扶持中小微企业发展的同时,也要确保金融机构稳健运营。

六、研究结论与政策建议

(一)主要结论

中小微企业"融资难、融资贵"是我国经济高质量发展过程中面临的一个突出问题,而银行资产质量监管政策作为支持中小微企业发展的政策之一,其是否充分发挥了应有作用是值得深入研究的。本节首先对该政策效果进行了相关理论分析,并提出研究假设,其次运用多元线性回归和双向固定效应模型对 2011—2019 年的 51 家商业银行样本数据进行实证分析,最终得到以下研究结论:(1)通过实施资产质量监管政策,即提高不良贷款率或降低拨备覆盖率,可以有效增加银行中小微企业贷款数量,从而支持了弱势企业的发展。但整体来看,降低拨备覆盖率会提升银行风险水平,因此该政策的实施又会带来新的风险问题。(2)相对于小型银行,大中型银行通过资产质量监管政策可以更好地服务于中小微企业,即银行规模越大,对该政策的执行效果越理想。此外,资产质量监管政策的实施不利于两类银行的风险控制。(3)相对于上市银行,非上市银行通过资产质量监管政策可以为中小微企业提供更多贷款,政策效应更加明显。然而,相对于非上市银行,上市银行在实施该政策的过程中,能够合理控制自身风险水平。(4)相对于外资持股银行,无外资持股银行更能充分发挥资产质量监管政策对中小微企业发展的扶持作用,表明其可以更好地执行该政策。另外,两类银行的风险水平在实施该政策时均不能得到有效控制,从而影响其经营的稳定性。(5)为提高实证结果的可靠性,本节替换被解释变量、调整样本数据时间段和数量并进行实证检验,表明银行资产质量监管政策确实能增加银行中小微企业贷款规模,缓解中小微企业融资困难,但同时也会使银行风险加大,表明研究结论具有较好的稳健性。

(二)政策建议

1. 充分利用不良贷款率政策指标,同时注重风险控制

作为资产质量监管政策的重要指标,适度提高银行不良贷款率,可以有效地增加中小微企业贷款额,从而助力实体经济发展。在运用不良贷款率政策指标时,首先,银行业金融机构应认真贯彻银保监会相关要求,对中小微企业信贷业务指标、资产质量、财务核算等方面制定科学化的考核办法,并优化授信业务的激励机制,以最大限度地为中小微企业提供资金支持;其次,监管部门应当进一步精准实施不良贷款容忍度调整政策,不同地区根据其中小微企业生存的实际情况而选择不同程度的政策指标,实现差异化管理;最后,银行要进一步树立风险意识,强化风险防控措施。针对弱势企业客户特点,建立相应的风险评估、预警、处置体系,开发

"避险"功能更强的产品,运用更加灵活的管控手段,最大限度地防范中小微企业信用风险(罗大庆、胡名成,2019)。总体而言,在银行治理结构和监管不断完善的背景下,只要风险调整后银行收益率是上升的,贷款确实进入了实体经济、流向了中小微企业,并促进了经济结构调整、社会和谐程度提高等宏观经济和社会目标的实现,那么不良贷款率一定程度的上升就是可以接受的。

2. 加快建立动态拨备体系,科学运用拨备覆盖率指标

降低拨备覆盖率指标水平可以显著增加银行中小微企业贷款量,改善其融资困境,但同时也会加剧银行风险问题。因此,在运用拨备覆盖率工具时,监管机构同样应该充分考虑这种政策指标带来的利弊,提前筹划以及应对银行抗风险能力可能会下降等相关问题,防范系统性风险的集聚和爆发。一方面,尽快构建和完善适合我国国情的动态拨备计提监管制度,增强政策的可操作性,降低执行成本,积极探索拨备制度与现有政策的协调方式,以缓解金融系统的顺周期性,熨平经济的过度波动,增加社会福利水平(刘淼、许珍慧,2018)。另一方面,由于商业银行的业务种类繁多,客户群体存在较大差异,信贷风险的不同引致的拨备计提强度也应有所区别。因此,应该细化对商业银行业务种类和客户群体的分类,以贷款投放的去向为依据,实行分行业、分地区、分客户群体的拨备覆盖率监管措施,使拨备覆盖率政策工具精准发挥作用。

3. 充分发挥小规模银行对中小微企业发展的独特优势

在对小微企业提供贷款融资支持方面,规模相对较小的城商行和农商行具有得天独厚的地理优势和信息优势,因此,在政策实施时,应当注重提升中小银行的服务水平。目前,我国小银行的发展仍不完备,政府应当营造有利的外部环境鼓励小银行发展,在上

市、补充资本等方面向其适度倾斜,增强其资金实力,这样才能使小规模银行有更多的资金提供给中小微企业,从而为企业提供更优质的金融服务。此外,小规模银行本身应注重对基层客户经理的培养,尽量实现基层客户经理本土化。如果能够实现基层客户经理本土化,那么他们对当地的中小微企业有着更深入的了解,而且获取相关信息的关系网也更为广泛,在信息收集方面就更有优势。这种优势将使银行在开展中小微企业贷款业务的过程中,可以更有效地实现客户的甄别和筛选。

4. 重视上市银行政策落实情况和非上市银行风险控制问题

与非上市银行相比,上市银行对资产质量监管政策的落实情况略差一些,因此应当更加注重加强上市银行对中小微企业的支持力度,鼓励上市银行利用金融科技降低银企之间的信息不对称,探索减少融资过程中对抵质押物的过高要求,积极开展无还本续贷等创新金融服务,适度提高不良贷款容忍度和放松拨备覆盖率,助力中小微企业走出资金困境。同时,上市银行应当对正常经营、符合国家政策和贷款条件的中小微企业的贷款需求予以支持,而不应该依据规模和所有制形式对其进行歧视。此外,非上市银行通过施行资产质量监管政策可以很好地帮助中小微企业,但随之产生的风险问题不可轻视,因此应当设立专门的中小微企业贷款部门,并科学预估由于中小微企业贷款而产生的风险损失,提前做好应对措施。

5. 鼓励外资持股银行加大对中小微企业的金融支持

外资持股银行由于其自身特点,对政府相关政策的执行力相对较弱,因此应当进一步刺激和鼓励外资持股银行增加中小微企业贷款。一方面,政府可以根据各外资持股银行实际发展情况设立合理的中小微企业贷款最低限额,对于达到贷款限额的外资持股银行予以补偿。另一方面,对于外资持股银行自身而言,其大多比较重视企业社会形象而通过积极投身于政策支持的社会活动,改善弱势企业生存环境并对本地经济作出贡献,不仅可以宣传推广银行的产品和服务,还可以在中小微企业中树立自己的品牌,为其在当地的长远发展打下基础。具体而言,外资持股银行应该以提升服务为重点,吸引更多优质的中小微企业客户,充分发挥其独特优势,进一步加强中小微企业金融产品创新力度,并始终走在市场的前列。

第八章　银行中小微企业融资服务的实践和经验

本书第一章至第七章介绍了结构性货币政策、银行内部激励机制、差异化监管等的运作机理，主要运用计量经济模型从定量角度分析了各项政策对中小微企业融资的影响，相对而言更偏重理论和模型。在现实中，融资扶持政策出台之后，要实现对不同类型和不同情境下的中小微企业的精准帮扶，则需要国有大型银行和股份制银行发挥融资主体作用，还需要中小银行发挥贴近中小微企业、熟悉客户的天然优势。本章共分四节，分别从组织体系和团队建设、资源配置和考核激励、信贷管理和信贷产品、金融科技以及与第三方合作等方面，较为系统地阐述了银行中小微企业融资服务的实践和经验。

第一节　健全普惠金融组织体系，加强
中小微金融服务团队建设

一、健全普惠金融组织体系

近年来，我国积极鼓励大中型商业银行设立普惠金融事业部，

推动金融供给下沉,以更好地服务实体经济。目前,5 家大型银行在总行和全部 185 家一级分行成立普惠金融事业部,10 家股份制银行已设立普惠金融事业部或专职开展普惠金融业务的部门及中心。①

(一)中国农业银行的"三农+普惠"金融事业部

中国农业银行建立了城乡全覆盖、具有农行特色的"三农金融事业部+普惠金融事业部"双轮驱动的普惠金融服务体系。总行层面建立"三农金融/普惠金融发展委员会",从总体制定普惠金融业务发展规划,协调普惠金融业务发展策略。同时单独设立普惠金融事业部,搭建多元化的普惠金融服务组织架构,全方位实现普惠金融的资源配置、经营管理和业务推动。在全部一级分行单独设立普惠金融事业部,并相应设立中后台管理中心,28 家省会城市分行全部单独设置普惠金融事业部。二级分行则因地制宜地根据其所在辖区内的小微企业发展情况,设立相应的普惠金融服务机构。支行成立专门的小微企业服务团队,推广科技支行、特色支行、示范支行等普惠专营机构模式。实现从总行到分支机构、自上而下的"条线化"垂直管理体制,为提高普惠金融服务效率和能力提供平台与保证。

(二)中国银行的"1+2"普惠金融事业部模式

中国银行采用集团化"1+2"模式。"1"指商业银行法人主体,

---

① 中国银行保险监督管理委员会、中国人民银行:《2019 年中国普惠金融发展报告》,http://www. cbirc. gov. cn/cn/view/pages/ItemDetail. html? docId ＝ 847316&itemId ＝ 915&generaltype＝0。

"2"指中银消费公司和中银富登村镇银行。中国银行全部36家一级分行成立普惠金融事业部,二级分行成立普惠金融服务中心,全行1万多家网点作为普惠金融基础服务网点,并筛选出普惠金融特色服务网点。村镇银行和消费金融公司的客户定位就是服务普惠金融,其设置的客户定位低于国有银行和股份制银行,其面对的客户群体更加庞大,服务的群体处于更加弱势的地位。针对"1+2"的特点,中国银行在管理层面设置普惠金融管理委员会作为最高决策机构,从总体层面协调普惠金融业务发展规划。村镇银行和消费金融公司作为独立的附属公司,充分利用其现有累计的普惠金融客户资源和服务经验,有效地弥补商业银行法人主体服务触角未能涉及的"长尾群体"。中国银行通过商业银行、村镇银行和消费公司三个服务主体实现对客户定位的适当区分,努力探索针对不同层次群体的差异化普惠金融供给模式,以更好满足小微和"三农"客户的金融需求,归根结底更适合小微和"三农"客户需求的金融供给。

(三)中国建设银行搭建"三级"垂直组织架构

中国建设银行搭建总行—分行—支行"三级"垂直组织架构:一是成立普惠金融发展委员会,整体规划全行普惠金融业务发展;二是建设普惠金融特色支行,根据普惠金融发展的情况,在客户群体集中的区域,在普惠金融服务需求缺口大的区域,打造具有地域优势和经营优势的特色支行和示范机构;三是在与普惠金融发展战略相契合的县域,新设普惠金融特色县域机构。中国建设银行打造的总行—分行—支行"三级"组织体系,实现普惠金融服务范围的全方位覆盖,重点弥补了县域、乡镇的金融服务不足,在全部 37 家一级分行、超过 120 家二级分行设立普惠金融事业部,并把 110 家网点升级成为普惠金融特色支行,构建起了有力的服务网络。

中国农业银行积极适应新时代对商业银行的转型发展和创新要求,搭建的"三农+普惠"金融事业部实现了传统"三农"普惠向综合普惠的转变;中国银行在总结村镇银行和消费金融公司管理经验的基础上,打造多元化、多层次、全覆盖的具有中国银行特色的普惠金融服务体系。中国建设银行搭建的自上而下的垂直管理体系,为普惠金融业务发展提供了有力的组织保障。

二、加强小微金融服务团队建设

要想做好针对小微企业的金融服务,就必须凝聚共识,集结力量。银行业金融机构积极打造专职化、专业化,与小微企业同进退、能够和小微企业在摸索中一起成长壮大的小微企业服务团队,增强金融服务能力,确保小微金融业务的稳步推进。

(一)不断增加小微金融服务人员

小微企业数量庞大,只有配备足够数量和专业能力强的小微金融服务人员,才能够保证小微客户获得即时、高效和专业的服务,佛山农商行、宁波银行等在加强小微信贷人员配置方面进行了一系列积极探索:(1)佛山农商行。为了建立专业稳定的服务团队,佛山农商行建立了"传帮带"培养模式,老员工帮助新员工快速提升专业水平和服务能力。同时,通过机制创新和技术创新,提升小微金融服务团队的服务效率和服务质量。佛山农商行的小微团队在建设之初仅有 20 余人,经过不断地发展壮大,到 2020 年队伍规模已经达到 300 人,而这一队伍规模必将随着业务发展继续扩大。① (2)宁波银行。宁波银行实施第一年薪酬保护制度,使小微服务领域的新人免除后顾之忧,全力以赴地开展业务,为后续工作夯实基础。宁波银行还为小微信贷领域的新老员工提供补贴,新员工每人每年获得 20 万元的补贴,老员工每年获得 6 万元的补贴。2019 年年末,宁波银行专门负责小微企业的服务团队已经扩大到 280 个,专门从事小微企业服务的工作人员已经达到 2100人。2020 年第一季度,又增加设立专职服务小微企业的专营团队为 7 个,新增 60 余名专门负责小微业务的工作人员,服务能力进一步增强。②

(二)选拔优秀的小微客户经理

在提高小微金融服务人员数量的同时,更要提高从业人员的素质,中国农业银行、山西沁水农商银行采取多种措施,选拔出优秀的小微客户经理:(1)农业银行。农业银行泰安分行按照"贴近市场、方便经营、专业管理"的服务原则,分别在分行、支行成立了小微企业金融服务中心,设立了 2 家小微企业金融服务特色支行,并面向全行优选小微企业客户经理,尤其对小微企业资源富集的重点支行,均配备 4 名以上的专职客户经理,打造专业的小微服务团队。(2)山西沁水农商银行。在经济下行压力增大、实体经济步履维艰的紧要关头,山西沁水农商行通过在全行内举行演讲竞标的方式,选拔最优秀、最能契合小微服务特点

① 佛山在线:《佛山农商银行:打造 300 人小微专业金融服务团队》,http://www.fsonline.com.cn/p/278376.html。

② 云掌财经:《宁波银行持之以恒推进普惠金融建设》,http://www.123.com.cn/kline/352719.html。

的客户经理,创新组建小微服务团队的方式。该行集中力量重点打造的小微团队是熟悉小微扶持政策和信贷流程,充分了解当地经济特点和客户情况、有良好的客户沟通能力和营销能力,及时感知和妥当处置风险,愿意扎根当地并为小微金融奉献青春和智慧的队伍。

(三)培养专业化小微服务人才

尽管每笔小微信贷的规模不大,但却要求信贷人员具备较强的尽职调查、财务分析、风险识别等各方面的综合能力。因此,各银行普遍比较重视对小微金融人才的培养:(1)泰隆银行。泰隆银行成立泰隆学院,整合全行的优秀资源,坚持自己独立打造具有泰隆特色的人才培养机制。泰隆银行培养小微金融人才的书籍是自己整理出版的,凝聚了泰隆从事小微金融服务的全部经验与智慧,选取的培训导师是泰隆银行的骨干力量,是在小微服务积累了多年经验的一流人才,通过丰富多彩的培训课程,活灵活现的小微故事等系统化的职业培训,打造出具有凝聚力、认同感、专业实力过硬、工作热情高昂的小微金融服务团队。泰隆银行还注重将实际操作和理论相结合,泰隆银行和浙江大学合作,借助大学的科学研究力量、依托大学的专家教授知识,建立能够持续发展、可以在泰隆银行内部广泛学习、广泛传播、广泛复制、广泛实践的小微服务标准,培养出兼具专业性和管理性的小微金融精英人才。(2)邮储银行。邮储银行将对小微从业人员的日常培训、业务培训、知识培训贯穿在工作的细枝末节,对那些在小微团队建设中落后的支行持续进行监督指导,提高从业人员素质,提升小微队伍整体业务水平。

第二节 优化信贷资源配置,完善激励考核机制

一、优化信贷资源配置

银行业金融机构积极响应党的政策号召,把服务实体经济作为出发点和落脚点,全面提升服务效率和水平,将更多金融资源配置到经济社会发展的重点领域和薄弱环节,在商业可持续原则下充分实现资源优化配置,强化激励引导,加大对小微企业的资源倾斜,促进小微企业焕发活力。

(一)单列小微企业信贷投放计划

银行业金融机构积极发挥间接融资主渠道作用,持续改善对小微企业的信贷供给,推动小微企业整体融资成本下降。为了保障对小微企业的资金供给,许多银行单列小微企业信贷计划:(1)中国农业银行。中国农业银行单列小微企业信贷计划,开展"春蕾计划"向小微企业提供全方位综合化金融服务。在2020年年初新冠肺炎疫情发生后,中国农业银行迅速出台相关政策,持续加大对小微企业的资金支持、延长小微企业的最长还款期限、助力小微企业迅速摆脱困境并恢复至疫情发生前的生产水平。2020年6月末,中国农业银行普惠型小微企业贷款比年初增长2700余亿元,增速超过40%,提前完成国务院关于大型商业银行普惠型小微企业贷款增速不低于40%的要求,阶段性实现银保监会"两增两控"和央行定向降准第二档达标。[①] (2)招商银行。招商银行

---

① 张玉洁:《农业银行:提前完成普惠小微企业贷款增速不低于40%要求》,《中国证券报》2020年7月21日。

在新冠肺炎疫情这一特殊背景下,将服务小微企业、切实解决小微企业最紧迫的问题作为工作的重中之重,单独列支小微信贷计划,取消上限限制,敞开供应信贷资金。(3)浙商银行。浙商银行在制定管理制度时就充分考虑到了小微企业是和大中型企业具有完全不同的性质差别,据此设置了具有针对性的管理办法,每年单列信贷资源专门用于针对小微企业,明确规定不得挪用。(4)苏州银行。苏州银行在每年年初制定预算时将小微企业贷款额度与全年新增贷款额度进行挂钩,优先满足小微企业的资金缺口,实现对小微企业的资源投放倾斜,举全行之力重点支持小微企业。

(二)加强小微专项资金流向督察

银保监会印发的《关于2019年进一步提升小微企业金融服务质效的通知》指出,各银行业金融机构要加强对小微企业贷款资金流向的监测,做好贷中贷后检查,确保贷款资金真正用于支持小微企业和实体经济,防止小微企业贷款资金被挪用至政府平台、房地产等调控领域形成新风险隐患。各银行积极落实政策:(1)浙商银行。浙商银行重视小微企业贷款后续流向,加强监管力度,多举措监测、防控小微专项资金流向其他领域,明确落实资金用途审查责任,对滥用、挪用小微专项资金行为进行问责。(2)中国工商银行。中国工商银行龙岩分行对小微企业资金用途、资金流向进行定期监测,对客户资金划转行为进行严格监测,防范客户改变资金用途、资金流入不合规领域、确保小微专项资金专项使用。(3)宁波银行。宁波银行对小微企业实施政策倾斜,重点满足制造业领域小微企业的资金投放,对资金的后续投放情况持续跟进,促使信贷资金得到最大限度、最高效率的利用。

（三）实施内部资金转移价格优惠

为了激发员工从事小微信贷的积极性,商业银行建立小微信贷内部资金转移定价机制(Funds Transfer Pricing,FTP)[①],动态调整内部资金转移价格,降低小微贷款利率:(1)农业银行。农业银行制定内部资金转移定价专属优惠政策,将定向降准达标、税收减免等带来的收益全额返还分行,弥补分行因下调小微企业贷款利率而减少的收益,增强分行开展小微信贷业务的积极性。(2)苏州银行。苏州银行全面加大对民营和小微企业的政策支持,主动调减内部资金转移价格,引导经营机构降低信贷定价。(3)招商银行。招商银行积极落实减费让利政策,充分运用定向降准和小微贷款利息收入免增值税的优惠政策,主动为小微企业客户降价让利。(4)萧山农商行。萧山农商行结合优化调整内部资金转移定价、下调小微企业不动产抵押贷款最低执行利率等措施,综合考虑资金成本、服务模式和担保方式等因素,对小微企业实施差别化利率。(5)江南农商行。江南农商行紧扣支农支小定位,集中精力和资源服务小微客户。通过内部资金转移定价优惠、提高信用贷款和中长期贷款比重等方式,加大小微企业支持力度,全力保障普惠金融供给质量和水平。

二、完善考核激励机制

考核激励政策是银行业金融机构从事小微企业服务的指挥棒,能够充分调动从业人员的积极性。要增强银行"愿贷"的主动

---

① 内部资金转移定价(FTP):商业银行内部资金中心与业务经营单位按照一定规则全额有偿转移资金,达到核算业务资金成本或收益等目的的一种内部经营管理模式。

性,则需要完善考核激励机制。

(一)加大普惠金融在考核中的权重

银保监会印发《关于2019年进一步提升小微企业金融服务质效的通知》指出,各银行业金融机构要提高小微企业金融业务的考核分值权重,将小微企业业务考核指标完成情况、监管政策落实情况与分支机构主要负责人考核评优及提拔任用挂钩。进一步优化对基层信贷人员的考核激励方式,适当下调利润考核要求。各银行积极响应党的政策号召,加大普惠金融在综合考核绩效中的权重:(1)农业银行。农业银行按照中国人民银行等部委要求,在政策下达后立刻出台新的考核标准,将普惠金融业务的评价比例占综合绩效考核比例提升至11%,并且自2019年起,总行明确将承担4%的用于普惠贷款的经济成本,以减轻各个分行在普惠业务上的压力,鼓励分行从事普惠金融的积极性。(2)广发银行。广发银行出台对普惠金融业务的奖励方案,并且总行下达的绩效考察方案中明确将普惠金融指标所占比重提升至10.5%,积极响应政策规定,加大对普惠金融业务的政策支持。

(二)细化考核激励标准

在明确对各分支行综合绩效考核中加大普惠金融的权重后,各银行纷纷细化和落实对员工的考核标准,并配套相应的激励机制,调动员工从事小微金融业务的积极性:(1)浙商银行。浙商银行将小微业务纳入分行考核指标,重点考核小微企业贷款规模和质量,并将小微企业贷款任务完成率与分行行长、分管行领导奖励挂钩。同时,开展各类小微业务竞赛活动,激发小企业专营机构和从业人员的积极性。(2)岳阳交行。岳阳交行在普惠金融领域投入专项资源配置,大力支持一线经营机构拓展小微信贷业务,延伸普惠金融服务触角。给予优秀小微客户经理考核奖励、培训培养、晋升评聘等资源倾斜,提升基层人员小微服务积极性。(3)宁波银行。宁波银行将小微企业的客户群建设情况和贷款发放情况纳入分支机构一把手考核指标,确保机构客户建设和规模增长能够"齐头并进"。同时,将考核措施落到实处,明确专业团队及专职人员的客户拓展目标和业务增长要求,弱化利润考核,确保展业有方向。此外,推出阶段性竞赛活动,兼顾团队和个人,确保营销有激情、团队重合作、奖励能到位。(4)广州银行。广州银行通过将单户授信1000万元及以下的普惠型小微贷款以及普惠型涉农贷款纳入分支机构绩效考核,强化绩效考核,发挥考核"指挥棒"的引导作用,并通过一系列营销活动来加大营销激励,培育"你追我赶"的竞赛氛围。

第三节　改进信贷管理,创新信贷产品

　　小微企业的资金需求具有非常明显的特点,它的资金需求时间短、单次资金需求少、资金需求频次高、资金需求情况急,体现在银行信贷业务上的特点就是单笔金额少、需求笔数多、面临的风险高。为了更好地满足小微企业的金融需求,同时又降低银行的风险,各银行不断改革探索,积极改进信贷管理,创新信贷产品,提升小微企业金融服务水平。

一、优化信贷管理

（一）引入"信贷工厂"模式

小微企业的资金需求急且小,因此优化小微企业的信贷审批机制十分重要。建设银行在这方面作出了表率:建设银行创设"信贷工厂",创新地将传统工业化大批量生产采用的方法应用到银行小微信贷领域,实现大量资金的同时高效审批发放。将整个信贷流程划分为用户筛选、信用评价、额度核定、抵质押物管理、风险提示、贷后监测等不同阶段,实现对小微信贷全流程的高效管理。

（二）缩短贷款受理时间

通常银行要求借款企业提供的材料较多,且还要办理抵质押等手续,因此较长的贷款受理时间导致小微企业获取资金的时间过长。为了缩短贷款受理时间,民生银行菏泽分行持续优化业务流程,通过推广移动运营作业、引入公证处现场受理贷款公证、设立操作服务团队等措施,为客户提供"一站式"贷款受理服务,免去客户多次往返奔波和不必要的等待,在贷款受理的多个节点为客户节省宝贵时间,放款时间由原来的 7—10 个工作日缩减到最快 3 个工作日。[①]

（三）下放信贷审批权限

小微企业的资金需求急且小,因此优化小微企业的信贷审批

---

① 孟竹:《民生银行:创新特色服务 为民便民惠民》,《每日经济新闻》2021 年 12 月 14 日。

机制,缩短审批期限十分重要。泰隆银行和广东银行通过下放审批权限,缩短审批时间,使贷款更快地到达小微企业手中:(1)泰隆银行。泰隆银行改变以往权力过度集中于总行的问题,将多数信贷审批权力下放到分支行。下放审批权限后,多数小微信贷审批业务在支行就能得到解决。泰隆银行还作出"三三制"服务承诺,即贷款资金最慢三天,最快三小时就可以到达小微客户手中。(2)广发银行。广发银行把小微金融的审批权限交给一级分行行长,他们拥有相应额度的审批权力,减少以往层层审批,以及时满足小微企业的资金需求。

(四)简化信贷审批环节

信贷审批环节偏多,各个环节停留时间偏长,导致小微信贷审批流程过长。为此,广发银行和苏州银行不断精简信贷审批环节:(1)广发银行。广发银行去掉原来信贷审批中不必要的步骤,明确提出小微企业累计贷款资金不超过 1000 万元的情况下不需分行的授信审批,现在最快经过 4 个岗位就可以完成审批。(2)苏州银行。苏州银行充分考虑小微企业的实际情况,简化企业所需审批材料,缩短一层一层的审核时间,提高效率以满足小微企业急切的资金需求。

(五)改善小微企业贷款定价机制

中国人民银行、银保监会指导各银行业金融机构将普惠型小微企业贷款利率保持在合理水平,银保监会重点要求 6 家国有大型银行发挥行业"头雁"作用,主动制定降低小微企业贷款利率的目标。对个别贷款利率明显高于同业或市场同类产品平均水平的银行,加大窗口指导力度,督促其改进定价机制。

1. 实施差异化定价

实施差异化定价,既能够使风险较低的客户享受到优惠利率,又能保障银行获得合理的利润,实现小微金融服务的可持续发展。常州银行和泰隆银行在定价中综合考虑各种因素,对小微贷款实施差异性定价:(1)常州银行。常州银行实施差异化的定价策略,以利率能够覆盖风险为前提,综合参考市场平均利率、目标客户的平均利润率、业务综合成本和期望收益等指标,针对不同行业、不同业务品种建立相应的利率定价机制。比如,按照行业分类定价,综合考虑行业利润率、资金周转情况及国家对商贸、生产、种养殖等行业实行的利率政策。按照客户等级分类定价,根据客户的存贷款贡献、信用状况及合作年限等指标综合评定客户等级,给予不同幅度利率优惠。按照专业市场分类定价,对于具有显著行业特点,便于统一营销和批量放款的专业市场,单独设计专业的贷款产品与利率定价。(2)泰隆银行。泰隆银行不断探索市场化定价机制,设立60多个利率档次,其中常用执行利率15档。根据客户的综合情况,进行差异化定价,做到一户一价,一笔一价,一期一价,同时对符合条件的受新冠肺炎疫情影响较大的企业坚持"一户一策",给予价格优惠。

2. 落实减费让利政策

各家银行积极贯彻中国人民银行和银保监会的政策,积极对中小微企业减费让利,特别是中国建设银行和中国农业银行等国有大型银行,更是积极发挥行业"头雁"作用:(1)中国建设银行。2020年上半年,中国建设银行将新增普惠型小微企业贷款利率调降0.75个百分点,进一步下调新冠肺炎疫情防控相关企业的贷款利率0.4个百分点。对湖北省和武汉市等受新冠肺炎疫情影响最严重的地区又做了进一步下调安排。此外,中国建设银行还允许小微企业延期还本付息,降低企业经营成本,助力企业走出疫情困境。针对抵押类贷款,该行主动为小微企业代付部分第三方机构的费用,包括抵押类贷款押品评估费、财产保险费、抵押登记费,减轻企业的融资负担。[①] (2)中国农业银行。中国农业银行严格执行收费减免规定,减免小微企业贷款的资金管理费、财务顾问费,由中国农业银行承担抵押评估费、抵押登记费等,通过大力发展信用贷款减少小微企业贷款担保费用,通过提供中长期贷款、无还本续贷等降低贷款衔接和资金周转费用,多措并举降低小微企业综合融资成本。

二、创新信贷产品

针对传统小微信贷产品存在的抵押要求高、期限短、续贷难等诸多问题,各商业银行不断创新信贷产品,使其更契合小微企业资金需求特点,以更好地满足小微企业资金需求。

(一)创新信用贷款产品

1. 推出无担保、无抵押信用贷款

针对小微企业信用信息不健全、缺乏抵押资产等问题,商业银行通过财务状况和产业上下游企业评价等方式不断创新信贷产品,进而更好地服务中小微企业融资。例如,临沂农商行聚力扶小助微,创新信用贷款产品。2020年新冠肺炎疫情期间,该银行针

---

① 冯樱子:《新技术助力不良率大幅下降 建行多举措降低小微企融资成本》,《华夏时报》2020年9月9日。

对中小微企业开展"抗疫帮扶贷"一系列融资业务,加大对中小微企业扶持力度。该行还主动和受疫情影响严重的住宿、餐饮、零售等企业进行沟通,因地制宜及时调整还款计划,以帮助企业渡过难关。另外,临沂农商银行充分利用自建的网络交流群,介绍普及该行的电子渠道,大力宣传推广针对中小微企业推出的线上无担保、无抵押信用贷款产品,指导中小微企业在网上进行贷款申请,通过远程面核面签、自动化审批,实现业务流程线上化。① 通过发放无担保、无抵押信用贷款,为一些订单饱满、未来现金流改善可期但苦于抵押物不足的中小微企业提供贷款,通过金融助推企业快速发展,实现银企互利共赢。

2. 推出无还本续贷产品

为了降低风险,银行通常要求企业先还本付息,之后才能续做一笔新的贷款,因此对于部分现金流不充裕的中小微企业,只能通过一些非正规渠道获取"过桥贷款",先偿付贷款本金和利息,再向银行申请新的贷款。通常"过桥贷款"利率很高,而新贷款能否获批有一定的不确定性,二者共同加剧了中小微企业的资金困境。为解决先还贷后续贷对中小微企业造成的冲击,不少银行推出了"无还本续贷"产品,实现了中小微企业还贷和续贷之间的无缝衔接。

例如,2020 年中国农业银行首次推出无还本续贷产品——"续捷 e 贷"。"续捷 e 贷"针对符合中国农业银行贷款发放条件的优质小微企业,在贷款到期日无须偿付本金,而是用新贷款结清原贷款本金,这样小微企业只需要定期支付利息,就可以继续使用

---

① 海报新闻:《"抗击疫情"临沂市河东农商银行在行动:绿色办贷,对接小微企业 200 余户》,https://baijiahao.baidu.com/s? id=1657865719103611350&wfr=spider&for=pc。

银行贷款本金,避免偿付贷款本金对小微企业现金流造成冲击。"续捷 e 贷"业务的模式多种多样,中小微企业可选择线上续贷、线下续贷等多个便捷的业务模式办理续贷业务。从"续捷 e 贷"被推出至 2020 年 7 月 20 日,已有 3503 户中小微企业在中国农业银行申请办理续贷业务,累计为中小微企业发放的贷款金额高达 253 亿元。[①] 无还本续贷可以缩短贷款申请和审核时间,从而能够减少中小企融资的整体时间,缩短的这段时间中还款成本也会相应减少。无还本续贷对于 2020 年深受新冠肺炎疫情冲击的餐饮、酒店、娱乐等行业的企业可谓雪中送炭,帮助这些企业渡过客户减少和现金流骤降的困难阶段,随着新冠肺炎疫情逐渐得到控制,企业现金流逐渐好转后再偿付新贷款的本金。可见,"续捷 e 贷"这类无还本续贷产品,是各银行积极落实"六稳""六保"任务,在困难面前,银行和中小微企业共担风险、共渡难关的具体体现。

(二)设置灵活多样的贷款期限和还款方式

中小微企业面临资金困境的一个原因是银行贷款期限与中小微企业的资金周转周期不匹配。当贷款期限短于企业的资金周转周期时,企业使用贷款资金进行投资、生产和销售,但由于行业的生产周期长、现金流回笼速度慢等原因,导致在贷款到期时企业手中的现金流不足以偿付贷款本金。为此,银行在原有的一年期流动贷款期限基础上,增设更为长期的贷款期限,并允许企业在期限内随借随还,更好地满足企业对融资期限的偏好。

例如,2014 年浙商银行就推出了一款长期限的中小微企业信

---

① 中国银行保险报:《农行"续捷 e 贷"已为 3503 户小微企业线上续贷》,http://xw.sinoins.com/2020-07/24/content_355178.htm。

贷产品——三年贷，仅需办理一次贷款申请手续，贷款期限可长达3年，到期后一次性还本，其间按时付利息即可。杭州坤茂节能科技有限公司(以下简称坤茂节能)直接受益于三年贷业务，坤茂节能运用余热转换设备，将杭钢集团冲渣水的热能用于加热自来水，通过保温车运送到酒店、学校、洗浴等场所。由于坤茂节能已经与杭钢集团签订了多年的协议，且下游需求较多，因此该项目现金流较为稳定，但需要购置设备和保温车等固定资产，前期投入较大，资金回收期较长。浙商银行了解到坤茂节能的项目收益稳定，且符合国家低碳发展战略，就主动为其提供 220 万元 的"三年贷"。坤茂节能利用贷款资金购置了 40 辆保温车，在一年多时间里坤茂节能的客户已发展到 300 多个，销售额达到 1000 万元。①

除传统到期还款外，浙商银行还创新推出无缝对接法、分期付款法和额度循环法等还款方式。无缝对接法类似本节中中国农业银行的无还本续贷产品。分期付款法类似住房按揭贷款，分期偿付本金，以避免最后一次偿付本金给借款企业造成的资金压力。额度循环法其实就是循环贷，如今多家银行都有循环授信的贷款产品，贷款方式主要有三种：第一种方式是银行授予借款人累计可贷额度和一个可循环的期限，比如一年，在此期间，借款人可以多次进行贷款，在规定期限或借款人选择的期限内还款。这一年结束后，银行会重新评估该借款人的资质，根据评估结果再次确定其下一个循环期限。第二种方式是如果借款人在尚未还清第一次贷款的情况下再次申请贷款，贷款金额的多少取决于贷款人的当下负债水平和还款能力，银行受理后会从第二次贷款金额中先扣除

---

① 苏雪燕:《浙商银行创新"三年贷"产品 延长贷款期限助力小微企业》，新华网 2020 年 8 月 14 日。

第一次贷款剩余未还本金,再将余额贷给借款人,对贷款人来说,这种方法实际是偿还首次贷款后,又申请了贷款,后续应按第二次贷款规定的期限进行还款。最后一种方式是贷款人在还清第一次贷款后,在贷款机构规定期限内,比如一个月,贷款人可以继续贷款,再次贷款的具体贷款金额和还款期限会根据贷款人的资信以及首次贷款期内的还款表现来确定。该方法可以帮助小微企业解决短期资金周转问题。

(三)拓宽抵(质)押物范围

为解决中小微企业抵(质)押物不足的难题,各银行纷纷在拓宽抵(质)押物范围上不断探索。一些银行积极开发知识产权质押融资产品,以解决轻资产型和初创型企业的抵押担保难问题。一些银行开发"地押云贷""林权抵押贷款"等一系列新型抵押贷款产品,企业能以林木林地的使用权或所有权作为抵押物向金融机构借款,进一步拓宽抵(质)押物范围,创新企业融资模式,缓解小微企业资金困境。

具有代表性的例子是,2020 年 4 月,秦皇岛银行向青龙满族自治县双合盛生态农产品有限公司发放了纯商标专用权质押贷款,贷款的额度为 1700 万元。[①] 2020 年 7 月,中国建设银行南昌分行同市农业农村局签署了"地押云贷"金融服务协议。中国建设银行秦皇岛分行通过与农村产权交易系统平台数据直连,以农村土地承包经营权为抵押,为涉农小微企业及个体工商户发放

---

① 李金亮、高靖轩:《秦皇岛完成首笔注册商标专用权质押贷款》,《河北日报》2020 年 5 月 20 日。

"地押云贷"178万元。① 将"地押云贷"作为农村信贷业务发展的一个新模式,可以提高信贷效率,降低中小微企业融资成本,弥补小微企业抵押物不足的劣势,帮助小微企业摆脱资金困境。

(四)创新区块链应收账款融资

在激烈的竞争下,赊销现象日益普遍,造成企业资金周转速度下降。如何盘活企业存量资金,提高资金周转率成为一大难题。与其他融资模式相比,应收账款融资广颇受中小微企业青睐。这是因为应收账款融资不需要额外的资产抵押,就能盘活资产,增加中小微企业流动性。所以各个银行纷纷将目光投到了如何将应收账款变现这一问题上。

中小微企业将自己的以真实交易背景为基础的应收账款转让给银行并向其申请贷款,银行的贷款额度一般为企业质押的应收账款面值的50%—90%,中小微企业将其应收账款转让给银行后,应及时向交易的买方发出转让通知,并要求买方最终向融资银行付款。这样做不仅可以缩短应收账款周转率,降低应收账款涉及的买卖双方的交易成本,还能够减少人工收账的成本和麻烦。

为了帮助企业盘活应收账款,浙商银行运用区块链技术积极打造应收款链平台,该平台是专门用于办理链上企业以真实交易背景为基础的应收账款的签发、承兑、保兑、兑付、转让、支付、质押等业务的银企合作平台。在该平台上,企业可以将其账面上的应收账款转化为电子仓单,从而用于支付结算和融资。该平台通过

---

① 秦楠、秦婉:《秦皇岛银行业"银行+"支持小微企业》,《河北经济日报》2020年10月9日。

利用区块链技术的去中心化、不可篡改和公开透明的特点,解决了应收账款登记、确权等一系列融资难题。通过该平台把账面上的应收账款改造成为基于区块链技术的债权流转工具,帮助链上的上下游中小微企业盘活滞压已久的应收账款,且这样盘活资产的操作更加高效安全。通过应收账款融资这一金融创新,对于中小微企业来说,不仅货卖得出去,钱也收得回来;对于大型企业来说,不仅能够缓解大型企业的支付压力,还可以强化企业的商业信用。浙商银行利用区块链技术,创新性地推出了应收款链平台,并利用供应链上核心企业的商业信用,打通整条供应链的上下游,从而降低了整条供应链上中小微企业的融资成本。

下面以江苏环亚集团为例,介绍浙商银行的区块链应收账款服务。江苏环亚集团专注于医疗净化专业工程领域,为多家医院提供专业服务整体解决方案。江苏环亚的上游企业为医疗器械的小型制造商。由于经营规模较小、区域分散、厂区相对较远、缺乏担保能力等原因,这些小型制造商难以获取银行融资。江苏环亚集团基于真实采购合同,在浙商银行应收款链平台上签发承兑"区块链应收款"后,支付给链上的上游企业。上游企业将其持有的"区块链应收款"转让给浙商银行立即变现,或以质押方式进行融资。可见,应收账款融资的关键是要有一家实力雄厚的核心企业,银行为该家企业授信。银行在授信额度内为该核心企业的上游供应商融资,融资的前提条件是核心企业在区块链上签订承兑"区块链应收款"。应收账款融资的实质是借助核心企业较高的信用水平及其承兑承诺,帮助上游企业获得低成本的融资。区块链的分布式账本、智能合约、隐私保护、共识算法等保证了核心企业和上游企业之间的交易真实性和准确性,解决了传统应收账款融资的银企信息不对称问题。

(五)开展小微企业银行转贷款业务

为进一步拓宽小微企业融资渠道,降低企业贷款成本,一些小型商业银行开展转贷款业务,即商业银行作为债务人,对外签订贷款协议,借入资金,同时又作为债权人,将此资金转贷给国内企业。

如在 2020 年,国家开发银行深圳市分行同深圳前海微众银行股份有限公司达成合作,双方通过以"转贷款"方式支持中小微企业融资。此次双方的转贷款合作授信金额一共 20 亿元,额度全部用于微众银行发放中小微企业贷款。在同年 6 月,百信银行与中国进出口银行合作,同样以转贷款方式支持受疫情影响的中小微企业复工复产,此次合作转贷款金额共计发放贷款 9.5 亿元,其中首笔发放 4.5 亿元,百信银行将其为符合贷款条件的中小微企业等提供融资支持,助力中小微企业复工复产。[①]

第四节　强化金融科技运用,加强与第三方合作

一、强化金融科技运用

早在 2012 年,银监会、中国人民银行科技部、保监会、证监会和知识产权局为贯彻落实《中共中央　国务院关于深化科技体制改革加快国家创新体系建设的意见》等一系列中央文件要求,就提出促进金融和科技深层次结合的相关意见。国家十分重视金融

---

① 搜狐新闻:《百信银行与中国进出口银行落地 4.5 亿元首笔转贷款合作》,https://www.sohu.com/a/404925162_114984?_f=index_businessnews_2_3。

科技产业的发展,并出台了一系列政策。为了响应国家"金融+科技"的号召,自 2018 年以来,北京市、上海市和广州市等城市纷纷出台了对金融科技的扶持政策,通过出台优惠政策吸引企业、优秀人才的加入,从而鼓励金融科技迅速发展。2019 年 9 月,中国人民银行发布了《金融科技(FinTech)发展规划(2019—2021 年)》,该文件首次对金融科技发展从国家层面进行全局性规划,并明确提出在接下来三年内有关我国金融科技工作的发展目标、指导思想、基本原则、重点任务及保障措施。

随着国家对金融科技的规划越来越明确,各地纷纷出台金融科技的扶持政策层。在政策的大力支持下,我国金融科技有了突飞猛进的发展,这促使传统金融业态发生改变。大数据、人工智能、云计算等金融科技在推动银行业重构中小微企业信贷流程,创新银行—企业合作发展模式以及破解风控困境等方面,发挥着举足轻重的作用,也为金融支持中小微企业融资提供了更多机会和渠道。

(一)主动实施金融科技战略

越来越多的商业银行紧跟时代发展潮流,在小微信贷中引入金融科技,改善小微金融的服务质量,提高中小微企业金融服务效率。中国工商银行和中国交通银行等国有大行充分利用其资金、人才和技术等优势,主动实施金融科技战略:(1)工商银行。早在2015 年工商银行创新性地推出了"e-ICBC"战略。"e-ICBC"互联网金融有融 e 行直销银行、融 e 购以及融 e 联即时通信这三大平台,中国工商银行还推出了一系列互联网金融融资产品,以满足中小企业"短频急"的融资需求。该战略降低了对传统抵押担保等风险控制措施的过度依赖,充分运用大数据技术收集整合企业的商品流、资金流和信息流等更多信息,通过标签画像和算法分析挖掘出经营业绩好、还款能力强的中小微企业,能够更加精准地服务中小微企业。(2)交通银行。交通银行则将"科技赋能"重点放在了 IT 管理架构优化、数据治理提升、IT 架构转型这三方面。2020年,中国交通银行就金融科技职能架构进行改革:先后成立信息科技发展规划办公室、金融科技创新研究院、设立金融科技子公司,信息技术架构调整为"一部、四中心、一公司、一研究院"。另外,中国交通银行为了对金融科技布局作出有力支撑,还配套推出了金融科技管培生、金融科技万人计划、存量人才赋能转型这三大工程,同时构建了跨界生态互联来扩大金融科技的服务范围。

(二)以科技为抓手,提升风控水平

各银行充分借助金融科技手段,利用云计算、大数据、物联网等,加快数据整合,强化动态风险监测,提高风险管理的前瞻性:(1)中国建设银行。中国建设银行在风险评价方面,逐步从"经验判断"转向"模型提炼",运用大数据技术构架模型,通过将企业提供的信息与工商、税务、司法、环保等政务信息有机整合,从不同维度交叉验证,使中国建设银行能够更全面准确地评价小微企业的风险。(2)江苏银行。江苏银行自主研发的"月光宝盒"大数据风控平台,加强人工智能等技术应用,将人脸识别、光学字符识别(Optical Character Recognition,OCR)、声纹识别、自然语言处理以及智能外呼等技术运用于风控场景,强化风险防控手段。通过开发黑名单、反欺诈、评级评分、风险定价、授信额度测算、决策审批、智能调查、风险预警等系列风控技术,对客户信息实现 7×24 小时关注监

测,并能及时将影响客户资金安全的事项分类后迅速推送给相关客户经理,能第一时间对潜在风险进行处置,将小微企业违约等对银行的损失降至最低。目前,月光宝盒已经广泛应用于"e融"系列网贷业务和传统授信业务的贷前、贷中、贷后的全流程管理中。

(三)将金融科技应用到更多场景

由于银行信贷业务遍布各个地区和涉及多个行业,因此需要综合利用大数据、云计算、区块链、人工智能等金融科技手段研发出针对不同场景的应用,中国建设银行在这方面走在了前列,中国建设银行在 2021 年半年报中披露,该行持续推进技术中台与数据中台建设,提升技术与数据的重复利用、快速反应和协调能力。该行人工智能平台实现对算力资源池管理和弹性伸缩供给,支持模型高效研发和在线推理,在计算机视觉、智能语音、自然语言处理、知识图谱、智能决策五大领域研发 180 个模型,累计已投产 507 个应用场景。形成适配小型边缘计算设备的计算机视觉自主算法,与物联网对接支持安防合规等实时视频分析场景,以及"人工智能+卫星遥感技术"在涉农领域实现创新应用。

二、加强与第三方合作

各银行在为中小微企业提供贷款服务的基础上,积极与地方政府、各知名企业展开合作,共同实现科技与金融的深层次结合。

(一)银税互动

银税互动是缓解中小微企业融资难的一种创新融资方式,即银保监部门、地方税务部门以及银行业金融机构进行合作,帮助中小微企业将纳税信息转化为融资信用。2015 年 8 月,国家税务总局和银监会首次联合开展"银税互动",助力中小微企业发展活动。通过金融科技使银行与税务部门实现数据实时共享及交换,银行充分运用授权的纳税数据为信用度较高的中小微企业提高贷款,实现银、税、企三方共赢。银税互动的具体流程为:中小微企业(个体工商户)向银行提交贷款申请,银行获得授权查询其纳税记录,如果企业一直依法纳税且符合银行要求,银行即可向中小微企业快速放款。"银税互动"的贷款流程非常清晰,且企业纳税数据来源于各级税务部门,可信度非常高。加之融资额度较高、随借随还、平均融资成本较低等特点,银税合作放款得到迅速发展,据国家税务总局纳税服务司副司长介绍,2020 年第一季度发放银税互动 75 万笔,超过了 2019 年发放额的一半,而 2019 年的发放笔数已经超过 2015—2018 年 4 年间累计发放笔数。① 可见,银税互动在很大程度上缓解了中小企业融资难、融资贵的问题,在帮助那些诚信中小微企业获得融资方面发挥了不可或缺的作用。

作为在上海首个开展"银税互动"的银行——兴业银行上海分行,向中小微企业提供个性化服务——"税收贷"授信业务,通过将申请贷款的中小微企业的纳税信息作为主要考量指标,向守信纳税企业提供短期资金融通服务。兴业银行税收贷业务面向那些符合上海市科创中心产业导向的中小微企业,包括处于成长期的创业创新战略新兴产业、"科技+现代服务业"领域的中小微企业。贷款额度则是依据中小微企业纳税信用等级、近年平均纳税额等情况来审定。浦发银行则创新性地与上市公司航天信息合

---

① 韩国荣:《"银税互动"是什么? 能为小微企业提供哪些帮助?》,《中国税务报》2020 年 4 月 23 日。

作,利用航天信息在税务领域的信息优势,针对依法纳税的中小微企业,推出"银税贷"业务,向申请贷款的中小微企业提供贷款,通过银税互动服务实体经济,从而促进经济不断发展。

"西银e贷"是"银税互动"的另一个优秀范例。"西银e贷"是西安银行与陕西省国家税务局合作推出的,基于"互联网+金融+税收"的合作模式,实现了税务数据转化为财务数据,通过利用人工智能、大数据技术等金融科技,实现了中小微企业全流程在线上贷款。"西银e贷"自2019年3月成功上线以来,就收到了不少中小微企业的融资申请。一家以出售新能源设备为主营业务的公司——陕西昭熙生态能源科技有限公司,有着资金密集且金额较大的特点,常常会面临资金流动短缺的"瓶颈"。而该企业利用"西银e贷"有效满足了该公司短期且巨大的融资需求,减轻了该企业的项目付款压力,提高了该公司的资金使用效率。

(二)银政合作

政府部门掌握着大量中小微企业信息,但目前这些信息还未得到有效整合,银行并不能免费且快捷地获取到这些信息。近年来,各银行在与地方政府沟通协作、实现信息互联互享、政府采购资金作为担保等方面进行了各种积极尝试。

各地地方政府和各大银行纷纷展开战略合作。例如2019年10月,永嘉县政府同温州银行签署合作协议,温州银行给予永嘉县地方政府50亿元的意向性授信额度①,该授信额度可滚动使

---

① 温州市金融办:《永嘉县政府与温州银行举行政银合作签约仪式暨小微企业金融服务对接会》,http://wzjrb.wenzhou.gov.cn/art/2019/10/24/art_1217682_39377944.html,2019年10月24日。

用,用于永嘉县内的项目建设、制造业企业、中小微企业及其他实体经济融资。与此同时,永嘉税务局和市场监督管理局等及时地向温州银行提供相关企业的纳税、是否受到市场监管行政处罚、是否被列入经营异常名录、是否被列入严重违法失信名单、不动产(动产)抵质押等信息,助力温州银行更客观、更准确地评价企业的经营状况,进而在风险可控前提下为那些经营状况良好、有发展潜力的企业提供资金支持。

一些地方政府千方百计地为中小微企业增信,以缓解中小微企业融资困境。例如,武汉市政府与银行共同推出政府采购合同融资模式:对于在政府采购中中标的中小微企业,可以凭借政府采购合同向金融机构申请贷款。由于中小微企业融资是为了向政府提供产品和服务,而政府能够以税收向采购中标的中小微企业支付货款,故中小微企业的还款来源有了政府信用做担保,具有很高的安全性。因此,银行就能以政府采购合同作为担保,为中小微供应商提供资金支持。政府采购合同融资模式实施两年来,武汉市政府与中国建设银行、民生银行等 14 家商业银行进行合作,采购合同的融资规模就达到了 1.5 亿元,帮助 24 家中小微企业摆脱了资金困境。[①]

(三)银、企、校多方合作

金融科技的发展促使传统金融业态发生全面变革,中国建设银行和浙商银行等纷纷与技术实力雄厚的企业和高校合作,运用金融科技手段,优化中小微企业信贷流程,探寻银、企、校合作发展

---

① 武汉财政:《推进政府采购信用融资 缓解中小企业融资难题》,https://www.sohu.com/a/335604116_120209979。

的新模式:(1)中国建设银行。中国建设银行在 2019 年 7 月就曾与华为公司签署了合作协议,双方共同建立了联合创新中心,这个联合创新中心的目的是推进金融科技的发展,促进大数据、物联网、人工智能等在中小微金融等领域的应用,提升中国建设银行在中小微金融中的竞争力。此外,中国建设银行在清华大学指导下建立了"声纹+"联合创新中心,以期将声纹识别技术推广到金融领域方面。(2)浙商银行。据浙商银行 2020 年年中报表披露,该行强化产学研深度融合,成立浙江大学——浙商银行联合研究中心,该行还与浙江大学、趣链科技、之江实验室联合发布《基于区块链技术的供应链金融白皮书(2020)》。

(四)银行同中介机构合作

对于银行来说,中小微企业贷款具有成本高且风险高的特点:一方面,中小微企业公司治理不完善、财务报表不完整且准确性难以保证,银行收集整理信息的难度大和成本高;另一方面,中小微企业难以提供符合要求的足额抵押品,一旦违约,银行将面临较高风险。因此,银行不愿意发放中小微企业贷款。对于中小微企业来说,通过银行融资难度大且时间长:一是银行授信门槛较高,中小微企业达不到银行标准,也不知道如何努力才能达到银行标准。二是中小微企业不了解银行信贷流程,前期资料准备不完整,导致浪费很多时间也未能如期获得贷款。三是银行发放贷款的审批手续较多,办理时间长、可能不能及时满足中小微企业的融资需求。针对上述现象,第三方金融中介机构,可以利用自身优势扮演授信银行"助手"角色,解决银行对中小微企业贷款的部分问题,从而帮助中小微企业实现融资。中介机构的加入,银行就不用亲自审查中小微企业的资信状况,中小微企业获得贷款的速度也将加快。此外,银行也可以降低信贷业务风险。

例如,中赢财富集团提供的贷款服务,就是结合了国内外的管理优势,借助旗下的贷款通信息平台,通过抵押的方式,使投资方和融资方实现"双赢"。在以上的业务办理过程中,贷款通在对接客户、验证身份信息、评价还款能力、签订合同和还本付息等相关业务办理流程中,提供全程服务,为借贷双方保驾护航。当在中赢平台上收到中小微企业贷款申请后,该平台工作人员会开始搜集借款企业的相关信息,了解企业信用,并对获得的贸易信用、关联关系等信息进行整理和核实,进而对中小微企业进行信用评价,并将结果发送给银行。之后,银行凭借相关数据决定是否发放贷款。在中介机构的帮助下,中小微企业的信用信息更完整、更准确,提高了中小微企业贷款成功的概率;对银行来说则是降低了对中小微企业的贷前信用调查的成本。

参考文献

［1］白俊、连立帅：《信贷资金配置差异：所有制歧视抑或禀赋差异?》,《管理世界》2012 年第 6 期。

［2］曹丽萍：《基层央行支小再贷款资金使用现状及存在问题——以河北省秦皇岛市为例》,《河北金融》2018 年第 6 期。

［3］陈飞翔：《"小银行优势"假说与小微企业关系型借贷》,《商场现代化》2007 年第 9 期。

［4］陈磊、柯超、姚瑶：《支农支小再贷款政策的基层实施效果研究——以江西省九江市为例》,《金融与经济》2020 年第 10 期。

［5］陈强：《高级计量经济学及 Stata 应用》,高等教育出版社 2015 年版。

［6］陈书涵、黄志刚、林朝颖：《定向降准货币政策传导路径与效果研究》,《投资研究》2019 年第 3 期。

［7］陈书涵、黄志刚、林朝颖、徐亚论：《定向降准政策对商业银行信贷行为的影响研究》,《中国经济问题》2019 年第 1 期。

［8］陈雪红、程子圻：《小微信贷尽职免责问题研究》,《金融理论与实践》2019 年第 7 期。

[9]陈玉煌、汪道峰、邓欣:《小微企业授信尽职免责制度落实成效与改进对策——以河南信阳为例》,《中国银行业》2020年第6期。

[10]成学真、陈小林、吕芳:《中国结构性货币政策实践与效果评价——基于数量型和利率导向型结构性货币政策的比较分析》,《金融经济学研究》2018年第1期。

[11]楚尔鸣、曹策、李逸飞:《结构性货币政策:理论框架、传导机制与疏通路径》,《改革》2019年第10期。

[12]楚尔鸣、曹策、许先普:《定向降准对农业经济调控是否达到政策预期》,《现代财经(天津财经大学学报)》2016年第11期。

[13]戴金平、金永军、刘斌:《资本监管、银行信贷与货币政策非对称效应》,《经济学(季刊)》2008年第2期。

[14]戴静、杨筝、刘贯春、许传华:《银行业竞争、创新资源配置和企业创新产出——基于中国工业企业的经验证据》,《金融研究》2020年第2期。

[15]段丙蕾、陈冠霖:《新常态下我国商业银行动态拨备制度分析》,《新金融》2016年第6期。

[16]邓晓:《信贷资产质押和央行内部评级问题研究——基于湖北省试点经验》,《金融发展评论》2018年第6期。

[17]冯明、伍戈:《定向降准政策的结构性效果研究——基于两部门异质性商业银行模型的理论分析》,《财贸经济》2018年第12期。

[18]甘犁:《定向降准与小微融资难题》,《中国金融》2018年第19期。

[19]郭晓蓓、麻艳、施元雪:《商业银行不良贷款现状、成因及对策研究》,《当代经济管理》2020年第2期。

[20]郭晔、徐菲、舒中桥:《银行竞争背景下定向降准政策的"普惠"效应——基于A股和新三板三农、小微企业数据的分析》,《金融研究》2019年第1期。

[21]洪传尧、李万业:《支小再贷款使用效果及建议——以海南省为例》,《中小微企业管理与科技(上旬刊)》2014年第11期。

[22]侯书威:《银行内部资金转移定价管理有效性研究——以QS银行为例》,《山东理工大学学报(社会科学版)》2019年第6期。

[23]胡俊明:《精准把握信贷管理尽职免责的"度"》,《中国农村金融》2020年第2期。

[24]胡国晖、陈秀琴:《小微企业信贷可得性影响因素研究——基于"小银行优势"视角》,《北京邮电大学学报(社会科学版)》2019年第6期。

[25]胡育蓉、范从来:《结构性货币政策的运用机理研究》,《中国经济问题》2017年第5期。

[26]黄绍进、区永纯、冼美玲:《信贷资产质押再贷款中的企业内部评级问题研究——基于SWOT分析》,《区域金融研究》2016年第7期。

[27]黄宪、吴克保:《我国商业银行对资本约束的敏感性研究——基于对中小微企业信贷行为的实证分析》,《金融研究》2009年第11期。

[28]姜付秀、蔡文婧、蔡欣妮、李行天:《银行竞争的微观效应:来自融资约束的经验证据》,《经济研究》2019年第6期。

[29]江曙霞、陈玉婵:《货币政策、银行资本与风险承担》,《金融研究》2012 年第 4 期。

[30]江曙霞、刘忠璐:《资本质量会影响银行贷款行为吗?》,《金融研究》2016 年第 12 期。

[31]金嘉捷、张琼斯:《银行增加授信纾解民企融资难"尽职免责"调高风险容忍度》,《上海证券报》2018 年 10 月 23 日。

[32]黎齐:《中国央行定向降准政策的有效性——基于双重差分模型的实证研究》,《财经论丛》2017 年第 4 期。

[33]李建强、高宏:《结构性货币政策能降低中小微企业融资约束吗?——基于异质性动态随机一般均衡模型的分析》,《经济科学》2019 年第 6 期。

[34]李学峰、茅勇峰、张舰:《我国证券投资基金的投资行为与投资绩效——基于风险与收益最优匹配视角的研究》,《金融理论与实践》2008 年第 3 期。

[35]李义举、冯乾:《宏观审慎政策框架能否有效抑制金融风险?——基于宏观审慎评估的视角》,《金融论坛》2018 年第 9 期。

[36]李玉敏:《小微企业的问题贷款,"尽职免责"谁说了算?》,《21 世纪经济报道》2019 年 3 月 21 日。

[37]廖岷、林学冠、寇宏:《中国宏观审慎监管工具和政策协调的有效性研究》,《金融监管研究》2014 年第 12 期。

[38]廖怡:《结构性货币政策工具支持小微企业融资的政策效果及优化研究》,《区域金融研究》2019 年第 11 期。

[39]林毅夫、李永军:《中小金融机构发展与中小微企业融资》,《经济研究》2001 年第 1 期。

[40]林毅夫、孙希芳:《信息,非正规金融与中小微企业融

资》,《经济研究》2005 年第 7 期。

[41]林朝颖、黄志刚、杨广青、杨洁:《基于企业视角的定向降准政策调控效果研究》,《财政研究》2016 年第 8 期。

[42]刘斌斌、黄耀谷:《"优惠风险权重"政策对小微企业信贷融资约束影响的实证检验》,《统计与决策》2018 年第 12 期。

[43]刘芳薇:《信贷支持再贷款使用与管理的调查与思考——以郴州为例》,《时代金融》2020 年第 7 期。

[44]刘淼、许珍慧:《中国动态拨备制度的实施效果评价》,《南京师大学报(社会科学版)》2018 年第 3 期。

[45]刘仁军:《农商银行尽职免责落实难的结与解》,《中国农村金融》2019 年第 18 期。

[46]刘蔚:《基于国际比较的结构性货币政策效果评估及优化路径研究》,《金融发展研究》2016 年第 9 期。

[47]刘晓锋、贾志丽、朱大鹏:《资本监管对中国商业银行信贷行为的影响分析》,《金融经济学研究》2016 年第 2 期。

[48]刘忠璐:《提高银行资本能缓解小微企业融资难问题吗——基于小微企业贷款风险权重降低改革的讨论》,《经济理论与经济管理》2018 年第 4 期。

[49]罗大庆、胡名成:《拨备计提与货币政策的配合效应》,《中央财经大学学报》2019 年第 12 期。

[50]吕劲松:《关于中小微企业融资难、融资贵问题的思考》,《金融研究》2015 年第 11 期。

[51]马理、刘艺、何梦泽:《定向调控类货币政策的国际比较与我国的对策》,《经济纵横》2015 年第 10 期。

[52]马理、娄田田、牛慕鸿:《定向降准与商业银行行为选

择》,《金融研究》2015 年第 9 期。

[53]马理、潘莹、张方舟:《定向降准货币政策的调控效果》,《金融论坛》2017 年第 2 期。

[54]马晓媛:《深贫地区落实再贷款再贴现政策探析——以青海省海北藏族自治州为例》,《青海金融》2020 年第 5 期。

[55]农发行赴美国伊利诺伊大学培训班课题:《加强信贷全流程标准化管理的外部启示》,《农业发展与金融》2018 年第 10 期。

[56]牛晓健、裘翔:《利率与银行风险承担——基于中国上市银行的实证研究》,《金融研究》2013 年第 4 期。

[57]潘敏、刘姗:《中央银行借贷便利货币政策工具操作与货币市场利率》,《经济学动态》2018 年第 3 期。

[58]彭继增、吴玮:《资本监管与银行贷款结构——基于我国商业银行的经验研究》,《金融研究》2014 年第 3 期。

[59]乔来生:《支小再贷款政策使用成效及发展思路》,《北方金融》2016 年第 5 期。

[60]曲文俏、张涵、陈磊:《银行竞争水平与制造业企业融资约束》,《经济问题》2020 年第 6 期。

[61]沈坤荣、赵亮:《中国民营企业融资困境及其应对》,《江海学刊》2019 年第 1 期。

[62]石永忠:《对支小再贷款政策效果的调查——以内蒙古西部三市为例》,《北方金融》2016 年第 12 期。

[63]孙少岩、刘芮嘉:《我国结构性货币政策执行效果的检验》,《商业研究》2019 年第 10 期。

[64]孙文娜、苏跃辉:《征信机构如何破解中小微企业融资信

息不对称难题》,《人民论坛》2019 年第 29 期。

[65]万光彩、叶龙生:《我国创新型货币政策工具运用的效果分析》,《江南大学学报》2018 年第 1 期。

[66]王春丽:《宏观审慎评估体系抑制金融风险的效果研究——基于中国商业银行数据的实证检验》,《投资研究》2019 年第 4 期。

[67]王文倩:《结构性货币政策、企业融资成本和投资规模》,《金融理论与实践》2018 年第 9 期。

[68]汪仁洁:《货币政策的阶段性特征和定向调控选择》,《改革》2014 年第 7 期。

[69]王淑娟:《上海农商银行:支持小微及民企举措再升级》,《金融世界》2019 年第 3 期。

[70]王曦、李丽玲、王茜:《定向降准政策的有效性:基于消费与投资刺激效应的评估》,《中国工业经济》2017 年第 11 期。

[71]王晓:《小微贷款尝试员工尽职免责银行管理制度更改风控考量》,《21 世纪经济报道》2018 年 11 月 14 日。

[72]王宇:《景德镇市支农支小再贷款管理研究》,江西财经大学 2020 年硕士学位论文。

[73]王玉珍:《商业银行授信工作的问责与免责》,《银行家》2004 年第 9 期。

[74]魏巍、蒋海、庞素琳:《货币政策、监管政策与银行信贷行为——基于中国银行业的实证分析(2002—2012)》,《国际金融研究》2016 年第 5 期。

[75]魏晓云、韩立岩:《企业共生模式下定向降准政策的激励机制》,《系统工程》2018 年第 3 期。

［76］翁舟杰：《关系型贷款、市场结构与小额贷款公司使命漂移》，《管理科学学报》2018年第4期。

［77］吴素纺：《科学实施尽职免责制度　有效助推小微企业发展》，《北方金融》2020年第12期。

［78］邢乐成、解传喜：《关系贷款、群贷技术与金融制度边界——中小微企业贷款难理论研究及最新进展》，《理论学刊》2014年第10期。

［79］徐长生、艾希：《货币政策与宏观审慎政策的协调搭配——基于中国商业银行微观数据的实证研究》，《江西社会科学》2018年第6期。

［80］徐明东、陈学彬：《货币环境、资本充足率与商业银行风险承担》，《金融研究》2012年第7期。

［81］闫宁锋：《基层行不良贷款问责难点及对策》，《农业发展与金融》2018年第5期。

［82］杨冰洁：《结构性货币政策向小微企业传导的效率及可持续性研究——基于全面FGLS模型》，《上海金融》2020年第9期。

［83］杨小凯：《专业化与经济组织：一种新兴古典微观经济学框架》，经济科学出版社1999年版。

［84］颜蕾：《中央银行抵押品制度框架相关问题研究》，《海南金融》2016年第5期。

［85］姚丰：《关于对信贷政策再贷款工具实施效果的分析与思考》，《经贸实践》2018年第16期。

［86］叶思晖、樊明太：《宏观审慎监管、货币政策和经济效果评价》，《金融理论与实践》2019年第11期。

[87]殷祥、董睿、孙莉强:《再贷款信贷资产质押在地方实践中面临的困难及建议——以四平市为例》,《吉林金融研究》2020年第3期。

[88]俞洁芳、夏超枨:《我国逆周期宏观审慎政策工具调控效果研究》,《浙江社会科学》2020年第7期。

[89]余晶晶、何德旭、仝菲菲:《竞争、资本监管与商业银行效率优化——兼论货币政策环境的影响》,《中国工业经济》2019年第8期。

[90]曾山:《浅议人民银行抵押品制度框架的完善》,《浙江金融》2014年第8期。

[91]张杰、吴海涛:《黑龙江省金融机构申请和使用支小再贷款情况分析》,《黑龙江金融》2019年第11期。

[92]张乐、韩立岩:《混合所有制对中国上市银行不良贷款率的影响研究》,《国际金融研究》2016年第7期。

[93]张一林、林毅夫、龚强:《企业规模、银行规模与最优银行业结构——基于新结构经济学的视角》,《管理世界》2019年第3期。

[94]张远:《论进一步改进和完善我国结构性货币政策》,《价格理论与实践》2016年第1期。

[95]赵景兰:《银行信贷"尽职免责"情况的调查与思考:以某省银行业情况为例》,《北方金融》2018年第12期。

[96]中国人民银行:《中国小微企业金融服务报告》,中国金融出版社2019年版。

[97]周达勇、吴瑶:《区块链技术下供应链金融与科技型中小微企业融资》,《新金融》2020年第10期。

［98］周师傅:《信贷政策支持再贷款使用和管理的效应分析信贷政策支持再贷款使用和管理的效应分析——以江西省某地级市为例》,《武汉金融》2016 年第 5 期。

［99］朱太辉:《企业融资难融资贵问题的根源和应对研究——一个系统分析框架》,中国银行保险监督管理委员会工作论文,2019 年。

［100］邹亮、黄瑞、朱丹:《银行机构尽职免责缘何落实难?》,《中国农村金融》2019 年第 4 期。

［101］Aiyar S., Calomiris C.W., Wieladek T., "How Does Credit Supply Respond to Monetary Policy and Bank Minimum Capital Requirements?", *European Economic Review*, Vol.82, No.8, 2015.

［102］Allen N. B., Lamont K. B., " Bank Size, Lending Technologies, and Small Business Finance", *Journal of Banking and Finance*, Vol.35, No.3, 2010.

［103］Ghosh A., " Banking-Industry Specific and Regional Economic Determinants of Non-Performing Loans: Evidence from U.S. States ", *Journal of Financial Stability*, Vol.20, No.2, 2015.

［104］Amuakwa-Mensah F., Marbuah G., Marbuah D. A., "Re-Examining the Determinants of Non-Performing Loans in Ghana's Banking Industry: Role of the 2007-2009 Financial Crisis", *Journal of African Business*, Vol.18, No.3, 2017.

［105］Banerjee A. V., Timothy B., Guinnane T. W., " Thy Neighbor's Keeper: The Design of a Credit Cooperative with Theory and a Test", *Quarterly Journal of Economics*, Vol.109, No.2, 1994.

［106］Berger A.N., Miller N.H., Petersen M.A., "Does Function

Follow Organizational Form? Evidence from the Lending Practices of Large and Small Banks", *Journal of Financial Economics*, Vol. 76, No.2,2005.

[107] Berlin M., Mester L.J., "On the Profitability and Cost of Relationship Lending", *Journal of Banking & Finance*, Vol. 22, No.6,1998.

[108] Berrospide J.M., Edge R.M., "The Effects of Bank Capital on Lending: What Do We Know, and What Does It Mean?", *International Journal of Central Banking*, Vol.34, No.6,2010.

[109] Borio C., "Towards a Macroprudential Framework for Financial Supervision and Regulation?", *Social Science Electronic Publishing*, Vol.49, No.2,2005.

[110] Cenni S., "Credit Rationing and Relationship Lending. Does Firm Size Matter?", *Journal of Banking & Finance*, Vol. 53, No.4,2015.

[111] Kopecky K. J., Vanhoose D., "Capital Regulation, Heterogeneous Monitoring Costs, and Aggregate Loan Quality", *Journal of Banking & Finance*, Vol.30, No.8,2006.

[112] Markowitz H. M., "Portfolio Selection: Efficient Diversification of Investment", *The Journal of Finance*, Vol. 15, No.3,1959.

[113] Nachane, D.M., "*Monetary Policy, Financial Stability and Macro-Prudential Regulation: An Indian Perspective*", Springer India,2014.

[114] Panzar, J. C., Rosse, J. N., "Testing for 'Monopoly'

Equilibrium", *Journal of Industrial Economics*, Vol.35, No.4, 1987.

[115] Stiglitz J. E., Weiss, A., "Credit Rationing in Markets with Imperfect Information", *The American Economic Review*, Vol. 71, No.3, 1981.

[116] Wagster, J. D., "The Basle Accord of 1988 and the International Credit Crunch of 1989 – 1992", *Journal of Financial Services Research*, Vol.15, No.2, 1999.

后　记

在本书成稿之际，笔者欣喜地看到了《关于印发加强信用信息共享应用促进中小微企业融资实施方案的通知》的出台，要求"进一步整合市场主体注册登记、行政许可、行政处罚、司法判决及执行、严重失信主体名单、荣誉表彰、政策支持等公共信用信息，逐步将纳税、社会保险费和住房公积金缴纳、进出口、水电气、不动产、知识产权、科技研发等信息纳入共享范围，打破'数据壁垒'和'信息孤岛'。鼓励企业通过'自愿填报+信用承诺'等方式补充完善自身信息，畅通信息共享渠道"。

可以预见，在国家政策指引下，凭借金融科技的强大支撑，依托全国融资信用服务平台，能够极大地降低供求双方的信息不对称，解决抵押物范围过窄和数量不足等难题，降低银行获客成本，实现每笔贷款的精准化定价，及时防范化解信贷风险。在此基础上，适度扩大结构性货币政策、完善银行内部激励机制、优化差异化监管，不断提高中小微企业信贷可得性，有效降低融资成本，支持中小微企业纾困发展，为构建新发展格局、推动高质量发展提供有力支撑。

在本书写作过程中,河北大学经济学院 2021 届硕士研究生刘浩思、2022 届硕士研究生林然和王鹤、2020 级硕士研究生郑敏和许晓冬做了大量实证研究的工作,2021 届硕士研究生吴锦、2022 届硕士研究生彭昊和郭丹阳、2021 届本科生黄茜做了大量资料收集整理的工作,特向她们致以诚挚谢意!非常怀念和珍惜与学生们在一起学习讨论的日子,祝愿各位同学学业有成、工作顺利、前程似锦!

感谢河北大学给了我们自由的学术氛围和良好的科研环境,使我们能够沉下心来,潜心向学,最终得以完成书稿。感谢河北大学燕赵文化高等研究院学科建设经费对本书的大力资助!感谢河北大学经济学院成新轩院长、尹成远副院长、朱长存副院长、康书生教授、王金营教授、李惠茹教授、陈志国教授、周稳海教授、鲍静海教授、闫屹教授和全体同事的帮助和支持!正是由于您们在每一次课题论证、论文答辩和经济视界研讨中的睿智发言,使我们从中汲取了很多书稿写作的灵感、方法和素材。

由于作者掌握的知识和研究能力有限,书中难免有疏漏之处。当然文责自负,不妥之处,望请大家批评指正!

张玉梅　王子柱

2022 年 5 月